河北省社会科学发展研究重大课题
石家庄学院历史学重点学科建设成果

石家庄文化通史

宋 金 元 卷

王俊华 贾丽英 / 主编

王慧杰 田雪 / 著

中国社会科学出版社

图书在版编目（CIP）数据

石家庄文化通史．宋金元卷／王慧杰，田雪著．—北京：中国社会科学
出版社，2018.11

ISBN 978－7－5203－2581－3

Ⅰ．①石…　Ⅱ．①王…②田…　Ⅲ．①文化史—石家庄—辽宋金元时代
Ⅳ．①K292.21

中国版本图书馆 CIP 数据核字（2018）第 112142 号

出 版 人	赵剑英
责任编辑	安　芳
责任校对	张爱华
责任印制	李寡寡

出　　版	中国社会科学出版社
社　　址	北京鼓楼西大街甲 158 号
邮　　编	100720
网　　址	http://www.csspw.cn
发 行 部	010－84083685
门 市 部	010－84029450
经　　销	新华书店及其他书店

印　　刷	北京明恒达印务有限公司
装　　订	廊坊市广阳区广增装订厂
版　　次	2018 年 11 月第 1 版
印　　次	2018 年 11 月第 1 次印刷

开　　本	710×1000　1/16
印　　张	19.5
字　　数	308 千字
定　　价	85.00 元

凡购买中国社会科学出版社图书，如有质量问题请与本社营销中心联系调换
电话：010－84083683

正定隆兴寺千手观音菩萨　　　　赵县柏林寺元代真际禅塔
（武志伟拍摄）　　　　　　　　（陈淑荣拍摄）

苍岩山（姚峰拍摄）

陀罗尼经幢（赵志勇拍摄）

平山文庙（冀平泊摄）

毗卢寺（贾丽英拍摄）

隆兴寺（武志伟拍摄）

龙泉寺（王慧杰拍摄）

封龙山（王慧杰拍摄）

隆兴寺天王殿（王慧杰拍摄）

龙窝寺宋代摩崖石刻（王宇欣拍摄）

井陉天长镇宋古城墙（王宇欣拍摄）

古北岳恒山（大茂山）（杨倩描拍摄）

宋代平山瑜珈山摩崖造像（郝立刚拍摄）

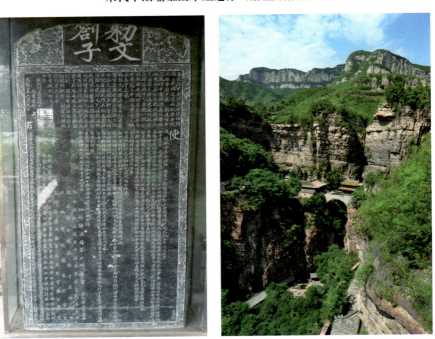

真定府洪济禅院敕文札子碑
（吴淑彩拍摄）

苍岩山（宋保平拍摄）

元代真定府文庙戟门（吴淑彩拍摄）

元代史氏家族墓出土高丽青瓷
镶嵌云鹤花卉纹梅瓶
（采自《珍瓷赏真》第 108 页）

金代井陉窑龟鹤纹印花盘模（采自
《珍瓷赏真》第 99 页）

序　一

孙继民

　　王俊华、贾丽英女士主编的《石家庄文化通史》即将出版，借此谈两点自己的感受和认识。

　　第一，《石家庄文化通史》的编撰反映了河北省学术界在地方史尤其是城市史研究领域向更高阶段的发展和更深层次的推进。

　　自 20 世纪 70 年代末改革开放以来，我省与全国其他地区一样，地方史研究获得长足进展，河北教育出版社 1988 年出版的《河北古代历史编年》、河北人民出版社 1990 年出版的《河北简史》和《河北近代史要》以及 2000 年出版的十卷本《河北通史》就是其中具有代表性的阶段性成果。而作为地方史研究的一部分或者说与地方史研究并列的城市史研究，我省的发轫相较于全国也不算晚，1990 年由中国城市经济社会出版社出版的《邯郸简史》和 1992 年由测绘出版社的《邯郸近代城市史》，不仅属于河北省最早的城市史著作，即使在全国也堪称开风气之先的成果。

　　石家庄城市史的研究就综合性著作的编撰而言，它在全省既赶不上《邯郸简史》的下手之早，也落在河北人民出版社 2003 年《邢台通史》（上下册）出版之后。但石家庄毕竟是省会所在，拥有近代以来正太铁路与京汉铁路的交汇机缘，即"火车拖来的城市"带来的工业基础和经济实力，聚集有一大批高等院校、科研单位和文化机构林立带来的文化人才，凭借这一全省政治中心、经济中心和文化中心的优势，她在 21 世纪之初 2001 年至 2013 年的很短时间内，就形成了城市史著作出版的井喷式的爆发，连续推出了政协石家庄市委员会编写、中国对外翻译出版公司 2001 年出版的《石家庄城市发展史》，中华书局 2010 年出版的李惠民博士论文《近代石家庄城市化研究》，河北人民出版社 2010 年推出的《石

家庄通史古代卷》（梁勇主编）、2011 年推出的《石家庄通史近代卷》
（石玉新主编）、2013 年推出的《石家庄通史当代卷》（肖力主编）等。
短短几年间，石家庄城市史的编著，无论是研究的广度还是涉及问题的
深度以及篇幅规模，都跃居全省之首，显示了石家庄市作为省会城市在
全省独一无二的文化优势地位。

诚然，冻冰三尺，非一日之寒。石家庄通史著作的编撰能够在进入
21 世纪后快速推进后来居上，与石家庄市住民对当地历史文化研究的广
度和长期积累密切相关。在市情资料积累方面，石家庄当地的各类文化
性质的机构从 20 世纪 80 年代起就开始编撰了一系列基础性的资料或专题
性的著作，如石家庄市总工会有《石家庄工人运动史》（工人出版社
1985 年版），石家庄市地名志办公室有《石家庄市地名志》（河北人民出
版社 1986 年版），石家庄市地方志编纂委员会有《石家庄市志》（中国社
会出版社 1988 年版），中共石家庄市委党史研究室有《石家庄市资本主
义工商业的社会主义改造》（花山文艺出版社 1989 年版），石家庄市档案
馆有《石家庄市大事记（1947—1983）》（河北人民出版社 1990 年版），
石家庄市城乡建设局的《石家庄市市政建设史略》（1991 年），石家庄地
区地方志编纂委员会有《石家庄地区志》（文化艺术出版社 1994 年版），
中共石家庄市委党史研究室有《中共石家庄党史人物（第三集）》（新华
出版社 1996 年版），石家庄市民政局有《石家庄市行政区划》（中国社会
出版社 2001 年版），河北省制图院有《石家庄市地图册》（西安地图出版
社 2007 年版），石家庄市档案馆有《石家庄解放》（中国档案出版社
2010 年版）和《石家庄解放档案文献图集》（中国档案出版社 2009 年
版），石家庄市政协组织编纂的《石家庄历史文化丛书》21 世纪也由中
国对外翻译出版公司陆续出版。此外，石家庄市政协系统还编纂有系列
的文史资料书籍，如市政协文史资料研究委员会编辑的《石家庄文史资
料》第 1—17 辑，郊区政协文史资料编辑委员会的《石家庄市郊区文史
资料》第 1—3 辑，桥西区政协文史资料委员会的《石家庄市桥西区文史
资料》第 1—6 辑，新华区政协文史资料委员会的《石家庄市新华区文史
资料》第 1 辑等。还有，与全国性全省性地方志编修同步，石家庄市也
在《石家庄市志》之外推出了一系列诸如《石家庄市纺织工业志
（1921—1990 年）》（河北人民出版社 1994 年版）、《石家庄铁路分局志

（1897—1990）》（中国铁道出版社1997年版）、《中国南车集团石家庄车辆厂志（1905—2004）》（2005年）、《井陉矿务局志》（河北人民出版社1993年版）、《石家庄市公路交通志》（人民日报出版社1994年版）等企业志部门志等。这些由各类文化机构编纂的基础性市情资料历史资料，无疑为石家庄城市史的编撰提供了坚实的资料基础。

在史料挖掘和资料积累方面，石家庄当地人士长期从事历史文化研究工作的热情和取得的丰硕成果更值得称道。自20世纪80年代以来，石家庄市一直有一批潜心于挖掘当地历史文化资源的人士，如杨俊科、梁勇、张辰来、栗永、段文等就是其中佼佼者。他们在挖掘、研究、宣传石家庄历史文化方面，或潜心钻研，或摇旗呐喊，不遗余力，甘之如饴，推出了一批紧扣石家庄历史文化主题的研究论著和宣传成果，如杨俊科的《石家庄近代史编年》（方志出版社2004年版），梁勇、杨俊科的《石家庄史志论稿》（河北教育出版社1988年版），石家庄地区公路运输史编纂委员会《石家庄地区公路运输史》（人民交通出版社1993年版），李耀峰的《石家庄市非物质文化遗产图典（第1辑）》（河北人民出版社2009年版），栗永的《留住城市的根》（河北人民出版社2008年版）和《石家庄历史文化百题》（中国文史出版社2009年版），赵明信的《历史上的石家庄》（方志出版社2004年版），王智的《石话实说：石家庄的100个故事》（河北教育出版社2011年版）等书。这些论著由于发表或出版时间较早，也由于部分作者的单位性质或专业性质所限，其中有的学术规范未必严格，有的学术水平未必整齐，但都收入了不少他们平时留意的资料、探讨的疑难、研究的心得、解决的问题，也都为后来的石家庄城市史的编撰积累了大量的资料和基础性的研究，形成了一批具体问题研究的论文和其他文章，提供了必不可少的经验以至引为鉴戒的教训，汇合成了构筑石家庄城市史巨著的奠基原石。

以上对以往石家庄城市历史文化研究发展过程的勾勒，固然是着眼于城市史系列著作形成渊源即"来龙"的追溯，但我们更需要在综合性城市史著作撰成之后对石家庄城市史研究今后发展趋势即"去脉"做进一步的展望。笔者认为，《石家庄文化通史》的出版可以说在一定程度上有助于揭示这一趋势的大致方向。《石家庄文化通史》与《石家庄通史》的最大区别在于前者是专门性通史，后者是综合性通史。综史的优势是领域宽广、包罗万象、内容丰富，专史的优势是领域专狭、问题集中、内容深入。专史与综史在初级阶段的逻辑关系，一般来说专史是构成综史的基础，综史是融汇专史的集成，所以就时间顺序而言，应是先有专史后有综史。但是就综史与专史在高级阶段的逻辑关系而言，综史又是专史进一步深入的整体关照，专史则又是综史整体框架内专门问题的进一步深化，所以在高级阶段的时间顺序应是综史在先专史在后。如果说20世纪80年代以来驻石家庄市各机构各人士对本市历史文化进行研究形成的各种资料各种论著，可以视为构成石家庄城市综合性通史著作的前身和专史的话，那么我们现在看到的《石家庄文化通史》则应视为石家庄城市专门性通史在更高阶段对综合性通史《石家庄通史》在文化领域研究的进一步深化。我们正是从这个意义上说，《石家庄文化通史》的编撰反映了河北省学术界在地方史尤其是城市史研究领域向更高阶段的发展和更深层次的推进，也预示了石家庄新一轮城市史其他专门领域迈向更高级阶段的新方向。

第二，《石家庄文化通史》的出版一定程度上还具有市属高校使命回归的学术意义和研究选题更接地气的实践意义。

《石家庄文化通史》的撰写人是以石家庄学院的一批教师为主体，这无论对石家庄市还是对石家庄学院来说都是一个可喜的文化现象。与地方志编纂的空间限定"书不越境"不同，学术研究对象的划分原本并无强制性的空间限定，即所谓"研究无禁区"。不过，这并不妨碍各层级各系统的科研单位实际上还是有一个大致的领域划分，所谓"领域有分工"。作为省会城市，石家庄驻有不少高校和科研单位，但这些高校和科研单位却由于层级和隶属关系的不同，在参与地方历史文化研究方面却有着不同的面向和重点。省社科院和省级文化单位以及河北师范大学等省属重点高校，面向的重点是省级层面的课题和问题，市社科院以及市级文化单位面向的重点是市级层面的课题和问题。这也是河北省历史类的论著多由省社科院承担，燕赵文化类论著多由河北师范大学等省属高校承担，石家庄市历史类论著多由市级单位或人士承担的缘故。按照一般理解，市属高校的石家庄学院，面向的重点应该包括当地的历史文化的研究，但实际情况却不然。我们从以上简述中可以发现，在既有的石家庄市历史文化研究的成果中很难见到石家庄学院作者的身影。一个本应重点面向本地的高校却在本地历史文化研究中长期缺位，这固然有很多原因，但绝非上策。"往者不可谏，来者犹可追。"石家庄学院老师这次主动承担起《石家庄文化通史》的主撰任务，一方面体现了他们对地方历史文化研究从游离其外到参与其中的转变，另一方面也反映了作为石家庄住民和市属高校肩负文化使命的主体自觉，这尤其值得肯定与赞赏。

2018 年 7 月

序　二

杨振红

　　人类进步的动力，很大程度上源于人类对世界的好奇。好奇的目光投诸三个方向：过去、现在和未来。这三个方向，一定意义上可以概括所有学科的构成。"过去"形成了"现在"和"未来"的基因，决定了今天的面貌，并在相当程度上规定和影响着未来的模样。这一点，无论是自然科学还是人文社会科学概莫能外。我们这些从事历史研究的工作者常常会被人追问你们研究历史有什么用。对于仅仅关心有形的物质和目下功名的人，历史学好像确实没什么实际用处。然而，作为有思想、有情感的万物之灵，怎么可以对自己的过去蒙昧无知、漠不关心？又怎么可能在不了解自己过去的情况下，过好当下，并有一个令人无限期待的未来？

　　地区史或区域史是历史学的重要分支学科，是我们了解过去不可或缺的视角，尤其对于我们这样一个幅员辽阔的国家来说。上古时代，文明之花灿若满天星斗，开遍中华大地。公元前 221 年，秦始皇统一中国，此后，中国便长期以一个统一共同体的姿态屹立于世界之林。统治者虽然一贯强调"六合同风，九州共贯"，主张整齐风俗，但不同的自然环境和发展历程，仍造就、形成各地不同的民俗文化、风土人情，所谓"百里不同风，千里不同俗"。因此，要整体地深入地把握中华民族发展的历史，必须建立在充分的地区史和区域史研究基础之上。

　　石家庄市在中国省会城市中是一个特殊的存在。20 世纪初叶，它还是获鹿县（今石家庄市鹿泉区）下一个普普通通的不起眼的村庄，但随着正太铁路的兴建，其四通八达的交通要衢地位才使其价值陡然提升，从而迅速取代县城地位，成为华北地区最重要的交通枢纽和经济中心之一，并在 1968 年正式成为河北省省会。虽然石家庄的城市历史只有百余年，作为省会城市也只有五十年的时间，但其所辖之地却是中华文明起源和发展的核心区域。现在的石家庄市横跨太行山脉和滹沱河冲击平原两大区域，兼有《禹贡》并、冀两州之地，传说帝尧曾以此为都，战国时为赵、中山之地。自古以来以民风彪悍、"好气任侠""悲歌忼慨"闻名，风俗独特，对中华民族文化和精神的养成产生了重要影响。

2014 年，石家庄学院本着服务地方、服务社会的情怀和宗旨，确定了编纂五卷本《石家庄文化通史》作为石家庄学院历史学重点学科建设项目，并通过河北省社会科学发展研究重大课题立项。学院组织了以王俊华、贾丽英教授为代表的学术团队，肩负起这一光荣而艰巨的使命。此套通史以思想、精神风尚、民俗、文学艺术等串线，对今石家庄市区域内的历史进行了系统梳理。由于石家庄市是中国近代化进程中发展起来的一座新兴城市，因此，客观上造成以石家庄为对象的区域通史研究，相较那些历史名城，在历史区域范畴的确定、材料的使用等方面存在更多的困难。但团队不负众望，经过数年努力，各卷陆续完成，即将付梓。虽然由于时间等原因，目前呈现的成果难免存在一些疏漏和缺憾，但作为第一部石家庄文化通史，它显然具有里程碑意义。

我与石家庄结缘，缘于贾丽英教授。贾丽英教授曾在我过去任职的中国社会科学院历史研究所博士后科研工作站工作过两年，其间结下了深厚情谊。此次受贾教授之托，为这样一部具有历史意义的《石家庄文化通史》撰写序言，惶恐之余，也倍感荣幸。在此谨对此套通史的出版表示衷心祝贺。

2018 年 6 月

前　言

　　《石家庄文化通史》按时代分作《先秦秦汉卷》《魏晋北朝隋唐五代卷》《宋金元卷》《明清卷》《近代卷》共五卷本，约二百万字。研究对象分期上自远古，下迄石家庄解放（1947 年 11 月），是一个大型的学术工程。这部通史是石家庄学院历史学重点建设学科的标志性成果，凝结了我校及历史文化学院学术同仁的心血，饱含着我们服务地方服务社会的学术热情。与其说通史的写作，完成了一项学术任务，不如说通史的完成，圆了我校史学同仁为石家庄区域文化贡献微薄之力的一个梦想。

　　"文化"这个词，最早见于西汉。刘向《说苑》："圣人之治天下也，先文德而后武力。凡武之兴，为不服也，文化不改，然后加诛。"① 后来晋代束晳《补亡诗·由仪》："文化内辑，武功外悠。"② 都是将"文化"与没有教化的"质朴""野蛮"相对应，其本义与《周易》中提到的"观乎人文，以化成天下"③ 意义一致。

　　如今，与文化领域中的许多概念一样，"文化"一词本身的含义就充满歧义。梁启超在《什么是文化》中称"文化者，人类心能所开释出来之有价值之共业也"④。而凡是有助于"正德、利用、厚生"思想的、认识的、艺术的、社会的、器用的等众多领域的物质和精神的业绩，在这个概念中都可以叫作文化。上海书店根据商务印书馆 1937 年版复印的，由郑振铎、郭箴一、白寿彝等编著的《中国文化史丛书》，就包括了中国

---

① （汉）刘向撰，向宗鲁校证：《说苑校证》卷十五《指武》，中华书局 1987 年版，第 380 页。

② （清）沈德潜选：《古诗源》，中华书局 1963 年版，第 155 页。

③ （宋）朱熹撰：《周易本义》，中华书局 2009 年版，第 104 页。

④ 梁启超：《什么是文化》，《学灯》1922 年 12 月 9 日。

政治思想史、中国伦理学史、中国文字学史、中国小说史、中国散文史、中国建筑史、中国陶瓷史、中国渔业史、中国水利史、中国医学史、中国算学史、中国妇女生活史、中国救荒史等几十个领域的学术研究成果，全套 50 种。这种认知应是我们所说的"大文化"。

"小文化"则是专注于精神创造活动及其结果。1871 年，英国文化学家泰勒在《原始文化》中提出，文化是一个复杂的整体，"包括知识、信仰、艺术、道德、法律、习俗和任何作为社会成员的人所具有的其它一切能力和习惯"①。事实上，泰勒的文化概念与中国传统语言系统中的"以文教化"的意义是相似的，都属于"小文化"的范畴。

我们写作伊始，也就文化史的定义展开充分的讨论，最终确定以"小文化"为研究对象。各分卷需在内容上都涵盖"小文化"中的主流思潮与信仰、文学与艺术、社会习俗与风尚。但是《石家庄文化通史》研究对象从远古，至王国、帝国时期，再至近代社会，历史亘古绵长。每一个时段，尤其是长时段，都有自己的文化特色和风貌。因此我们又强调共性中的个性存在，即"求大同，存小异"。比如说因南水北调工程主要集中在元氏故城，数百座汉墓被集中挖掘，我们在第一卷专门设置"汉墓考古文化"一章。再比如说赵郡李氏，世家家世维系纵贯魏晋北朝一直到隋唐时期，对中古社会影响巨大。因此我们在第二卷中设置"中古时期的世族与世族文化"来探讨赵郡李氏、无极甄氏与土门崔氏等主要世族的兴起与发展脉络、家学渊源等。总之，通史强调文化中的共性，凸显个性，通过对不同的文化现象的分析，总结文化发展的规律，探求石家庄历史文化的精神。

自 20 世纪 80 年代以来，区域史和区域文化的研究成为国内史学界关注的重点。这不仅是史学研究自身发展的必然趋势，也是史学服务于地方社会、地方文化的客观需求。《石家庄文化通史》也是在这样一个大背景下构思、规划并完成的。

但是，区域史和区域文化并不完全等同于地方史和地方文化，更不等同于地方志。地方志一般强调的"越境不书"，对于现行行政区划外的事物不会涉及。地方史则多以现行行政区划来划分。而区域史学所强调

---

① ［英］泰勒：《原始文化》，蔡江浓编译，浙江人民出版社 1988 年版，第 1 页。

的是立足于文化、民族、语言、地理、气候、资源等结构性要素，以整体或单一要素，如政治、经济、文化等为标准来探讨一个特定空间的历史进程或历史发展共性特征。① 法国年鉴学派代表人物费弗尔、布罗代尔、埃马纽埃尔等都是区域史学研究的早期代表。布罗代尔区域史经典之作《地中海与腓力二世时期的地中海世界》，将时间和空间统一起来，历史在这里就成为特定时空点上的一个坐标。埃马纽埃尔《蒙塔尤》则是把时空锁定在1294—1324年奥克西坦尼一个山村，再现了六百年前蒙塔尤的自然生态、宗教信仰、社会民俗等历史面貌。② 这都是"整体"区域史的代表之作。

区域文化史，是以单一要素为标准的。它不同于区域整体史，也不同于区域经济史或区域社会史。它所侧重的应该是"宗教、习俗、语言等文化表象的同一性"③。

本套书是以现行行政区划为标准来划分的，在严格的意义上来说不能称作区域史学，只能叫作区域性史学。但是，《石家庄文化通史》全书共分五卷，分不同的时段来讨论问题。比如先秦的中山国文化，汉代的常山文化，唐代的恒州文化、赵州文化，明清的真定府文化等本身都是对一个特定时段、特定空间文化现象的探讨，其文化现象之间具有明显的同质性和系统性，都属于较为典型的区域史学。而我们在研究过程中，也注意运用了区域史学的视角和研究方法。比如先秦时期依托中山国遗址、中山王墓等考古资料重点探讨了中山国文化现象和文化风貌；汉代的常山国、常山郡，则依托南水北调考古工程的丰硕成果，对两汉常山一带的信仰、习俗、生活等做了较为系统的研究；宋金时期真定府，依

---

① 王先明：《"区域化"取向与近代史研究》，《学术月刊》2006年第3期，认为区域史是"立足于文化、民族、语言、地理、气候、资源等结构性要素，从整体上探讨影响一定区域内的历史进程的力量及其原因或区域历史发展共性特征的一种视野或方法"。徐国利：《关于区域史研究中的理论问题——区域史的定义及其区域的界定和选择》，《学术月刊》2007年第3期，认为"区域史（学）就是研究社会历史发展中由具有均质（同质）性社会诸要素或单要素有机构成的、具有自身社会历史特征和系统性的区域历史，进而揭示区域历史发展系统性、独特性的史学分支学科"。笔者倾向于徐国利先生说。

② ［法］埃马纽埃尔·勒华拉杜里：《蒙塔尤》，许明龙、马胜利译，商务印书馆1997年版。

③ 张利民：《区域史研究中的空间范围界定》，《学术月刊》2006年第3期。

托现存正定隆兴寺、佛教石窟摩崖造像和碑刻，对宋金时期宗教和民间信仰进行着重探讨。

现石家庄辖区，区域范围小，史料收集相对困难。越是时代久远，史料不足的问题越严重。因此在研究中，我们一方面充分利用文献材料，将各代地方志、正史、类书、政书、地理书、字书，甚至笔记小说、诗文等都纳入研究视野；另一方面，高度重视考古学资料。碑刻、简牍，以及考古发掘资料，都是各分卷写作中高度关注的。我们不敢说穷尽了所有的考古材料，但主要的碑刻、墓志、壁画、墓葬等内容，都网罗其中。

作为一个区域性文化史，必然涉及生活在这一空间中的人。而生活在这一区域，并对这一区域的社会生活文化产生重要影响的有两类人，一个是原住民，一个是外籍人。因此对于重要人物的文化活动，我们采用的原则：一是"以地系人"。是指那些籍贯在本地的杰出人士，即使后来由于各种原因离开本地，也纳入研究范围。如宋代真定灵寿人韩亿家族，自韩亿开始以科举起家，其子韩缜、韩绛和韩维，都曾经做过宰执。在学术上，韩维和韩绛两兄弟直接受教于程颐、程颢。因此韩亿家族是我们重点关注的对象。二是"以事系人"。是指那些在本地为官、传道、游历的重要人物。比如汉代常山太傅韩婴，本为燕地人。但在任常山太傅时期对于常山经学、易学、韩诗的传播都起到了积极的推动作用。因此在探究两汉时期的主流思想、文学成就时，对韩婴的突出贡献多有叙及。

区域文化的研究，除了关注同一区域文化的同质性、系统性之外，还需要关注超越区域的问题，尤其是当研究的范围相对较小之时。在《石家庄文化通史》的写作中，我们特别注意两种关系。其一，研究本区域与邻近地区的同质关系。比如汉代距今时代久远，资料稀少。但邻近的河北保定满城，中山国刘胜及夫人墓材料丰富，而事实上在两汉时期中山国也曾辖新市（治所正定新城铺）、毋极（治所无极西南新城村）、深泽（治所深泽县城）三县，所以在研究中我们就采用了汉时中山国相当数量的资料；再比如中古博陵崔氏的材料很丰富，而由其分化出来的土门崔氏和平山崔氏的相关材料并不是特别丰富，那么我们较多地运用了博陵崔氏相关材料来探究土门崔氏和平山崔氏的大致风貌。其二，区域文化与主流文化的统一关系。区域文化的独特性是我们关注的重点，但因材料的稀疏以及时代的特点，我们也采用从主流文化视角来阐释石家庄地域文化的研究方法。比如西汉中期以后，大一统主流汉文化对原该地赵文化的冲击和同化严重，因此研究常山一带服饰饮食、墓葬风俗，就适当采用关中地区的材料加以补充说明。两宋时期虽没有达到地域上的统一，然而宋统治地区仍是文化中心，辽金少数民族仰慕中原文化，真定府也是中原文化北渐的通道，因此研究该地的生产习俗、生活习俗和岁时节日习俗也适当采用当时京畿周围材料加以说明。

作为一个大型的学术工程，如同其他多卷本著述一样，我们从写作伊始至今，多次召开调度会，分别就选题的确定、大纲的构思、写作的规范、实地考察的地点、人员的调整、写作的进程等进行讨论、协调。虽然课题组的老师们各尽其力，但毕竟作者较多，编写的时间又很仓促，故不仅在具体问题上，恐在整体结构上也有不尽人意的地方。

《石家庄文化通史》是在石家庄市委宣传部、石家庄学院各级领导的大力支持下完成的。在此谨表谢忱！感谢河北省社科联、河北省历史学会给予的大力支持！

石家庄学院教学任务较重，《石家庄文化通史》课题组的部分老师还承担着国家社科规划项目、教育部人文社科项目、河北省社科规划项目等研究任务，为了完成这部集体著作，各位作者牺牲个人的休息时间，全力以赴，才使这个大型学术工程得以如期完成，感谢大家！

河北省文物局韩立森副局长、河北省文物研究所张春长主任、河北省博物院张慧研究员为丛书提供了封面照片，感谢他们的热情帮助！

中国社会科学出版社郭沂纹副总编、责任编辑安芳老师为本书的顺利出版做了很多工作，真诚地感谢她们！

王俊华　贾丽英

2017 年 12 月

目　　录

绪　　论

一　宋元真定府赵州区域文化发展的社会环境

宋元时期，真定府赵州一带是今石家庄辖区所在。宋元时期真定府赵州的区域文化发展与当时的经济状况、民族矛盾、阶级矛盾以及民族构成的变化密切相关，真定府赵州社会发展的大环境规定和制约着该地区区域文化的发展。

（一）宋元时期真定府赵州政区划与沿革

北宋地方行政区划为路、州（府、军、监）、县（寨）三级。

路制源于唐代的"道"。唐太宗时期，依据山川形势将全国划分为十道，但此时道之官员并不干预地方行政，其性质只是一种监察区。"安史之乱"后，节度使统治的地区也以道相称，但很快发展成强大的地方割据势力。五代时虽也有道级行政建置，但在分裂的局面下，这仅是一种虚设，没有实际意义。

北宋建国之初，因袭唐代，仍将全国划分为若干道。太平兴国四年（979），北宋分全国为十三道：河南道、关西道、河北道、河东道、剑南西道、剑南东道、江南西道、江南东道、淮南道、山南西道、山南东道、陇右道、岭南道。[①] 淳化四年（993），又分天下为十道。但实行道制不长，至道三年（997），宋太宗便开始对地方体制进行改革，将全国划分为十五路，即"是岁，始定为十五路：一曰京东路，二曰京西路，三曰河北路，四曰河东路，五曰陕西路，六曰淮南路，七曰江南路，八曰荆

---

① 根据《太平寰宇记》中记载内容罗列。

湖南路，九曰荆湖北路，十曰两浙路，十一曰福建路，十二曰西川路，十三曰峡路，十四曰广南东路，十五曰广南西路"①。这一改革既改变宋初地方行政区划不规范的状态，又加强了中央对地方的管理，值得一提的是它奠定了北宋时期路一级地方行政制度的格局。

此后，随着社会经济不断发展以及统治阶级对地方控制的需要，路一级地方区划又经历几次变革。宋真宗咸平四年（1001），分"川、陕转运使为益、梓、利、夔"四路。②天禧四年（1020），分江南路为东西，形成十八路格局。宋神宗元丰三年（1080）又析分成二十三："曰京东东、西，曰京西南、北，曰河北东、西，曰永兴，曰秦凤，曰河东，曰淮南东、西，曰两浙，曰江南东、西，曰荆湖南、北，曰成都，曰梓、利、夔，曰福建，曰广南东、西。东南际海，西尽巴僰，北极三关，东西六千四百八十五里，南北万一千六百二十里。"③路作为北宋一级行政设置，基本格局就在此时定了下来。今天的石家庄市辖区，在北宋时期分属于河北西路的一部分。

为了对付辽和西夏，北宋前期，在北部沿边设置了都部署路。其中在河北地区的有大名府、高阳关、镇州、定州四路。到中后期，出现安抚使路，庆历八年（1048），"分置河北四路安抚使，命知大名真定府、瀛定州者领之"，即"北京、澶、怀、卫、德、博、滨、棣州、通利保、顺军合为大名府路；瀛、莫、雄、霸、贝、冀、沧州、永静、乾宁、保定、信安军合为高阳关路；镇、邢、洺、相、赵、磁州合为真定府路；定、保、深、祁州、北平、广信、安肃、顺安、永宁军合为定州路"。④真定府路作为御辽防线的第二道，一直存在到金军南下，当时还曾积极抵抗金军。后来归金所有。

州为二级行政区划，与之平级的有府、军、监。一般的地方称州，按户口数分七等。按格分都督州、节度州、观察州、防御州、团练州、军事州。州格有升降。府与州平级，但实际地位高于州，有特殊的政治

---

① （宋）李焘：《续资治通鉴长编》（以后简称《长编》）卷四十二，至道三年十二月戊午，中华书局1992年版，第901页。

② 《长编》卷八十四，咸平四年三月辛巳，第1052页。

③ （元）脱脱：《宋史》卷八十五《地理一》，中华书局1985年版，第2094页。

④ 《宋史》卷一百九十六《兵志十》，第4898页。

意义，府多由州升。军与州、府平级，而实际地位次于州、府。设于军事要塞、边防地区，为户口少不成州者。监与州、府、军平级，而实际地位次于三者，置于坑冶、牧马、铸钱、产盐之地。宋代版图全盛时宣和四年（1122），全国分 26 路、254 州、30 府、55 军、4 监。今天石家庄市辖区包括：真定府、定州、深州、祁州、赵州一部分。

县是宋代三级地方行政建置的最低一级，位在路、州之下。宋版图全盛时，全国有县 1234 个。县之下还有镇、寨，或城、堡，设在居民繁密和地形险要处。

北宋时期州县废置复杂，以下根据《太平寰宇记》《元丰九域志》《宋会要辑稿》《续资治通鉴长编》《舆地广记》《三朝北盟会编》《宋史·地理志》《文献通考》等史书中记载，结合李昌宪的《中国行政通史》（宋西夏卷），对今石家庄市辖区所属的州县情况分六个时期列表如下：

表1　　　　　　　　　　　　　建隆元年（960）

府、州	县
镇州	真定、藁城、石邑、获鹿（今鹿泉）、井陉、平山、灵寿、行唐、九门、元氏、栾城、束鹿（今辛集）、鼓城（今晋州）
定州	属县8，属石家庄市辖区1：新乐
祁州	无极、深泽
赵州	属县7，属石家庄市辖区3：平棘（赵县）、高邑、赞皇

表2　　　　　　　　　　　　　太平兴国四年（979）

府、州	县
祁州	无极、深泽
赵州	属县7，属石家庄辖区3：平棘、高邑、赞皇
镇州	真定、藁城、获鹿、井陉、平山、灵寿、行唐、元氏、栾城、束鹿、鼓城
定州	属县9，属石家庄市辖区1：新乐

表3	咸平二年（999）
州、军	县、寨
镇州	真定、藁城、获鹿、井陉、平山、灵寿、行唐、元氏、栾城
定州	属县8、1寨，属石家庄市辖区1：新乐
深州	属县5，属石家庄市辖区1：束鹿
祁州	鼓城、无极、深泽
赵州	属县7，属石家庄市辖区3：平棘、高邑、赞皇
天威军	无属县

表4	天禧四年（1020）
州、军	县、寨
镇州	真定、藁城、获鹿、井陉、平山、灵寿、行唐、元氏、栾城、北寨
定州	属县8、寨1，属石家庄市辖区2：无极、新乐
深州	属县5，属石家庄市辖区1：束鹿
祁州	属县3，属石家庄市辖区2：鼓城、深泽
赵州	属县7，属石家庄市辖区3：平棘、高邑、赞皇
天威军	无属县

表5	元丰八年（1085）
府、州、军	县、寨、军
真定府	真定、藁城、获鹿、井陉、平山、行唐（省灵寿县为镇入）、元氏、栾城、天威军（废军为军使或县）、北寨
定州	属县7、1军、1寨，属石家庄市辖区2：无极、新乐
深州	属县5，属石家庄市辖区1：束鹿
祁州	属县2，属石家庄市辖区1：鼓城（省深泽为镇入）
赵州	属县4，属石家庄市辖区2：平棘、高邑（省赞皇、柏乡为镇入）

表6	宣和五年（1123）
府、州	县、寨、军
真定府	真定、藁城、获鹿、井陉、平山、行唐、元氏、栾城、灵寿、天威军、北寨
中山府	属县7、1军、1寨，属石家庄市辖区2：无极、新乐

府、州	县、寨、军
深州	属县 5，属石家庄市辖区 1：束鹿
祁州	属县 3，属石家庄市辖区 2：鼓城、深泽
庆源府	属县 7，属石家庄市辖区 3：平棘、高邑、赞皇

北宋真定府赵州所辖州沿革

1. 真定府（960—1126）

治真定（今河北正定县），《太平寰宇记》卷六十一：镇州原领县十，今十三：真定、藁城、石邑、获鹿、井陉、平山、灵寿、行唐、九门、元氏（赵县割出）、栾城（赵州割出）、束鹿（深州割出）、鼓城。

又：元氏县后汉光武帝北征彭宠，阴后从行，生明帝于元氏传舍。晋书地道记：改属赵国，其常山郡移理于真定县。

栾城县隋属栾州，又改属赵州。唐大历三年（768），与定州鼓城同隶恒州。

《文献通考》卷三百一十六《舆地二》赵州：唐为赵州或赵郡，属河北道，领县九，后以元氏、栾城二县隶真定府。宋属庆源军节度使。

《元丰九域志》卷二：次府，真定府，常山郡，成德军节度，治真定县。

建隆元年（960）以娘子关地建承天军，隶府，后废，开宝六年（973）省石邑县为镇入获鹿，九门县入藁城。端拱二年（989），以鼓城县隶祁州。淳化元年（990），以束鹿县隶深州。熙宁六年（1073），省井陉县入获鹿、平山。八年（1075），复置井陉县，徙天威军，即县治置军使，隶府；八年，省灵寿县为镇入行唐。

次赤，真定。八乡。

次畿，藁城。六乡。

次畿，栾城。二乡。

次畿，元氏。六乡。

次畿，井陉。一乡。旧县一镇。

次畿，获鹿。三乡。石邑一镇。

次畿，平山。五乡。

次畿，行唐。六乡。灵寿、慈谷二镇。

寨一。咸平三年（1000）置。熙宁八年（1075）析行唐县二乡隶府。

北寨，二乡。嘉祐一镇。

《宋史》卷八十六：本镇州，汉以赵州之元氏、栾城二县来属。

寨一：北寨，咸平二年（999）置。《元丰九域志》记载咸平三年（1000）置。

《宋会要辑稿·方域》五之三十一和《舆地广记》卷十一灵寿县条：灵寿县，元祐二年（1087）复。

《长编》卷二十太平兴国四年（979）癸亥，"太宗次天威军"，推测天威军设置应该在此之前，但是并不能确定。

真定府统县：真定县（960—1126），藁城县（960—1126），石邑县（960—972），获鹿县（960—1126），井陉县（960—1072，1075—1126），平山县（960—1126），灵寿县（960—1074，1087—1126），行唐县（960—1126），九门县（960—972），元氏县（960—1126），栾城县（960—1126），束鹿（960—990），鼓城（960—989），承天军（960—?），天威军（979—1974）。

2. 定州（960—1112），中山府（1113—1126）

治安喜（今河北定州市），《太平寰宇记》卷六十二：原领县十一，今八：安喜、蒲阴、唐县、陉邑、北平、望都、新乐、曲阳。三县割出：无极（入祁州）、深泽（入祁州）、博野（建宁边军）。其中属于石家庄市辖区的只有无极县和深泽县。因此只需要考察这两县。

《新唐书》卷三十九《地理志三》：无极，上，景福二年（893），节度使王处存以县及深泽表置祁州。

《元丰九域志》卷二：景德元年（1004），以祁州无极县隶州。

　　紧，无极，三乡。
　　中，新乐，二乡。①

属于石家庄市的定州统县：无极（1004—1126），新乐（960—

---

① 采自《元丰九域志》。

1126）。

3. 深州（960—1126）

治静安（今河北深州市南），《太平寰宇记》卷六十三：原领县五，今六：陆泽、饶阳、安平、武强、下博、乐寿。二县割出：鹿城（入镇州）、博野（入定州）。其中属于石家庄市辖区的只有鹿城（束鹿）一县。

《元丰九域志》卷二：淳化元年（990）以真定府束鹿县隶州。

　　　　望，束鹿，四乡。①

属于石家庄市的深州属县：束鹿（990—1126）。

4. 祁州（960—1126）

治无极县（今河北无极县），《太平寰宇记》卷六十：领县二：无极、深泽。

治鼓城，《宋会要辑稿·方域》五之三十二：鼓城县，端拱二年（989），自真定府来隶。并徙治所于鼓城。

《元丰九域志》卷二：县二。端拱元年（988），以真定府鼓城县隶州。（此处稍有出入）景德元年（1004），以无极县隶定州。熙宁六年（1073）省深泽县为镇入鼓城县。

　　　　紧，鼓城。三乡。深泽一镇。②

《宋史》卷八十六《地理二》：深泽县元祐元年（1086）复。

属于石家庄市的祁州的属县：鼓城（989—1126），深泽（960—1072，1086—1126）。

5. 赵州（960—118），庆源府（1119—1126）

治平棘（今河北赵县），《太平寰宇记》卷六十：原领县九，今七：平棘、宁晋、高邑、柏乡、临城、赞皇、昭庆。两县割出：栾城、元氏

---

① 采自《元丰九域志》。

② 同上。

（以上两县入镇州）。其中属于今石家庄市辖区的有：平棘、高邑、赞皇，因此只考察这三县。

《元丰九域志》卷二：望，赵州，赵郡，军事。

熙宁五年（1072）省柏乡、赞皇二县为镇入高邑。

　　　望，平棘，五乡。
　　　中，高邑，五乡。柏乡、赞皇二镇。[①]

《宋史》卷八十六《地理二》：庆源府条：高邑，中，熙宁五年（1072）省柏乡、赞皇二县为镇入焉，元祐元年（1086）皆复。

属于石家庄市的赵州属县：平棘（960—1126），高邑（960—1126），赞皇（960—1071，1086—1126）。

由此可见，今石家庄市辖区相当于宋代的真定府全部、赵州（庆源府）、祁州的大部分和定州（中山府）、深州一部分。其中和真定府赵州辖区变化密切相关，可以说真定府在当时地位非常重要。

金灭北宋后，真定府赵州一带即为女真控制。天会七年（1129），置河北西路，其辖区比宋河北西路小。路制之下，是京府州县。金朝的京府州县制度，上承辽、宋，有沿有革，创设出自己的新制。金代的州县废置有变，依据《金史·地理志》材料，结合李昌宪的《金代行政区划史》，对今石家庄市辖区所属的州县情况分四个时期列表如下：

表7　　　　　　　　　　皇统二年（1142）

府、州	县
真定府	县8：真定、藁城、获鹿、平山、灵寿、行唐、元氏、栾城
威州	县1：井陉
定州	属县7，属石家庄市辖区3：新乐、无极
祁州	属县3，属石家庄2：深泽、鼓城
赵州	属县7，属石家庄市辖区3：平棘（赵县）、高邑、赞皇
深州	属县5，属石家庄市辖区1：束鹿（河北东路）

①　采自《元丰九域志》。

表8　　　　　　　　　　　　　　**正隆二年（1157）**

府、州	县
真定府	县8：真定、藁城、获鹿、平山、灵寿、行唐、元氏、栾城
威州	县1：井陉
定州	属县7，属石家庄市辖区1：新乐、无极
祁州	属县3，属石家庄2：鼓城、深泽
沃州	属县7，属石家庄市辖区3：平棘（赵县）、高邑、赞皇
深州	属县5，属石家庄市辖区1：束鹿（河北东路）

表9　　　　　　　　　　　　　　**大定二十九年（1189）**

府、州	县
真定府	县8：真定、藁城、获鹿、平山、灵寿、行唐、元氏、栾城
威州	县1：井陉
定州	属县7，属石家庄市辖区1：新乐、无极
祁州	属县3，属石家庄2：鼓城、深泽
沃州	属县7，属石家庄市辖区3：平棘（赵县）、高邑、赞皇
深州	属县5，属石家庄市辖区1：束鹿（河北东路）

表10　　　　　　　　　　　　　　**泰和八年（1208）**

府、州	县
真定府	县9：真定、藁城、获鹿、平山、灵寿、行唐、元氏、栾城、阜平 1219年升获鹿为县为镇宁州
威州	县1：井陉
中山府	属县7，属石家庄市辖区1：新乐、无极
祁州	属县3，属石家庄2：鼓城、深泽
沃州	属县7，属石家庄市辖区3：平棘（赵县）、高邑、赞皇
深州	属县5，属石家庄市辖区1：束鹿（河北东路）

金代真定府赵州州县沿革：

1. 真定府（1127—1219）

治真定（今河北正定县）。统县：真定县（1127—1219）、藁城县

（1127—1219）、平山县（1127—1219）、栾城县（1127—1219）、行唐县（1127—1219）、灵寿县（1127—1219）、元氏县（1127—1219）、阜平县（1192—1219）、获鹿县（1127—1219），1219 年升获鹿县为镇宁州。

2. 威州（1129—1216）

治井陉（今河北井陉威州）。井陉县（1129—1216）。

3. 沃州（1127—1128 庆源府、1129—1150 赵州、1151—1216 沃州）

治平棘（今河北赵县）。属石家庄辖县：平棘县（1127—1216）、高邑县（1127—1216）、赞皇县（1127—1216）。

4. 中山府（1127—1128 中山府、1129—1205 定州、1206—1218 中山府）

治安喜（今河北定州市）。属石家庄市辖县：新乐县（1127—1218）、无极县（1127—1218）。

5. 祁州（1127—1220）

治蒲阴（今河北无极县）。属石家庄市辖县：鼓城县（今晋州）（1127—1214）、深泽县（1127—1220）。

6. 深州（1127—1217）

治静安（今河北深州市）。属石家庄市辖县：束鹿县（今辛集）（1127—1217）。

此外金在灭辽和北宋后，曾设立伪楚和伪齐政权，想以汉治汉，但事与愿违，金于天会十一年（1133）在黄河流域实行屯田军制度。其中真定府就是其中之一。[①] 这场大规模猛安谋克屯田于海陵王时期结束。

金代真定府行政区划中变化有三点：一是天会七年（1129）将井陉县置为井陉郡，后来又升为威州。二是天会七年（1129）将庆源府降为赵州，中山府降为定州。三是兴定三年（1219）获鹿县升为镇宁州。这些都与真定府作为军事要塞需要加强其防御体系建设有关。

靖康之役（1126）时期，金朝在井陉这座要塞古城遭到宋朝军队的顽强抵抗，于是天会七年（1129），金朝在河北地区的统治稳定下来后，出于军事需要，将井陉县置为井陉郡，后升为威州。同时为了

---

① （元）脱脱：《金史》卷一百二十九《李通传》，中华书局 1975 年版，第 2783 页。

突出真定府的军事统帅地位，将庆源府改为赵州、中山府改为定州，强化了真定府在政治、军事方面的均衡管辖权。到金朝末年，蒙古军不断南下，对金朝北部构成威胁，太行山东西两侧的河北和山西，曾经是金朝进攻北宋的通道，而地处井陉要塞出口的获鹿城的战略地位不言而喻，因此，金朝于兴定三年（1219）升获鹿县为镇宁州，主要进行构筑沟堑，加筑城垣，增加驻军和增筑粮草库等措施进行城市建设。

从蒙古太祖六年（1211），成吉思汗开始进兵金朝，太祖九年（1214）年金朝中都（今北京）危亡，金朝被迫迁都南京（今河南开封）。此后蒙古军队在攻占中都燕京后，随即挥师南下，相继占领河北大部分地区。太祖十五年（1220），蒙古军队开始占领河北西路真定府及周围州县，逐步结束了金王朝在这一地区近一百年的统治。从此开始了蒙古帝国时代和元王朝的统治，先后长达130多年的历史。

蒙古帝国时期，基本承袭了金朝原来的政区格局。蒙古国政权结构较简单，行政上设"断事官"，管理政务，军事上设万户、千户。到中统元年（1260），忽必烈建立元，正式建立国家机构。在中央设中书省，统领全国行政；枢密院管理军事；御史台负责监察事宜。至元二十七年（1290），元朝在地方设"行中书省"，负责推行中央军政大令，设丞相一人，是中书省派驻各地的执行官，后逐渐成为固定的官署，进而发展为地方行政区划。在行中书省之下，分设路、府、州、县，官职为"达鲁花赤"，即断事官。在全国范围内建立行省时，将山东、河北、山西作为中书省直辖地区，称"腹里"。在全国其他地区划分为10个行省，即岭北、辽阳、河南、陕西、四川、甘肃、云南、江浙、湖广等。行中书省简称"行省"，后来发展成中国行政区的名称，初步奠定了明清乃至今天省区的规模。

元代真定路虽名称、治所与金代基本相似，但是实际辖区却发生很大变化。现依据《元史·地理志》材料，结合的李治安、薛磊的《中国行政区划通史》（元代卷），对今石家庄市辖区所属的州县情况列表如下：

表11　　　　　　　　　　元代石家庄市辖区

路	府州	县	备注
真定路		真定县、藁城县、栾城县、元氏县、获鹿县、平山县、灵寿县、阜平县、涉县	元初行唐县归保定路
	中山府	安喜、新乐、无极	
	赵州平棘	平棘、高邑、赞皇	领7县
	晋州鼓城	鼓城	领4县
保定路	祁州	蒲阴、深泽、束鹿	保定路领8县7州，祁州领3县
广平路领5县2州	威州	井陉	

下面具体看一下各县历史沿革情况：

真定县：北宋、金为河北西路真定府辖县，元代为真定路路治所在，今正定县。

藁城县：北宋、金为河北西路真定府辖县，蒙古太宗六年（1234）升为永安州，以无极、新乐、宁晋、平棘四县属之。太宗七年（1235），废州为县，属真定路，今石家庄市藁城县。

栾城县：北宋、金为河北西路真定府辖县，元代为真定路辖县，今石家庄市栾城区。

元氏县：北宋、金为河北西路真定府辖县，元代为真定路辖县，今元氏县。

获鹿县：北宋为河北西路真定府辖县，金为河北西路镇宁州，蒙古国初改为西宁州，太宗七年（1235）降为获鹿县，属真定路，今石家庄市鹿泉区。

平山县：北宋、金为河北西路真定府辖县，元代为真定路辖县，今平山县。

灵寿县：北宋、金为河北西路真定府辖县，元初改恒州，后恒州废，还属真定路，今灵寿县。

行唐县：北宋、金为河北西路真定府辖县，元初改恒州，后废，属中山府，又属保定路，今行唐县。

新乐县：北宋、金为河北西路真定府辖县，蒙古太宗六年（1234）

属永安州，七年（1235）州废属中山府，今新乐。

无极县：北宋、金为河北西路真定府辖县，蒙古太宗六年（1234）属永安州，七年（1235）州废属中山府，今无极。

赵州：北宋为河北西路庆源府，金为沃州，属河北西路，元为赵州，治平棘县。

高邑县、赞皇县：北宋为河北西路庆源府，金为沃州，世祖至元二年（1265）以赞皇县省入高邑县，七年（1270）复析置。今高邑、赞皇。

晋州鼓城县：北宋、金为祁州鼓城县，元为晋州鼓城县，今为晋州市。

威州：北宋为河北西路真定府辖县，金为威州，窝阔台汗六年（1234）割隶邢洺路，蒙哥汗二年（1252），移州治于洺水县，井陉为属县。今井陉。

深泽、束鹿县：北宋为河北西路祁州，金为河北西路祁州、深州。至元二年（1265）深泽并入束鹿县，三年（1266）又来属蒲阴县，属保定路。今深泽县、辛集市。

可见，蒙元时期，真定路辖区也经历两次变化，两次变化主要有窝阔台八年（1236）的画境之制和世祖至元初年的调整，这与诸王勋贵的封户有关。蒙古灭金之后，中原汉地世侯军阀林立，真定路主要被较早投靠蒙古的史天泽所占领和控制。但是这些世侯军阀的地盘犬牙交错，打乱了原来的府州县的秩序。针对这种情形，元太宗八年（1236）画境之制意在调整州县地界秩序，由此带来真定路的第一阶段的变化。世祖至元初年，元廷在画境之制基础上进一步调整中原汉地路州的建置。此时汉地世侯已经被废黜，忽必烈此番调整遵循原则主要是尽可能使投下封户所在单独或大部集中于同一路州。如：元初的史天泽真定路辖区是阿里不哥、旭烈兀、两答剌罕、孛鲁带等封地并存，而经过两次调整后的真定路，则应称为以唆儿忽黑塔尼别吉——阿里不哥封地为主的投下食邑了。从这个意义上说，两次调整的真定路州县，所贯彻的原则为"以真定民户奉太后汤沐"。也令真定城成为大都以南的一个重要的政治、军事、经济、文化中心。

综上所述，真定，在宋辽对峙时期，宋都开封，为北宋的西北边城。金统治时期，都中都，为京畿重地。元建立后，都大都，属中书省所辖的"腹里"，再次成为京畿重地。

（二）经济状况

真定府赵州一带是北宋时期重要的经济区。宋初政府先后颁布了减免赋税、奖励垦耕的诏令，如景德四年（1007），令除"河北镇州、赵州民田近年所增租税"。① 这些措施实行，极大地刺激了镇、赵一带（石家庄辖区）农民的生产积极性，荒田得以逐渐开发。还是沿边州军的后勤补给基地，如：战时端拱二年（989），威虏军粮馈不继，"朝廷发镇、定大军护送数辎重，凡数千乘"。② 如：平时养兵，籴买粮草以充军需是重要的后勤补给。真定作为河北转运司驻地，正是和籴的中心。景德三年（1006），"诏河北转运使司，今岁河朔大稔，于应通水路州军增钱和籴，务广储蓄"。③ 直到哲宗时期，"第令诸路广籴以备蓄积"，绍圣初年，"诏河北镇、定、瀛州籴十年之储，余州七年"。④

从北宋前期起，在宋政府的提倡下，水稻栽培就不断地向北方旱地农业区扩展，到宋仁宗景祐年间，王沿为河北路转运使，"导相、卫、邢、赵水，下天平、景祐诸渠，溉田数万顷"⑤，发展水田。宋仁宗时遣尚书职方员外郎沈厚载到"镇、赵等州，教民种水田"。⑥ 从此石家庄有了水稻种植的历史。

真定府还是宋政府所设的官营丝织基地之一。朝廷在真定设立大的织锦院，其产品主要供皇室宫廷所用，质量相当高。如"西京、真定、青、益、梓州场院，主织锦、绮、鹿胎、透背"。⑦ 其纤丽之物，说明真定的织锦院拥有高超的纺织技术。这和当地盛产蚕茧有关，丰收时节，野生蚕茧遍野。如：元符元年（1098），藁城、行唐、深泽野蚕成茧，织纤成万匹。⑧

---

① 河北省社会科学院地方史编写组：《河北古代历史编年》，河北教育出版社 1988 年版，第 359 页。

② 《长编》卷三十，端拱二年四月戊子，第 682 页。

③ （清）徐松辑：《宋会要辑稿·食货》三十九之四，中华书局影印 1997 年版。

④ 《宋史》卷一百七十五《食货志三》，第 4246 页。

⑤ 《宋史》卷三百《王沿传》，第 9959 页。

⑥ 《宋史》卷一百七十三《食货志上一》，第 4146 页。

⑦ 《宋史》卷一百七十五《食货志上三》，第 4231 页。

⑧ 《宋史》卷六十七《五行五》，第 1476 页。

　　不仅丝织技术发达，麻纺织技术同样有较高的水平，曹勋的《过真定》曾写道："南北东西本一家，从来河朔多桑麻。"① 从一个侧面反映了真定的麻纺织业发展水平。

　　真定隆兴寺铸造的大悲菩萨铜像（图1），代表了石家庄地区冶金铸造技术的最高成就。所用的铜大部分来自获鹿县（今鹿泉）铜冶附近的铜矿。该铜矿位于上寨村东北凤凰山麓，至今尚存有竖坑和矿井，还有为外运矿石开采的通道。主井有两个口，行道长约五十米，支道有三个，蜿蜒曲折。相传此矿开于唐宋，至今矿井壁上尚存"大定二十年二月二十七日县令定远监打司吏康盛"等字，说明直到金代仍是官营采矿基地。

图1　正定千手千眼观音菩萨武志伟拍摄

① （宋）曹勋：《松隐文集》卷一七《过真定》，影印文渊阁四库全书1986年版。

　　煤炭开采在我国有悠久的历史，宋代达到新的水平，并且集中在"石炭自本朝河北、河东、陕西方出，遂及京师"①。在北方以河东路（山西）产煤最多，其次是河北。真定府地下也富产煤炭资源，如修建龙兴寺时"掘地创基，至于黄泉，用一重礓砾，一重土石，一重石炭，一重土，至于地平"②。表明煤在宋初真定的煤储量丰富，居然还用来做地基。也设"真定石炭务"③进行管理。

　　据朱弁的《曲洧旧闻》记载：宋代各地的名酒，河北有29种名牌，与开封、京东一起位居全国前列。真定府的"银光"在其列。熙宁年间真定府酒务分布情况为：真定县、天威军、获鹿县、井陉县、栾城县、藁城县、行唐县、元氏县④，由此可见当时真定府产酒区的分布。

　　真定府一直有制墨的传统，据《宋稗类钞》记载："高平吕老，造墨常山。"到北宋中期，真定人陈赡掌握了独特的"和胶法"，其法为："就山中古松取煤，其用胶虽不及常和、沈珪，而置之湿润初不蒸。"⑤所制墨非常受欢迎，北宋末年可值每斤五万钱。另一个真定人张滋，他"善和墨，色光黳。胶法精绝，举胜江南李廷珪"⑥。在大观皇室库内存有张滋墨大概数万斤。制墨业的发达与真定府西部太行山出松木有得天独厚的自然资源以及真定府是河北西路首府，文化事业发展繁荣都有密切关联。

　　金朝统治初期，真定府赵州农业生产一度出现衰退，手工业生产和城镇商业也陷入停滞状态。如宋人曹勋随宋帝北迁，描述从浚州（今河南浚县）向北"旬月不见屋宇，夜泊荆榛或桑木间"，到真定府更换牛具再行。⑦随着女真封建化的完成，金朝统治者相继采取一些有利于经济发展的措施，使真定府赵州一带经济逐渐恢复和发展。到金世宗时，河朔

---

　　①　（宋）朱翌：《猗觉寮杂记》卷上，影印文渊阁四库全书1986年版。

　　②　（清）沈涛：《常山贞石志》卷十二惠演《真定龙兴寺铸金铜像菩萨并盖大悲宝阁序》，续修四库全书，上海古籍出版社2002年版。

　　③　《长编》卷一百一一，明道元年九月己丑，第2589页。

　　④　邢铁：《宋辽金时期的河北经济》，科学出版社2011年版，第127页。

　　⑤　（宋）何薳：《春渚纪闻》卷八《陈赡传异人胶法》，中华书局1983年版，第121页。

　　⑥　（宋）蔡絛：《铁围山丛谈》卷五，中华书局1983年版，第95页。

　　⑦　（宋）曹勋：《北狩见闻录》，中华书局1985年版，第7页。

沿滹沱河一带"禾麻菽麦郁郁弥望"①。金文学家蔡松年也曾写词赞道："春风北卷燕赵，无处不桑麻。"②并特别指出真定府一带富庶，如写真定府辖区新乐"尤繁庶，古鲜虞国也"③。从一个侧面反映了真定府社会经济恢复和发展的情况。

经济恢复的原因有：其一，招抚流民，劝农桑。蔡松年任真定府判官，平真定西山群盗，将"中山居民为贼所污者千余家"④不受连坐，成为编户齐民。田颢知真定府事，招降"齐博、游贵等贼众五千余人"⑤。其二，革除积弊，薄租赋。胡砺知深州军州事，深州管五县，例置弓手百余，少者犹六七十人，岁征民钱五千余万为顾直。其人皆市井无赖，以迹盗为名，所至扰民。砺"知其弊，悉罢去"⑥。再加之金初统治时期，河北境内流经的大河，没有发生大灾。

金代真定府手工业以丝织、制瓷、矿业最为发达。金效法北宋，在真定、河间等地设绫锦院，掌"织造常课匹段之事"⑦，说明当时这里的丝织业还算得上中原的中心。据《金史·地理志》中记载真定府产瓷器，指井陉窑。矿冶业在真定历史悠久，河北西路蕴藏丰富的煤、铁、铜等资源，为采矿、冶金创造了条件。近年在获鹿县上寨村发现金大定十二年（1172）铜矿遗址⑧，说明铜矿资源丰富。

商业贸易和城镇经济也有发展。唐宋时期真定府赵州一带已经形成城市与乡镇市场构成的市场网络，金人进入这一地区后重视商业贸易，市场又活跃起来。金章宗明昌年间回鹘商人饶于财，商贩巨万，多次于河北、山东间贸易，"俱言民物繁庶"⑨。这种局面一直维持到金朝末年。高利贷也是金朝商业发展一个方面。大定十三年（1173）先后在中都和

① （金）元好问：《遗山文集》卷33《创开滹水渠堰记》，商务印书馆1936年版，第334页。

② 唐圭璋编：《全金元词》上，蔡松年：《水调歌头》，中华书局1979年版，第8页。

③ 赵永春编注：《奉使辽金行程录》，吉林文史出版社1995年版，第258页。

④ 《金史》卷125《蔡松年传》，第2715页。

⑤ 《金史》卷81《田颢传》，第1828页。

⑥ 《金史》卷125《胡砺传》，第2722页。

⑦ 《金史》卷57《百官志三》，第1322页。

⑧ 谢志诚：《金代河北经济的恢复和发展》，载《河北学刊》1990年第3期。

⑨ （宋）孟珙：《蒙鞑备录·征伐》，北平文殿阁书社1936年版，第35页。

真定等地设质典库①，也就是官方当铺。设专职官员管理。

金末元初，河北境内战事频繁，经济遭到严重破坏。特别是蒙古人入主真定之初，变耕地为牧场，造成大量田地荒芜，真定府农业陷入停滞和倒退。元朝统一后，设立司农司，专门掌管全国的农桑水利，刊印《农桑辑要》，颁发各地，为真定府农业恢复和发展创造条件。至元二十年（1283）王恽在调任途中经过真定的藁城，写了《锄耧》一诗，序言中写道：道出藁邑西南乡，观农人用锄耧理田，自己本出身田野间，于是喜为赋诗："双杆驾壮牛，独脚云耳并。纷纷卷土落，一划蕃草净。是名为锄耧，初不见田令。行观数亩禾，草去苗意盛。"② 表明当时农业已经恢复。

元代手工业生产的规模和地区布局都有所扩大，在河北的官方手工业作坊不下几十处，其中真定路纱罗兼造局，是官方手工业管理机构，劳动者是工匠，人数多、技术高，产品精良。元政府规定，丝织产区，每户出丝一斤以给国用，五户出丝一斤以给诸王功臣汤沐之资，称为五户丝。据《元史》卷九十五《食货志·岁赐》记载，元初分封到真定路的五户丝户列表如下：

表12　　　　　　　　　元代真定路五户丝分拨统计表

时间	岁赐（户数）	诸王、后妃与勋臣
太宗戊戌年（1238）	真定晋州一万户	太祖长子术赤大王
太宗戊戌年（1238）	真定深州一万户	太祖次子茶合偺大王
太宗丙申年（1236）	真定路八万户	太祖四子阿里不哥
宪宗丁巳年（1257）	真定蠡州三千三百四十七户	睿宗子拨绰大王
宪宗壬子年（1252）	真定三百一十八户	太祖第三斡耳朵
宪宗壬子年（1252）	真定二百八十三户	太祖第四斡耳朵
宪宗壬子年（1252）	真定二百七十户	武宗塔出驸马
太宗丙申年（1236）	真定一百户	孛鲁古妻佟氏
宪宗丁巳年（1257）	真定一千一百户	宿教官人

---

① 《金史》卷57《百官志三》，第1320页。

② （元）王恽：《秋涧先生大全文集》卷三，文渊阁四库全书影印1986年版。

时间	岁赐（户数）	诸王、后妃与勋臣
太宗丙申年（1236）	真定五十八户，计丝二十三斤	孛哥帖木儿
宪宗壬子年（1252）	真定路一百六十九户	也速鲁千户
宪宗壬子年（1252）	真定三十二户	哈剌口温
大德元年（1297）	真定一千户	鱼儿泊八剌千户
太宗丙申年（1236）	真定一百户	添都虎儿
宪宗壬子年（1252）	真定五十五户	阿剌博儿赤
宪宗壬子年（1252）	真定二十七户	忽辛火者
宪宗壬子年（1252）	真定二十二户	大忒木儿

蒙元统治者在真定五户丝如此之多，表明真定府当时丝织业在家庭中非常普遍。当时意大利人马可·波罗在其《马可·波罗行纪》中记载：哈寒城（真定府）中民"饶有丝，以织金锦丝罗，其额甚巨"[1]。

（三）民族矛盾与阶级矛盾

宋元时期，真定府赵州地区民族矛盾十分尖锐。在北宋立国的160多年中，与辽金的交战除了开始的时候在山西打过仗和最后金人围攻开封之外，其余战事全部发生的河北路境内。因而屡经战火洗礼的河北人。"夫耻怯尚勇，好论事，甘得而忘死，河北之人殆天性然。"[2]抗辽战争太宗时雍熙北伐，真定人曹彬是东路军的元帅。抗金战争中真定人杨粹中任濮州知州，他与全城军民顽强抵御33天，以身殉国。[3]今正定县有个教场庄，相传是宋代练兵的校场，内有营盘、演武厅等，传说岳飞曾到此。明朝末年，岸下村几户姓张的到此处定居，故名校场庄，后讹为教场庄，沿用至今。

宋太宗收复幽云失败后，辽朝不断南下侵扰，定州、真定、无极、赵县等多座城垒毁坏，人心惶惶。史载，至道三年（997），辽军至镇州，

---

① 马可·波罗撰：《马可·波罗行纪》卷2第130章"哈寒府城"，冯承钧译，上海书店出版社2006年版，第280页。

② 《宋史》卷二百八十四《宋祁传》，第9597页。

③ 《宋史》卷四百五十二《杨粹中传》，第13306页。

焚毁滹沱河上的中渡、常山（今正定东滹沱河上）两座桥，当时镇州行营钤辖李继宣率兵追击，辽兵退至丰隆山砦（今封龙山）。李继宣命部下修复常山桥，准备继续追敌，辽兵"闻之，大惧，拔砦遁走"，李继宣与高琼"同主军事，逐敌越拒马河，复为镇州钤辖"①

咸平四年（1001），辽人集结兵力，准备秋季南下，宋朝任命王显为镇、定、高阳关三路都部署，真定获鹿人秦翰和杨延钊、张凝等并为前阵钤辖，前去设防。十一月，辽军至威虏军（今河北徐水）此次战斗发生在城西羊山，"大破契丹军队，俘其铁林大将等一五人"②。

北宋末年，真定、赵州一带是抗金的主战场。真定、庆源地区人民面对金兵武力，奋勇抗敌，不少爱国将领壮烈殉国。如靖康元年（1126）留屯真定的河北制置使种师中在井陉抗金。种师中是山西名将③；真定知府李邈刘翊抗金，列在忠义传中。④ 单州团练使韩世忠屯兵滹沱河，赵州抗金。⑤ 韩世忠是著名抗金将领，与岳飞齐名。马扩在赞皇五马山寨抗金。⑥ 五马山因东麓有五匹石雕的骏马而得名。靖康元年（1126），金兵南侵，五马山附近农民纷起抵抗金兵，先后推赵邦杰、马扩为首领，后拥戴宋徽宗的十八子赵榛为领袖。河北、山西相应者达数十万人。建炎二年（1128）金兵大举围攻，因南宋朝廷坐视救，山寨被攻破。至今，五马山周围的村名与抗金有关："见守村"（坚守）、"寨里村"（兵寨之里）、"东王俄村"和"西王俄村"（王之廊）、南邢郭村和北行郭村（行廊）等。

靖康元年（1126），金人围攻开封灭北宋的战役中要求割让河北、河东，以黄河划界。宋钦宗下令黄河以北州县大开城门，让金兵进城。等于在北宋灭亡之前已经把河北地区割让给金。可见在靖康之役中宋军惨败，是由多方面原因造成的，不能否认北宋前期对河北地区军事防御建设。

① 《宋史》卷三百八《李继宣传》，第 10146 页。
② 《宋史》卷四六六《秦翰传》，第 13613 页。
③ 《宋史》卷三百三十五《种世衡传》，第 10754 页。
④ 《宋史》卷四百四十七《李邈传刘翊传》，第 13179 页。
⑤ 《宋史》卷三百六十四《韩世忠传》，第 11357 页
⑥ 《宋史》卷二百四十六《信王榛》，第 8728 页。

　　元朝统治者以种族和被征服的先后为界，将全国人口分为四等，即蒙古人、色目人、汉人、南人。其中汉人应包括河北地区在内的人。这四种人在法律上是不平等的，如：蒙古人与汉人，"欧汉人，汉人勿还报，许诉于有司"①。

　　科举考试也有不同标准，蒙古统治者对汉人和南人很不信任，也很少任用他们做官。国家的重要官职都由蒙古人和色目人的上层分子担任。元仁宗延祐二年（1315），方才正式实行科举取士。各级考试时，蒙古人和色目人都与汉人、南人分开考。在乡试、会试时，蒙古人和色目人只考两场，而汉人和南人须考三场。御试时，虽然四种人都考试策问一道，但是前两种人仅限五百字以上，而汉人和南人必须在千字以上。所录取的名额也不同，如"天下选合格者三百人赴会试，于内取中选者一百人，内蒙古、色目、汉人、南人分卷考试，各二十五人"②。蒙古人以右为上。发榜时，蒙古人、色目人列为一榜，称"右榜"，汉人、南人另列一榜，称为"左榜"。这些规定都体现了蒙古统治者在科举制度中推行的是民族歧视政策。

　　元朝末年，北方黄河决口，给广大人民带来灾难，同时运河淤塞，江南的粮食不能抵运京师。为了解决这一问题，至正十一年（1351），朝廷派工部尚书贾鲁治河，其方案是堵塞黄河北堤决口，开凿黄陵岗一带的白茅河，开河成为元末农民起义的导火索。

　　韩山童，元末民变红巾军的领袖。出生于赵州栾城一个信仰白莲教的家庭。其祖父就曾以白莲教会广泛联络群众，后迁至广平永年县。韩山童成年后一边务农，一边传播白莲教，宣传"弥勒佛降生，自称明王出世"，主张推翻元朝统治。至正十一年（1351）四月，韩山童、刘福通看到十几万民工聚集到黄陵岗治河，认为发动起义的有利时机已经成熟，于五月在颍上（今属安徽）聚众三千，杀白马、黑牛，祭告天地，准备起义。由于起义军头裹红巾，烧香拜佛，被称为"红巾军"或"香军"。不幸消息走漏，被元军包围，韩山童被俘牺牲，刘福通成功突围，不久，攻占颍上。至正十五年（1355），刘福通迎韩山童的儿子韩林儿于亳州（今安徽省亳县），尊为小明王，国号宋，年号龙凤，建立起农民起义政

---

① （明）宋濂：《元史》卷一百五《刑法四》，中华书局1976年版，第2673页。
② 《元史》卷八十一《选举一》，第2020页。

权。此时分布于中原的红巾军纷纷投奔其麾下，红巾军积极谋划向元朝的心脏大都进发，消灭元朝。红巾军数次渡过黄河，攻打河北郡县，因此，元朝在河北的力量遭到沉重打击。

（四）人口分布与民族构成的变化

北宋时期，户口记载颇为丰富，《太平寰宇记》《元丰九域志》《宋会要辑稿·食货》《宋史·地理志》《文献通考·户口》《续资治通鉴长编》等史书均有记载，但这些数字大多为全国性的总户数，各府州军的分区户口数只见于《太平寰宇记》《元丰九域志》《宋史·地理志》三部书中，这三部书虽然没有确切的统计时间，但所记载的侧重点不同，可以大致反映出北宋初期、中期及后期的户口情况。

《太平寰宇记》成书时间，根据乐史在序中记载内容，可推断出在太宗时期。梁方仲进一步推断其所记大致在太平兴国五年（980）至端拱二年（989）。[①] 书中详细记载北宋各府、州、军的主客户户数，是北宋初期人口状况的最基本依据。

《元丰九域志》也是宋代官修地理总志，由当时知制诰王存等共同编写而成，始修于神宗熙宁年间，成书于元丰二年（1079），但书中仍可见四年到八年（1081—1085）的政区材料，实际颁行于哲宗元祐元年（1086），故又称《熙宁九域志》《元祐九域志》。[②] 书中记载了元丰时期北宋各路的主客户，反映了北宋中后期人口状况。

《宋史·地理志》对人口记载是正史地理志的重要组成部分，它不仅记载户数，还记载口数。梁方仲认为《宋史·地理志》中除夔州路等为元丰、大观时数字，其他各区均为崇宁元年户口情况。[③] 崇宁元年（1102）距离北宋灭亡只有二十五年，因此是研究北宋后期户口主要依据。

先看真定府及赵州（今石家庄）人口分布状况。

下面就根据这三部书所记载的户口数将今石家庄市所辖府州户口状况列表如下：

---

① 梁方仲：《中国历代户口、田地、田赋统计》，中华书局 2008 年版，第 195 页。
② （宋）王存：《元丰九域志》，中华书局 1984 年版，前言。
③ 《中国历代户口、田地、田赋统计》，第 233 页。

表 13　　　　北宋初年今石家庄市所辖府州主客户数（980—989）

府、州	辖县	主户	客户	石家庄市辖县	总户数	石家庄市总户数
镇州	13	38407	10570	13	48977	48977
赵州①	7			4		
定州	8	22759	1894	1	24653	3082
祁州	2	4412	1023	2	5435	5453
总计	30	65578	13487	20	79065	57512

表 14　　　　元丰初年今石家庄市所辖府州主客户数

府、州	辖县	主户	客户	石家庄市辖县	总户数	石家庄市总户数
真定府	9	69753	12854	9	82607	82607
定州	8	44530	14730	2	59260	14815
赵州	4	35481	6256	2	41737	20868
祁州	2	21628	224	1	21852	10926
深州	5	33518	5250	1	38768	7754
总计	28	204910	39314	15	244224	136970

表 15　　北宋后期今石家庄市所辖府州主客户数（崇宁元年，1102）

府、州	县数	户数	口数	石家庄市辖县	石家庄市辖区户数
真定府	9	92353	163197	9	92353
中山府	7	65935	186305	2	19838
深州	5	38036	83710	1	7607
祁州	3	24484	49975	2	16322
庆源府	7	34141	60137	2	9754
总计	31	254949	543324	16	145874

　　北宋户口统计分主户和客户两种，只记户数，不计口数。我们一般

———————

①　（宋）乐史：《太平寰宇记》卷六十赵州条户口记载缺。

按每户 5 口推算，① 这是自西汉至近代乡村民户的通常家庭规模，尤其符合北方乡村的实际情况。在按这个比例推算之前，需先弄清北宋户口统计中"户多口少"问题，因为如果按照崇宁元年（1102）户数和口数推算，每家仅 1—2 口。与前代相比显著减少，其实在宋代口与丁是同义词，口不是指所有人口，仅指男丁。加上家中老幼妇人，合计也是 5 口之家。据此推算出今石家庄市人口宋初约 299888 人②，元丰年间 684850人，宋末 729370 人。据葛剑雄推测，北宋时期全国人口已突破 1 亿大关。③ 河北西路共有 2825610 人。④ 真定府作为河北西路治所，约占河北西路 25%。也可算当时重要的城市。因而仁宗时，宋祁曾说："镇重而定强。"⑤

再看人口的构成状况。

北宋统计户口时将主户和客户分开。主户和客户在唐代已经产生，但含义不同，唐代的主户指土著居民，客户指客居在外乡的民户。在宋代，主户与客户划分不再是地域关系的角度，而是有了新的含义：主户指有资产的民户，须纳税服役，而客户没有任何资产，因其贫困而不再承担赋税，只承担徭役。宋代主客户的这种划分标准即资产有无，是历史上第一次出现的。

根据上面统计，北宋时期真定府赵州一带，宋初共有主户 79065 户，客户 57512 户，客户占全体乡村人口数的 42%；元丰时期主户 244214户，客户 136970 户，客户占全体乡村人口的 35%。北宋时期客户占全体乡村户比例为 35% 左右。这可以较直观说明：北宋时期，与全国其他地区相比，真定府及赵州一带贫富分化较缓和。正如辛弃疾说："北方之人，养生之具不求于人，是以无甚富甚贫之家。"⑥

人口的构成，还包括人口素质。北宋时期自然经济占主导地位，乡

---

① 邢铁：《中国古代社会经济研究——家庭经济专题》第一讲，天津人民出版社 2001 年版，第 3 页。

② 赵县采用附近定州的户数。

③ 葛剑雄：《宋代人口新证》，载《历史研究》1993 年第 6 期。

④ 《宋辽金时期的河北经济》，第 60 页。

⑤ （宋）宋祁：《景文集》卷二十九《上便宜札子》，影印文渊阁四库全书 1986 年版。

⑥ 《宋史》卷四百一《辛弃疾》，第 12165 页。

村民户基本维持在温饱线上，而读书是需要常年供养不事劳动，考试时还要有赴京盘缠等消费，因此乡村民户大都是耕而不读。所以人的素质就体现在体质上。"人性质厚少文，多专经术"又由于"土平近边，习尚战斗"。① 身体好，会打仗，依靠战功可以获得功名。

最后看北宋时期的真定府赵州一带的乡村民户的基层组织。

宋代的乡是以自然村为单位的基层行政区划，乡之下有里，里下有编户。乡管里。乡设乡长、里设里正。宋初以 20—30 户为一里。宋神宗时王安石创建保甲法，建保甲组织维持地方治安，与乡村行政组织相配合。在河北路，保甲组织通常设置是乡村民户十户为一保，设保长；五保为一大保，设大保长；十大保长为以一都保，设保正、保副。

乡里组织和保甲组织是"路、州、县"行政区划体系的延伸，这类组织形式的显示仅是乡村民户基层社会组织的表层，其深层则是传统的血缘和地缘关系，更深一层说就是血缘关系。

宋代正处于血缘关系家族组织变化的转折点上。唐代以前，家族组织以政治型门阀士族形式代表，形成了自东汉以来世代相传的大姓，在河北一带有崔、卢、李、郑、王，在石家庄辖区有赵郡的李姓。但是在宋代已经衰微。代之而起的宋代血缘家族。如：真定的军功家族曹彬家、科举家族韩忆家、赵郡宋绥家等。

随着工商业经济发展，宋代城市人口和基层组织也有发展变化。宋代城市基层组织仍然是传统方式，一半是行会，一半是官方编制的坊，城市民户成为坊郭户。与乡村不同是，城镇中的人口来自不同地方，不像乡村那样有严密的家族组织，主要靠业缘关系相联系。

金入主中原后，真定府成为猛安谋克的重要迁居地。猛安谋克是女真人的一种分封制度，以血缘为纽带，兼有军事和行政的双重性。金灭辽和北宋后，随着女真人统治区域扩展，猛安谋克逐渐向南迁移，以屯田制方式进行。从金太宗到海陵王时期，今"屯田处大名府、山东、河北两关诸路皆有之"②。如金朝初，女真人，赵良弼，"佐金祖平辽、宋有

---

① 《宋史》卷八十六《地理二》，第 2130 页。

② （宋）李心传：《建炎以来朝野杂记》卷 138，中华书局 2000 年版。

功，世千夫长，戍真定赞皇"①；蒲察元衡迁入河北西路真定（今正定）②。金朝中期，纥石烈德③、纥石烈鹤寿④、纥石烈□兰⑤（"纥石烈□兰先祖"□可能是缺字——笔者注⑥）；乌古论三合⑦也迁到真定。金朝末年，河北地区每户中就有1户猛安谋克女真人户⑧。女真人猛安谋克户南迁到河北等地后，"所居之处，皆不在州县，筑寨村落间。千户百户虽设官府，亦在其内"⑨。到金世宗时代，随着封建化加剧，一方面女真人在移居地"附都猛安户不自种，悉租与民，有一家百口坱无一苗者"⑩将土地租给汉人耕种，另一方面女真人富家子弟效仿汉族地主阶级的生活方式饮酒享乐、赋诗交友。如刘祁写道："诸女直世袭猛安谋克往往好文学，喜与士大夫游。"⑪可见，在金朝统治的近百年间，又是一段北方民族大融合的历史过程。

元朝是我国历史上第一个由少数民族建立的统一王朝，也是民族融合的重要时期。更多的各族民众特别是蒙古人移居真定路，从迁徙的情况来看，大致有三种情况：

其一，因作战或镇守而迁居。如：蒙元王朝屯田始于蒙古太祖时期，仿效中国古代的屯田制度。史载，王蒙固岱，少年参军，随蒙古太祖，"以战功受西京、太原、真定、延安四路屯田达鲁花赤"。次年，许多地方闹饥荒，王蒙固岱"以所屯粮给民"。元世祖即位，"诏领屯田如故"。⑫由军队屯田带来大量外来人口。延祐元年（1314），元政府实行科

---

① （元）苏天爵：《元朝名臣事略》卷11《枢密赵文正公》，□华书局1962年版，第185页。

② 阎凤梧编：《全辽金文》，山西古籍出版社2003年版，第2960页。

③ 《金史》卷127《纥石烈德传》，第2272页。

④ 《金史》卷122《纥石烈鹤寿传》，第2667页。

⑤ 郝素娟：《金代移民研究》，吉林大学2016年博士学位论文，第96页。

⑥ 王静如：《宴台女真进士题名碑初释》，《史学集刊》1937年第3期。

⑦ 《金史》卷82《乌古论三合传》，第1846页。

⑧ 《宋辽金时期的河北经济》，第186页。

⑨ （宋）宇文懋昭撰，崔文印校证：《大金国志校证》卷36《屯田》，中华书局1986年版，第520页。

⑩ 《金史》卷47《食货二》，第1047页。

⑪ （金）刘祁：《归潜志》卷三，中华书局1983年版，第25页。

⑫ （元）魏初：《青崖集》卷五《故四路屯田达鲁花赤王公墓铭》，文渊阁四库全书1986年版。

举，真定路录取汉人 11 人，蒙古人 5 人，色目人 5 人。① 说明该地区有一定数量的蒙古人和色目人。

其二，因战乱或经商迁居。蒙古太祖西征时，中亚、西亚许多阿拉伯人、波斯人源源东来，散居中国各地，这些西域商人，擅长经商。西域人种类繁多，名目不一，因此称色目人。他们不仅替蒙古王公贵族、官僚、僧人做生意，而且也直接经商，在真定有不少西域商人开办的商行。真定和赵州"有民负西域贾人银"，也就是说有不少人向西域商人借高利贷难以偿还。真定路万户王玉"出银五千两"，代民偿还西域商人的高利贷。② 真定路都元帅史天泽，时政烦赋重，贷钱于西北贾人以代输，数倍其息，谓之羊羔利，民不堪。天泽奏请"官为代偿，本息平而止"③。

"回回"是蒙元时期对中亚和西亚信奉伊斯兰教诸国各族人的泛称。有时也用"回回"统称色目。在今天的真定、无极等地都有回族迁入。在元代重修龙兴寺的"重修大殿外护功德主"署名中，有甘肃行省平章政事阿散和其妻撒的斤。阿散又称哈散、哈珊，畏兀人，其祖父小云石脱忽怜曾为睿宗拖雷侍臣，后来为唆鲁禾贴尼分地真定路断事官。父八丹，为世祖宝儿赤、鹰房万户，亦曾受命守真定。叔父哈剌哈孙，官至行省右丞，也曾作为真定路栾城县善众寺的都功德主支持重修善众寺。阿散从至元二十四（1287）起为真定路总管府达鲁花赤兼管内诸军奥鲁劝农事，在任期间，曾组织民夫治理滹沱河水患，并取得一定成效。成宗即位后，调任甘肃行省平章政事，卒于大德八年（1304），死后归葬真定栾城台头寺左茔。④ 娘子撒的斤，又作别的斤，文宗至顺二年（1331）卒，与阿散合葬。阿散的儿子班祝是著名学者赡思的学生。赡思也居住在真定。阿散神道碑就是赡思应班祝之请而作。由碑文及《元史·小云石脱忽怜传》可知，这个畏兀人官宦世家，连续三代为太后分地官员，他们已视真定为家乡故土，所以龙兴寺、善众寺的修缮，他们也贡献自

---

① （元）完颜纳丹编纂，黄时鉴点校：《通制条格》卷五《学令·科举》，浙江古籍出版社1986 年版。

② 《元史》卷一百五十一《王玉传》，第 3568 页。

③ 《元史》卷一百五十五《史天泽传》，第 2659 页。

④ （元）赡思：《有元甘肃等处行中书省平章政事荣禄公神道碑铭并序》，《常山贞石志》卷二一。

己的一分力量。

其三，因分封或任官而迁居。在重修龙兴寺的功德主署名中，有附马位下都总管八都鲁和其妻冉氏。据《元史·食货志三·岁赐》，塔出附马位下有"五户丝，壬子年，元查真定等处畸零二百七十户。延祐六年，实有二百三十二户，计丝九十五斤"①。作为功德主的八都鲁，大概就是塔出驸马后人在投下封地的都总管。八都鲁所以参与龙兴寺的修建，在一定意义上也反映因分封而以真定为家，也反映了投下主与投下的密切关系。

元代社会基层组织为社，政府规定，凡五十家为一社②，其作用为维护农牧生产，也兼行政的功能。社长一方面劝农耕作，另一方面帮助政府推动政令，稳固基层秩序。

可以说，元朝的真定，是一个多民族人才辈出、名士荟萃的地区，也是城市文化和经济空前发展，各种学术、宗教、艺术、科技空前辉煌的时期。先后涌现出阿拉伯著名学者沙克什（即真定赡思），元曲作家李文蔚、尚仲贤、戴善甫和维吾尔族政治家、文学家哈珊，还有著名的文学家、政治家苏天爵、杨俊民等。宋元时期人口迁入，促进了真定地区的民族融合，改变了真定的民族构成，对真定地域文化的发展产生了重大影响。

二　宋元真定府赵州文化研究现状

在中国文化的发展和演进过程中，宋元时期是一个极为重要的转折阶段。陈寅恪曾说："华夏民族之文化，历数千载之演进，造极于赵宋之世。"③ 金元之际，中国文化的发展虽然出现停滞，但从整体上而言，仍在向前发展。在辉煌灿烂的宋元文化中，真定府地域文化以其鲜明的特点和活力，占据着独特的地位。

然而宋元时期对今石家庄文化的研究比较薄弱，专门的研究论著尚

---

① 《元史》卷九五《食货志三·岁赐》，第 2426 页。
② 《元史》卷九十三《食货一·农桑》，第 2354 页。
③ 陈寅恪：《金明馆丛稿二编》，上海古籍出版社 1980 年版，第 245 页。

未见到，专题性论文也不多。现有的一些研究成果散见于各通史、通论性的著作中。重要的有吴怀祺、郑强胜主编《中国文化通史》（两宋卷），任崇岳主编《中国文化通史辽西夏金元卷》，（中共中央党校出版社 2009 年版），谢志诚《河北通史》（宋辽金元卷）（河北人民出版社 2000 年版），王长华、詹福玲、李延年主编《河北文学通史》（第二卷宋金元卷）（科学出版社 2010 年版），孙万勇、梁勇主编的《石家庄通史》（河北人民出版社 2010 年版）侧重区域性通史。政协石家庄市委主编的《石家庄历史文化丛书》（中国对外翻译出版公司 2000 年版）等。现仅就这一时期的主要问题的研究现状作一述评。

（一）儒学研究

学界对宋元时期石家庄儒学研究比较薄弱，现有的成果是个案的，没有系统的整理，尤其是对诸儒在宋代经世致用思想影响下进行的政治实践尚未涉及。基于这些问题，第一、二章拟从以下几方面进行探讨：其一，石家庄地区经学整理和追随"二程"，继承和推广理学。其二，石家庄诸儒的从政实践：在政治、宋夏关系、宋辽关系等方面的作为。其三，金代女真文化与真定府赵州文化的冲撞。其四，蒙古进占真定府与史氏家族的兴学养士。其五，真定世侯的兴灭与元朝对真定的政治文化统治。

（二）宗教问题

学术界对宋元时期石家庄宗教研究比较薄弱，现有的成果或是宏观的论述宋代宗教，未能对石家庄宗教的地域特点进行专门探讨；或是侧重真定大佛寺、赵县柏林禅寺等个案，尚未有全方位、多侧面的深入研究。因此，第三章拟从佛教、道教和民间宗教三个方面作为研究的重点，梳理石家庄地区的佛教、道教和民间宗教的传播的来龙去脉，并力求说明其对北宋石家庄的民间社会影响及原因。结合石家庄的地域文化发展对此进行研究是突破点。

（三）文学艺术

由王长华、詹福玲、李延年主编的《河北文学通史》（第二卷）出版，宋元时期，河北的著名作家、作品刊布，基于这些成果，本卷的突破点放在研究范围的拓宽上。第一，在充分吸取前人研究成果的基础上，再对石家庄地区作家进行细致的探索，努力开拓对知名度相对较低的石家庄文士的考察，力争反映宋元石家庄地区文学艺术的全貌。第二，重点加强对客居石家庄的或路过石家庄咏太行山、滹沱河的诗句进行整理，全面考察这些作品，力求发掘他们对石家庄文化的影响。第三，以真定元曲作家群为主，对宋元逐步流行的真定元曲创作进行考察，并探索其与当时市民社会繁荣的关系。

（四）教育与科举

对宋元时期石家庄地区的学校教育和科举研究，整体上还比较薄弱，研究的成果较少。已有的研究成果主要是谢志诚《河北通史》（宋辽金元卷）中河北文化涉及，孙万勇、梁勇主编的《石家庄通史》中石家庄文化中涉及，都是概括性描述。在宋元时期石家庄书院的研究中，学界成果较多，但具体到石家庄的还是比较薄弱。主要有白新良的《中国古代书院发展史》（天津大学出版社 1995 年版），邓洪波《中国书院史》（上海东方出版中心 2004 年版），吴洪成《封龙山与河北古代书院》（载《教育实践与研究》2012 年第 2 期）等个别文章。

因此，对石家庄地区的宋元的教育与科举的研究，整体上看还是比较薄弱，特别是研究内容上，已有的研究成果多是笼统的概述，使用一般性资料来说明石家庄地区的教育发展状况。所以深入发掘有关石家庄地区的资料来研究这一时期的教育与科举发展状况成为重要工作。第五章研究重点在于官学、私学和书院教育的教学内容、教师、地方州县的教育管理等研究。

（五）民间文化与科学技术

对宋元时期的石家庄地区的民间文化的研究，迄今缺乏有体系的整体性研究，也更缺乏具体深入的个案研究。已有的研究成果主要有吴怀祺、郑强胜主编《中国文化通史》（两宋卷）其个别章节对宋元时期的社会风情，如衣食住行、婚丧嫁娶、岁时节令、鬼神祭祀以及市民文艺和民间娱乐等有涉及，但没有石家庄地区的；张渭莲、段宏振的《燕赵民俗文化》等主要是写现代的燕赵民俗文化，没有涉及宋元。本章的研究重点是宋元时期填补内容上的空缺，对各个方面进行整体性的论述，突破难点发掘相关的史料，对学界没有涉及的如：石家庄地区宋元大家族对民风嬗变，社会结构的重建和婚姻择偶标准变化等进行论述。

　　对宋元时期石家庄科学技术的研究，迄今有一些具体的个案研究，如医学方面的李杲，水利科学方面治理滹沱河等。从整体上看，学术界对宋元时期的石家庄在科技方面研究缺乏系统性。如矿冶、酿酒、纺织等领域。第六、七、八章研究突出两个重点：一是进行整体性综合研究，进一步探讨了此一时期与石家庄经济发展相适应的科学技术的发展状况。二是深入挖掘史料，起到拾遗补阙的效果。

第 一 章

北宋真定府赵州的儒学

一 北宋真定府赵州儒学的状况

自汉武帝"罢黜百家，独尊儒术"以来，确立了儒学在学术上、意识形态方面的主体地位。然而魏晋南北朝隋唐时期，随着佛教的传入和中国本土道教的兴起，使儒学独尊的地位受到了前所未有的挑战和动摇。自晚唐韩愈开始，到南宋朱熹、张轼、陆九渊，经过儒家士大夫二三百年努力，儒学终于在学术和意识形态方面又获得主体地位。儒家经学又获得了新生。

北方人久经儒学熏陶，偏爱经学，熟悉经书，宋人曾评"西北诸州，颇愿习为明经矣"①。特别是京东和河北士子，以专经而著名。《宋史·地理志》记载河北"人性质厚，少文，多专经术"。尚质少文的地域特色与经学传统结合，造就大批的经生，加之宋初封龙书院李昉在此讲学，是宋代学术思想活跃的地区之一，可见石家庄地区有深厚文化积淀。北宋前期，石家庄地区的知识分子主要是整理、校勘传统的经典，以贾昌朝、李至、宋绶等为代表。北宋中期后，受学于程颐，以刘绚、韩维等为代表。随着宋学的恢复与复兴，"经世致用"成为当时社会的风尚。即在孔孟看来，士首先应是文化人，是知识的承担者和传授者，同时又是道义的化身，由这样的人来担任国家的政务是最理想不过的了。加之北宋重文轻武的基本国策，以文臣充任武将，对知识分子采取相对宽松的政策，

---

① （明）黄淮、杨奇士等：《历代名臣奏议》卷一六六《孙觉奏》，影印文渊阁四库全书1986年版。

促进了士人思想的活跃。石家庄的诸儒面对新的社会境遇，以自己的真才实学，关心政治，在宋夏战争、宋辽和战、出使辽国等的具体事件中，积极践行孔孟所说"仕以行道"的理想。

（一）经学的整理与校勘

李至（947—1001），真定人，举进士，于太平兴国八年（983）任参知政事，淳化五年（994）兼判国子监，至上言："五经书疏已板行，唯二传、二礼、孝经、论语、尔雅七经疏未备，岂付仁君垂训之意。今直讲崔颐正、孙奭、崔偓佺皆励精强学，博通经义，望令重加佛校，以备刊刻。"从之。后又引吴淑、舒雅、杜镐检正伪谬，以至与李沆总领而裁处之。①从这段记载可见：李至向宋太宗建议提出要整理七经疏义，他和李沆是总负责人，带领当时一批大儒：崔颐正、孙奭、崔偓佺等进行。

整理七经疏义是因为《易》《书》《诗》《礼》《春秋左氏传》五经，已有唐孔颖达奉敕编撰之正义，版行于天下，而《周礼》《仪礼》《春秋公羊传》《春秋谷梁传》《孝经》《论语》《尔雅》这七经，尚未有官方审定的正义，故须由朝廷对原私人所撰之注疏和勘正校定。

后来李至于咸平元年（998），以目疾求解政柄，离开朝廷。咸平四年（1001）即病卒，由邢昺代替他的工作。

自西汉以来，经学内部就存在严重对立，即两汉的今古文之争；魏晋时期的郑学、王学之争；南北朝时期的南学、北学之争。而这种对立，随着隋代大一统帝国的出现和中央集权制的加强，统一经学提上日程，但隋朝太短，尚来不及做这件事。唐代大约用了二十多年的时间，颁行《五经正义》，初步实现了经学内部的统一。这也是一统中央集权制的发展在学术思想领域的反映。北宋王朝对七经疏义的整理，正是继承这一发展趋势，使十二经都有了法定解释，进一步加强了经学统一。到邢昺校定七经疏义时，于《谷梁》用东晋范宁注，于《尔雅》用东晋郭璞注，于《论语》用魏何晏注，梁皇侃疏，他们都属于南学。②南北学之别在于：南学不纠缠于名物训诂，直指义理，故而简约；北学则以章句训诂

① 《宋史》卷二六六《李至传》，第 9177 页。
② 姚瀛艇：《论北宋朝廷对七经疏义的整理》，载《河南大学学报》1989 年第 4 期。

为学，所以深芜。这样一来南学通过七经疏义，成为法定思想。

北宋太宗、真宗时期对七经疏义的整理，其对儒学的意义既是提倡又是创新的。李至作为首倡者，显示了他的积极参与政治的敏锐洞察力。

贾昌朝（998—1065），真定获鹿人，出身世宦之家，其先祖是汉长沙王太傅贾谊，至唐仆射贾耽，以儒学相德宗。受家庭浓厚的儒学背景影响，从小"总角遽晓群经，章解句达"。他精通小学，博学善议论，著有《群经音辨》七卷，也是他的代表作。该书成书于景祐四年（1037）。① 这是一部专门解释群经之中同形异音异义词的音义兼注的著作，集中而又系统地分类辨析了唐陆德明《经典释文》所录群经及其传注中的别义异读材料，分成假借字、古今字、四声别义及其他方面的异读材料四种进行归纳，并对这些材料作了音义上的对比分析，有助于读书人正音辨义，从而达到读通经文的目的。

宋代经学作为统治学说理所当然地在整个社会的思想文化领域占支配地位。宋代统治者也一直大力提倡经学诵读，尊孔崇儒。如宋太祖对秦王说："帝王之子，当务读经书，知治乱之大体。"② 士人们在科举考试指挥棒下，为了能够实现身份的改变，更是"时君汲汲于道艺，辅治之臣莫不以经术为先务，学士搢绅先生，谈道德性命之学，不绝于口，岂不彬彬乎进于周之文哉！"③ 而要科举考试通过，就必须先通字音，因此当贾昌朝将侍讲天章阁教学笔记《群经音辨》整理后呈上时，此书就享誉宋朝士林，成为知识分子研读五经、考取科举的"指南"。

宋绶（991—1040），赵州平棘人，赵州宋氏家族称得上是藏书世家，其家藏书主要来源于姻亲所赠，如晁说之说"惟是宋宣献家（宋绶）四世以名德相继，而兼有毕丞相、杨文庄二家之书，其富盖有王府不及者"④。其中的毕丞相指毕士安，宋绶娶毕士安的孙女，毕士安为真宗朝的宰相，家有藏书之富，史载毕士安"美风采，善谈吐。年耆目眊，读书不辍，手自雠校，或亲缮写。又精意词翰，有文集三十卷"⑤。杨文庄

---

① 杜季芳：《群经音辨研究》，山东大学2007年博士学位论文，第14页。

② （宋）司马光：《涑水记闻》，中华书局1981年版，第20页。

③ 《宋史》卷二百二《艺文志一》，第5031页。

④ （宋）晁说之：《嵩山文集》卷一八《刘氏藏书记》，四部丛刊续集。

⑤ 《宋史》卷二八一《毕士安传》，第9517页。

即杨徽之，杨徽之是宋绶的外祖，善读书，喜藏书，史称他："公无男子，亦不养子姓为嗣，琴书素业，并以付外孙焉。"① 另外一个来源是朝廷所赐，如宋绶"与父皋同在馆阁，每赐书必得两本"②，令人羡慕。宋绶平时还精于雠校，如："喜藏异书，皆手自校雠。常谓：'校书如扫尘，一面扫，一面生。故有一书每三、四校，犹有脱谬。'"③ 宋绶的儿子宋敏求、宋敏修，继承并发展了其父的藏书事业，宋绶藏书有 2 万卷之多，到宋敏求兄弟时，又多方寻求增至 3 万余卷，所藏不仅数量多，而且内容丰富，梅尧臣曾评"君谟善书能别书，宣献家藏天下无。宣献既殁二子立，漆匣甲乙收盈厨"。④ 宋敏求也和父亲一样，乐于校勘书籍，他"退朝则与子侄繙雠校订，故其收藏最好精密"⑤。可见数量庞大，质量精准是宋家藏书的一大特点。

由于宋绶家藏书籍丰富且质量高，许多士大夫不仅向他借书，而且都愿意与其毗邻而居，为的是借书方便，如：欧阳修，就曾多次向宋敏求，曾写信道，"欲告借少书籍，承不为难。今先欲借《九国史》，或逐时得三两国亦善，庶不久滞也。先假《通录》，谨先归纳"⑥。王安石，字介甫，北宋的著名的政治改革家，文学家，也曾长期借阅他所藏的唐人诗集，嘉祐年间，王安石在馆阁任职时，"僦居春明坊，与宋次道宅相邻。次道父祖以来藏书最多，介甫借唐人诗集日阅之，过眼有会于心者，必手录之，岁久殆遍。或取其本镂行于世，谓之《百家诗选》"⑦。乃至宋家周围宅子价格比他处高出一倍，从而成为当时佳话。如史载："居春明坊。昭陵时，士大夫喜读书者多居其侧，以便于借置故也。当时春明宅子比他处僦直常高一倍。陈叔易常为予言此事，叹曰：'此风岂可复

---

① （宋）杨亿：《武夷新集》卷一一《兵部尚书杨公行状》，影印文渊阁四库全书 1986 年版。

② （宋）杜大珪：《名臣碑传琬琰集》卷八，台北文海出版社 1969 年版。

③ （宋）沈括著，胡道静校：《梦溪笔谈》卷二五，上海出版公司 1956 年版，第 824 页。

④ （宋）梅尧臣：《宛陵先生文集》卷一三，四部丛刊初编。

⑤ （宋）苏颂：《苏魏公文集》卷五一龙图阁直学士修国史宋公神道碑，影印文渊阁四库全书 1986 年版。

⑥ （宋）欧阳修：《欧阳文忠公文集》卷一四八，四部丛刊初编。

⑦ （宋）朱弁著，陈新点校：《风月堂诗话》卷下，中华书局 1988 年版，第 107 页。

见耶！'”①

从欧阳修和王安石所借书中可见，偏史学和文学，但两人都在经学上探索过，想必也借过经学书籍。宋家将藏书借与他人，这样一来，使得士人突破了独自研习而导致的孤陋寡闻的后果，以经学为中心的学术成为众多士人共同研讨的话题，交流思想，获益大家，令学术益彰。赵州的宋绶家丰厚的藏书不仅保存了大量珍贵的历史文献，还促进了知识文化的传播，确实为宋代学术文化的繁荣与发展做出了重要贡献。

（二）追随二程，继承和推广理学

刘绚（1045—1087），字质夫，常山人，以荫为寿安县主簿、长子县令。刘绚从小受学于程颢、程颐，是二程著名早期弟子，并且深受二程器重。在学术上，刘绚勤奋向学，力学不倦，以精通《春秋》为名，并由此被召为太学博士。

唐、宋时期《春秋》学繁盛发达，在古代经学史上具有重要地位。唐代出现孔颖达等《春秋左传正义》、杨士勋的《谷梁传疏》和徐彦的《公羊传疏》，都是影响深远的《春秋》学著述，中唐啖助、赵匡和陆淳等人所代表的《春秋》新学派的兴起，形成不迷信传注、以义理解经的风气，从而改变的《春秋》学发展轨迹。宋代诸儒，继续发扬了中唐啖、赵学派的"舍传求经"的学风，全面摆脱以往章句训诂的束缚，转而注重经义的阐发，最终形成具有宋代时代特色的《春秋》学，形成古代继汉代以后的又一个治《春秋》高潮。据考宋代《春秋》文章繁盛，但是可惜很多文章都遗失了。

刘绚受程颐之托作《春秋传》，如："先生尝问伊川《春秋解》，伊川每曰：'已令刘绚去编集，俟其来。'一曰刘集成，呈于伊川。"② 也就是程颐曾经让刘绚写《春秋》。程颐非常欣赏这个弟子，曾说："自予兄弟倡明道学，能使学者视仿而信从者，（李）籲与刘绚有焉。"③ 刘绚的

---

① （宋）朱弁著，孔凡礼点校：《曲洧旧闻》卷四，中华书局 2002 年版，第 141 页。

② （宋）程颢、程颐：《二程集》之《河南程氏外书》卷十二《传闻杂记》，中华书局 1981 年版，第 436 页。

③ 《宋史》卷《刘绚传》，第 12732 页。

《春秋传》在宋元时期多有流传，如宋人吕本中《春秋集解》、陈深《读春秋编》、元人吴澄《春秋纂言》等书多有征引"常山刘氏曰"者，都是指刘绚《春秋传》佚文。尤其是刘明复作《诸家姓氏事略》时专门提及《程氏学》的前五卷和刘绚的《春秋传》前五卷关系。如：介绍程颐时"其徒谢湜、刘绚最得其意，亦各为传。惟湜有全书，绚之书则《程氏杂说》及李参所录《程氏学》载焉，间亦有颐语也"①。又介绍刘绚时说："程（颐）传竟不成书，刘传亦不出。然今世传《程氏杂说》首卷所载皆绚传，而李参所编《程氏学》自言并程子语录之，今十三家《春秋》集解皆目为程解，误矣。臣今亦不能别其孰为程孰为刘，各按其书为标题，亦疑以传疑焉。若其师友渊源之学则昭若日星，无可疑也。"②由此可见，刘明复也不能辨别程颐和刘绚的差别。现由黄觉弘共辑佚出刘绚《春秋传》一百八十四条。③ 通过对刘书与程书先后看，程颐撰写《春秋》很有可能参考了刘绚的《春秋》④，《春秋集义》卷九引《程氏学》曰："齐侯卫侯郑伯来战于郎。"《春秋》之中，诸侯加兵于鲁者不为少矣，而未有书来战者，此不言侵伐而以来战为文，则彼曲我直义坦然。左氏载其事曰："我有辞也。我则有礼，彼反悖道，纵欲而以兴戎，故特曰来战，以甚三国之恶也。"

吴澄《春秋纂言》卷二引常山刘氏曰：《春秋》之中，诸侯加兵于鲁者为不少矣，而未有书来战者，此不言侵伐而以来战为文，则彼曲我直其义坦然。

由此也可见：刘绚对程派春秋学的发展起到继承和推广的作用，也体现了程颐与刘绚亦师亦友的身份关系。

韩氏家族，真定灵寿人，真定韩氏（亿）家族在北宋与相州韩氏（韩琦）和河南吕氏（夷简）并称三大名族。自韩亿开始以科举起家，该家族仕宦众多，名公重臣辈出。韩亿、韩缜、韩绛和韩维，都曾经做过宰执，这在北宋一朝是不多见的。生长在这样的家庭环境中，在学术上，

① （宋）李明复：《春秋集义·诸家姓氏事略》，文渊阁影印四库全书1986年版。
② 《春秋集义·诸家姓氏事略》。
③ 黄觉弘：《刘绚〈春秋传〉佚文考说》，《南京社会科学》2008年第12期。
④ 何新文：《辑佚视角下的〈春秋〉学研究》，《江汉大学学报》2015年第3期。

家族成员都有很好的名师指导，他们或直接师承理学名师，如：全祖望在《宋元学案》称"韩氏则德全学于元城先生学于武夷，无咎学于和靖，东莱又无咎之婿，佳话也"①。又如：韩璀好学博雅，经常向刘安世请教，"官浙中久，其往来必维舟河梁，侍元城谈，录其系邪正得失者二十一条为《元城谈录》"②。也就是后来韩璀被列入元城学派。韩璜在南渡以后定居衡山，跟随湖湘学派的创始人胡安国学习了一段时间，并与他的儿子胡宏、胡寅私交非常好，"胡寅称许他在官广东时，壁立无所污染"③，后列入武夷学派。

或经常向一些理学家请教，如韩维和韩绛两兄弟都很敬重程颐、程颢，经常向他们请教，而二程也乐于相教。《二程遗书》卷一"端伯传师说"，为二程门人李端伯记录，其中第一节所录为明道与韩维之间的儒佛之辨。

持国（韩维）曰："凡人志能使气者，能定其志，则气为吾使，志壹则动气矣。"先生（程颢）曰："诚然矣，志壹则动气。然亦不可不思气壹则动志。非独趋蹶，药也，酒也，亦是也。然志动气者多，气动志者少。虽气亦能动志，然亦在持其志而已。"

持国曰："道家有三住，心住则气住，气住则神住，此所谓存三守一。"伯淳（程颢）先生曰："此三者，人终食之顷未有不离者，其要只在收放心。"④

这样的学术之谈不止一次。韩维于元丰四年（1081）镇守颍昌，经常邀请二程到家里论学或游颍昌。程颢赋《酬韩持国资政湖上独酌见赠》诗："对花酌酒公能乐，饭糗羹藜我自贫。若语至诚无内外，却应分别更迷真。"韩维也写下《湖上独酌呈范彝叟朝散、程伯淳奉议》："曲肱饮水程夫子，宴坐焚香范使君。愧我未能忘外乐，绿尊红苃对西曛。"根据朱熹《伊洛渊源录》的记载，韩维在颍昌宴请二程，每一次都是精心准备，家人预留房子，洒扫干净，自己亲自修治窗户。当他与二程一起游西湖，

① 四川大学古籍所：《历代学案》卷三四，四川大学出版社 2005 年版，第 676 页。
② 《历代学案》卷三四，第 413 页。
③ 同上。
④ 《二程集》，第 1、8 页。

还要求自己的儿子随从侍奉，一旦他们的容貌、言行、举止不够庄重，程颐便会厉声叱责："你们这些人跟着长辈出行，竟然如此欢声笑语，不拘小节，可见韩氏家族的孝谨之风就要败落在你们身上了。"① 韩维听到之后，马上把这些人通通赶走了。程颢死后，程颐邀请韩维为他撰写《墓志铭》，可见，二程对韩维的学识和品格也是非常重视的。韩元吉与朱熹也是好朋友，两人之间来往非常多，自称"吾友朱元晦，居于五夫山"②。

真定的曹彬家族虽说是以武功和外戚身份起家，但是该家族非常喜爱读书尤其是好读经书，如：曹彬在征战之余，橐中都是图籍衣被而已，他学识渊博，"每与朝士清谈终日，鸿儒硕生，自以为不及"③。其子曹璨"习知韬略，好读《左氏春秋》"，曹玮："通《春秋三传》，于左氏尤深。"④ 就连这家的女性，后来的慈圣皇后"颇涉经史，多授以决事"⑤。

综上所述，石家庄地区的儒学复兴主要表现在：宋初李至、贾昌朝、宋绶等主要是整理经学，校勘书籍，北宋中期以后，刘绚和韩维等追随二程兄弟及理学名家，在理学传承与推广上做出自己的贡献，这和当地久受儒学熏陶及专经术的地域文化特征都有很大关系。

二 真定府赵州诸儒的从政实践

（一）真定赵州诸儒与宋初政治

北宋建立后，首要问题是如何将四分五裂的中国统一，并针对当时的具体情况，制订出"先南后北"的战略方针。因此，宋太祖、太宗时期的主要任务是南征北战。虽然北宋采取重文轻武的政策，但在宋初武事重于文治。太祖、太宗两朝忙于战争，对社会上的一些问题多无暇顾及，所颁布诏令，也是施行者少。直到真宗时，特别是澶渊之盟后，宋辽间结束多年敌对状态，互派聘使，庆吊相通，开始了长期的和平共处。

---

① （宋）朱熹：《伊洛渊源录》卷四，影印文渊阁四库全书1986年版。
② （宋）祝穆：《古今事文类聚续编》卷八《武夷精舍》，影印文渊阁四库全书1986年版。
③ （宋）朱熹：《五朝名臣言行录》卷一之二《枢密使济阳曹武惠王》，四部丛刊本。
④ 《宋史》卷二五八《曹彬传附璨、玮传》，第8984页。
⑤ 《宋史》卷二四二《慈圣光献曹皇后传》，第8621页。

宋朝获致了长期的和平，加上真宗时期一些政策措施，阶级矛盾逐步缓和，生产恢复起来，成为北宋一个比较安定富裕的时期。在这种情况下，文人对政治的参与越来越多，有升至宰辅的。

王化基，真定人，为人极宽厚，"与僚属同坐。有卒过庭下，为化基喏而不及，幕职怒召其卒笞之。化基闻之，笑曰：'我不知其欲得一喏如此之重也。昔或知之，化基无用此喏。当以与之。'人皆伏其雅量"①。爱主持公道，热心肠。史载："初，柴禹锡任枢密，有奴受人金，而禹锡实不知也。参知政事陈恕欲因以中禹锡。太宗怒，引囚讯其事，化基为辨其诬。太宗感悟，以化基为长者。"② 至道三年（997），自礼部侍郎晋升参知政事。

李至，真定人，曾经做过真宗的太子宾客，真宗每见必先拜。为人刚严简重，人士罕登其门。咸平元年（998），以工部尚书晋升参知政事。真宗向他咨询灵武之事，李至上疏论述河湟之地不可守，如："河湟之地，夷夏杂居，是以先王置之度外。继迁异类，骚动疆场，然脐不足弭其患，擢发不足数其罪。然圣人之道，务屈己含垢以安亿民，盖所损者小，所益者大。望陛下以元元为念，不以巨憝介意。料彼胁从亦厌兵久矣，苟朝廷舍之不问，啖以厚利，縻以重爵，亦安肯迷而不复讫于沦胥哉？昨郑文宝绝青盐使不入汉界，禁粒食使不及羌夷，致彼有词，而我无谓，此之失策，虽悔何追。今若复禁止不许通粮，恐非制敌怀远、不战屈人之意。昔唐代宗虽罪田承嗣而不禁魏盐，陛下宜行此事，以安边鄙。使其族类有无交易，售盐以利之，通粮以济之，彼虽远夷，必然向化，互相诰谕。一旦怀恩，舍逆效顺，则继迁竖子孤而无辅，又安能为我蜂虿哉！今灵州不可不弃，非独臣愚以为当然，若移朔方军额于环州，亦一时之权也。或指灵州为咽喉之地，西北要冲，安可弃之以为敌有，此不智之甚，非臣之所敢知也。"③ 后来灵武果然没能守住。

石家庄文人除参与中央朝政外，在地方任职时，受儒家思想和地域文化的影响，表现出了为民做主，泽政惠民的特点。

① 《涑水记闻》卷八，第 145 页。
② 《宋史》卷二六六《王化基传》，第 9186 页。
③ 《宋史》卷二六六《李至传》，第 9178 页。

韩亿，真定灵寿人，中进士不久就到亳州永城县当地方官，"公既至，刮划宿滞，去人所不便安者，又为兴起其利。未数月，一邑欢然从之"①。当时的亳州郡守皇甫选听说韩亿的爱民惠民的事迹后，对韩亿颇为赏识，"他邑讼不决者"也"属亿治之"②。

景德二年（1005）"外台表韩亿永城之劳"③，遂改大理寺丞，通判陈州。当时辖区内黄河堤坝溃毁，韩亿经过仔细调查研究，"不赋民而营筑之"。④

刚正廉洁，不畏权贵是韩亿从政的另一特征。

大中祥符四年（1011），韩亿以太常博士知洋州。郡内有一个叫李甲的，哥哥死了，想霸占哥哥的财产，于是诬蔑嫂子说侄子非亲生，逼迫嫂子改嫁，以达到占有财产的目的。他的嫂子告到官府，李甲贿赂收买了官吏，十年这个案子都结不了。韩亿上任后，对案子重新审理，发现以前的审理都没有乳医的证明，于是让李甲带上乳医前来，其嫂子的冤情得解。⑤

天禧四年（1020），韩亿到江淮、两浙等地安抚受蝗灾的百姓，"问民疾苦，察吏理，慰荐廉善，核免贪残，散利薄征"⑥。以上两例可见其办案不收贿赂，居官廉洁。

大中祥符八年（1015），迁屯田员外郎，知相州。当时河北发生大面积的蝗虫灾害，当时转运使掩盖消息不报，其他官员怕得罪转运使也不敢言语。韩亿"独言岁饥"，并为百姓申请免除赋役。

乾兴元年（1022），除河北转运使，朝廷让其监督原丞相向敏中的诸子分家的事。当时正是丁谓当权，丁谓想购买向氏的华严川田，派亲信向韩亿私下沟通。韩亿到了向家，非但没有劝说，还告诫向氏诸子："土田，衣食之原，绝不可鬻。"⑦ 最终向氏子弟没有卖田，并且顺利地解决

---

① 《苏舜钦集》卷一六《太子太保韩公行状》。
② 《宋史》卷三一五《韩亿传》，第 10297 页。
③ 《苏舜钦集》卷一六《太子太保韩公行状》。
④ 《宋史》卷三一五《韩亿传》，第 10297 页。
⑤ 同上。
⑥ （宋）张方平：《张方平集》卷三九《忠宪韩公墓志铭》，中州古籍出版社 1992 年版。
⑦ 《长编》卷九八，乾兴元年二月戊辰，第 2274 页。

了分家事宜。由此可见韩亿主持公道，不畏强权。

范仲淹（图1—1），"唐宰相履冰之后。苏州吴县（今江苏苏州人）人也"①。宋太宗端拱二年（989）八月二十九日，诞生于真定，其父范墉时为成德军节度章书记。② 范墉在真定为官期间娶真定高平村谢氏，生仲淹，后范墉去世，谢氏带着仲淹再嫁常山朱文翰，范仲淹度过其备尝艰辛的青少年。举进士，为广德军司隶参军，后被晏殊充实府学，"每感激论天下事，奋不顾身，一时士大夫矫厉尚风节"③，开创了一代"先天下之忧而忧，后天下之乐而乐"的士风。

图1—1　子龙广场上范仲淹形象（王慧杰拍摄）

① 《宋史》卷三百一十四《范仲淹传》，第10267页。
② 方健：《范仲淹与范成大》。
③ 《宋史》卷三百一十四《范仲淹传》，第10268页。

（二）真定府赵州士人与宋夏战争

西夏是党项族建立的与北宋并存的少数民族政权。党项族是羌族的一支。南北朝时期，他们生活在青海和四川西北部，过着游牧和狩猎的生活，各部互不统领，各自为政，其中的拓跋部势力最强。唐末，党项族的拓跋部首领拓跋思恭曾率军帮助唐朝镇压黄巢起义，被赐李姓，封夏国公，赐统领夏（今陕西横山山西内蒙古境内）、银（今陕西榆林东南）、绥（今陕西绥德）、宥（今陕西靖边西内蒙古境内）、静（今陕西米脂西）五州。五代时期，中原地区军阀混战，各王朝都对其采取笼络政策，赐以官爵，于是趁机发展起来。宋初，太祖与党项族保持着友好的关系，太宗时期，党项首领李继捧入朝，并献五州之地，但是其族弟李继迁不同意，于是组织军队，联辽抗宋，但是有时也接受宋的封赐，时降时叛，李继迁死后，其子李德明即位，宋封其为平西王、定难军节度使，每年赐给大量的茶、银、绢，辽也封他为夏国王，就这样党项族势力利用宋辽间矛盾保存和发展着自己。

明道元年（1032），李德明之子李元昊即位，宋册元昊为西平王。元昊表面臣服于宋，却公开对宋用兵，占领了凉（今甘肃威武）、甘（今甘肃张掖）、肃（今甘肃酒泉）、瓜（今甘肃安西）、沙（今甘肃敦煌）等州。其势力范围东至黄河、西界玉门，南接萧关，北控大漠，地方万里。随着元昊的势力范围的扩大，于宝元元年（1038）正式称皇帝，都兴庆（今宁夏银川），国号大夏，即史称的"西夏"。

元昊正式称帝，消息传到开封，宋仁宗以李元昊谋反而削去所封官爵，收回赐姓，停止贸易，后对西北的战略部署做调整，宋夏战争从此拉开序幕。在这场宋夏战争中，石家庄籍儒将曹玮曹璨等发挥了重要作用。

曹玮，曹彬之子，真定灵寿人，虽说是以父亲缘故，补西头供奉官、阁门祗候荫补出身的武将，但是"喜读书，通春秋三传，于左氏尤深"[1]。说明曹玮绝非一介武夫，其实是一个儒将。以下从治军、备边、战略三个方面来看。

---

[1] 《宋史》卷二百五十八《曹彬传附曹玮传》，第8984页。

在治军上：既善于管理又善于用兵，如李继迁叛乱，"诸将数出无功"，曹彬向皇帝推荐曹玮为将，当时曹玮才19岁。他管理军队有一套办法，驭军严明，赏罚立决，"用士，得其死力"①。战术上熟知敌情，用兵神速，史载"一日，张乐饮僚吏，中坐失玮所在，明日，徐出观事，而贼首已掷庭下矣"②。还善用反间计，举措如老将。

在备边上：请求修筑古长城防御体系。北宋之西北边防东起麟、府，西至仪、秦，绵延2000余里。宋在西北驻军30万左右，如果将这几十万军队全部用于驻守，那就有许多空隙之处无人防守。因此，依山川形势，据州境空旷之处修建城寨，置兵戍守，是加强边备的重要措施。汤开建考证曹玮在渭州开笼竿川、羊牧隆城等四寨，在秦州修筑城寨有弓门寨、冶坊寨等17座。③ 还奏请令弓箭手有耕田，并免除其租赋。他联络周围羌族诸部，使其内附。

在战略上：李继迁死后，其子德明即位，曹玮上书趁李德明还没有强大起来，"出其不意，禽德明送阙下，复河西为郡县"。但是可惜朝廷并未采纳这一建议。此后，曹玮历任环庆路兵马都钤辖兼知邠州、真定府定州路都钤辖、泾原路都钤辖知渭州、知秦州兼泾原仪渭镇戎缘边安抚使、康州防御使等，多次破西夏及诸羌部落。堪称当时镇边名将。

王安石曾称其为将"尤有功于西方"④，是十分合适的评价。他的在客观上给蕃汉两族人民也带来了一定的利益，以致曹玮之名"威震西域"，史载：

　　（曹玮）将兵几四十年，未尝少失利，自三都之捷，威震西域，嘉勒斯赉每闻玮名，即望玮所出，东向合手加额。契丹使过天雄，部勒其下曰："曹公在此，毋纵骑驰驱也。"⑤

----

① 《宋史》卷二百五十八《曹彬传附曹玮传》，第8987页。

② 同上。

③ 汤开建：《论曹玮——兼谈宋真宗时期的西北御边政策》，载《北方民族大学学报》2013年第5期。

④ （宋）王安石：《临川先生文集》卷九○《彰武军节度使侍中曹穆公行状》，影印文渊阁四库全书1986年版。

⑤ 《长编》卷一百九，天圣八年春正月甲戌，第2534页。

由此可见曹玮确实是一位优秀的御边名将，也回应了当年父亲对他期望。嘉祐八年（1063），配享仁宗庙庭。

曹璨，曹彬的长子，也是因父亲的缘故，荫补供奉官，武将出身。但是"习知韬略，好读左氏春秋"。尽管曹彬曾评"璨不如玮"①，但是曹璨和弟弟曹玮一样，都算得上当时的儒将。曹璨曾任鄜延路副都部署，拜赵州刺史，领武州团练使，并充任麟、府、蜀轮副部署。多次"出蕃兵邀继迁，俘馘甚众"②。建有一定武功，死后谥号武懿。

曹琮，曹彬之子，为人"小心谨畏，善赞谒，御军严整"③，可以看出不是个粗枝大叶的武将，也是一位儒将。他无论是对边民怀恩还是谋略上也有可圈可点之处。以下分别论述。

对边民怀恩，多请内附。如：曾任秦州防御使、秦凤路副都总管兼知秦州。"度羡材为仓廪，大积谷古渭、冀城。生羌屡入钞边，琮怀以恩信，击牛釃酒犒之，多请内属。"④

有谋。如：当时元昊反时候，上攻、守、御三策。再如：琮欲诱吐蕃犄角图贼，得西川旧贾，使谕意。而沙州镇王子遣使奉书曰："我本唐甥，天子实吾舅也。自党项破甘、凉，遂与汉隔。今愿率首领为朝廷击贼。"帝善琮策，改陕西副都总管、经略安抚招讨副使，拜步军副都指挥使。⑤

有勇。曾任勾泾原路兵马、定国军节度观察留后。刘平、石元孙败，关辅震恐。曹琮请籍民为义军，以张兵势，于是料简乡弓手数万人。曹琮死后谥号忠恪。

范仲淹在抗击西夏方面，显示了出色的军事才能。康定元年（1040），边事紧急，范仲淹自请行，召为龙图阁学士，陕西经略安抚招讨副使，兼知延州。运用以防守为主、攻守结合的战略。他曾分延州兵为六将，每将训练，量敌众寡出战，熙宁将兵法以此为本。范仲淹居边三年，修复加固城寨，筑青涧、大顺城，招抚流亡之民垦荒营田，使羌

---

① 《宋史》卷二百五十九《曹彬传》，第 8982 页。
② 《宋史》卷二百五十九《曹彬传附曹璨传》，第 8983 页。
③ 同上书，第 8990 页。
④ 同上。
⑤ 同上。

族归业者数万户，募商贾贸易，把延州建成了战备充实的军事要塞，巩固了西北边防。被羌族人尊称为"龙图老子"。①

从元昊反宋到宋夏议和，前后40余年，西夏问题都是宋朝最棘手的问题，而石家庄真定籍的曹氏家族中曹玮、曹璨和曹琮和范仲淹对西北边防做出了重要贡献。从西夏问题上，可以看出石家庄人关切时政的精神。

（三）真定府赵州士人与宋辽战争及儒学北渐

辽是由契丹族建立的一个少数民族政权。契丹是鲜卑族的一支，由秦汉时期的东胡发展而来，南北朝时期开始用契丹的称呼。唐朝建立后，在契丹地区设立松漠都督府，于是高度发达的汉族封建经济、政治和文化对契丹社会产生了巨大的影响，契丹族学习了先进的中原文化，由部落联盟阶段向阶级社会转化。五代时期，中原战乱，契丹趁机发展起来，梁贞明元年（916），契丹族的部落联盟首领耶律阿保机自立为皇帝，国号契丹，建元神策，首都临潢，史称辽太祖。阿保机死后，其次子耶律德光即位，是为辽太宗。辽太宗于契丹会同十年（947）把国号由契丹改为辽。

后唐清泰三年（936），石敬瑭割幽云十六州（又称燕云十六州、幽蓟十六州）与辽，即幽（今北京）、顺（今北京顺义）、儒（今北京延庆）、檀（今北京密云）、蓟（今天津蓟县）、涿（今河北涿州）、瀛（今河北河间）、莫（今河北任丘北）、新（今河北涿鹿）、妫（今河北怀来）、武（今河北宣化）、蔚（今河北蔚县）、应（今山西应县）、寰（今山西朔州东）、朔（今山西朔州）、云（今山西大同）。幽云十六州既有富庶的农业，又具重要的军事地位。"自顺州以南，皆平陆广饶，桑谷沃茂。而幽为大府，襟带八州，提控中会，将家所保也。"②从此使中原腹地毫无保留地暴露在契丹面前，对中原王朝造成极大威胁。

后周显德六年（959），周世宗亲自率军大举北伐契丹，收复瓦桥、益津、淤口三关及瀛、莫二州，并把瓦桥关改为雄州，益津关改为霸州，

---

① 《宋史》卷三百一十四《范仲淹传》，第10271页。
② 《奉使辽金行程录》，第87页。

北宋时期，称瓦桥关、益津关、淤口关以南地区为关南。相当于今河北白洋淀以东大清河流域以南至河间一带。周世宗收复的关南地区，为辽宋间争夺埋下伏笔。

建隆元年（960），北宋建立后，宋太祖采取先南后北的统一策略，对北方的辽采取和平相处政策，以免腹背受敌，当时辽国也忙于自身发展，所以双方都愿意保持通好关系。

太平兴国四年（979），宋太宗平北汉之后，便以收复幽云为己任。宋廷内部有两种意见：一是乘胜追击，收复幽云；一是刚灭北汉，军士需要休整后再进攻。宋太宗权衡之后，决定采纳第一种意见。六月，宋太宗亲率大军自镇州出发北进，"募民为向导者百人"①，战事顺利。很快收复了易州、涿州、蓟州、并兵围幽州（今北京），城中几不能支撑。但契丹兵来援，宋军在城西高粱河遭到辽军的突击，宋军大败，宋太宗身中二矢，只得退兵，已收复的州县尽失，第一次收复幽云的战斗失败。

雍熙三年（986），宋太宗决定第二次北伐幽云，分兵三路，真定人曹彬被任命为东路军统帅，领兵 20 万，开始宋军不断取得胜利，五月宋辽军大战歧沟关，因东路军曹彬指挥失当，其部下贪功而急进，最终导致溃败，致雍熙北伐满盘皆输。宋太宗念其前功，责授右骁卫将军。自此之后，宋朝放弃武力收复幽云的打算，在西起太行山，东到海口，东西九百里的平原上，利用原有的河渠塘泊，驻堤储水，岸边植柳，作为北方防线，驻兵防守，从此由对辽进攻转为防御的战略。

宋太宗收复幽云失败后，辽朝不断南下侵扰，定州、真定、无极、赵县等多座城垒造毁坏，人心惶惶。史载，至道三年（997），辽军至镇州，焚毁滹沱河上的中渡、常山（今正定东滹沱河上）两座桥，当时镇州行营钤辖李继宣率兵追击，辽兵退至丰隆山砦（今封龙山）。李继宣命部下修复常山桥，准备继续追敌，辽兵"闻之，大惧，拔砦遁走"②。

咸平四年（1001），辽人集结兵力，准备秋季南下，宋朝任命王显为镇、定、高阳关三路都部署，真定获鹿人秦翰和杨延钊、张凝等并为前阵钤辖，前去设防。十一月辽军至威虏军（今河北徐水）此次战斗发生

---

① 《宋史》卷四《太宗本纪》，第 62 页。
② 《宋史》卷三百八《李继宣传》，第 10146 页。

在城西羊山，"大破契丹军队，俘其铁林大将等十五人"①。又率所部按行山外，召抚戎落酋帅谕以恩信，使三千多户少数民族内归。宋太宗诏书"嘉奖，赐锦袍、金带、白金五百两、帛五百匹"②。

景德元年（1004）十一月，辽军攻定州，直抵澶州（今河南濮阳），在寇准的劝说下，宋真宗亲征，至澶渊。为配合真宗亲征，先派秦翰前往视察，"许便宜从事。俄充刑铭路铃辖，与大军会德清军，张犄角之势。又召为驾前西面排阵铃辖，管勾大阵。翰即督众环城浚沟恤以拒契丹。功毕，契丹兵果暴至，翰不脱甲宵七十余日"③。真定人阎承翰，负责修筑城垒，以御辽兵，当时澶州分南北二城，宋真宗至南城后不愿过河，宰相寇准力请过河，承翰"促驾渡浮桥"④，宋真宗达北城后使宋军士气大振，终于击退了辽军的进攻。

澶渊之盟签订后，辽兵北归，为防范辽兵再犯，令秦翰"留泊澶州"⑤。景德二年（1005）阎承翰任廉州刺史，勾当群牧司，当时"始置国信司主交骋之事，多所规置"⑥。秦翰性温良谦谨，接人以诚信，又乐善好施，与将士同休戚，因此得到众人拥护。其死后，禁军中很多人都哭了，宋真宗十分感叹，赠彰国军节度使，诏杨亿撰碑文。时论美之。阎承翰以谨愿称，死后，获赠怀州防御使。

在真宗抵御辽朝的布防中，前线的将帅不停更换，这一形势就将前朝的旧将又身兼禁军大帅的赵州人王超，推向了御辽前线。从咸平三年（1000）到景德元年（1004）王超的职位变动：咸平三年（1000）二月乙丑，镇州行营都部署；咸平四年（1001）七月己卯，镇、定、高阳关副都部署，兼镇州都部署；庚辰，诏王显领河北都转运使，王超副之；咸平五年（1002）六月乙亥，为定州路驻泊行营都部署；咸平六年（1003）到景德二年（1005）为镇、定、高阳关三路都部署。⑦ 然而王超

---

① 《宋史》卷四六六《秦翰传》，第 13613 页。
② 同上。
③ 同上。
④ 《宋史》卷四六六《阎承翰传》，第 13611 页。
⑤ 《宋史》卷四六六《秦翰传》，第 13613 页。
⑥ 《宋史》卷四六六《阎承翰传》，第 13611 页。
⑦ 马运法：《北宋武将王德用家族研究》，西北大学 2010 年硕士学位论文，第 14 页。

在御辽战场上却遭遇了败绩，景德二年（1005）正月，真宗罢免了王超的军职，"上悯其劳旧，弗责。戊辰，以超为崇信节度使，罢军职，便道之任"①。从此他就在地方任职，再也没有回到中央。

宋真宗时期，石家庄籍的抗辽将领还有：赵晃及其子赵延溥、高化等。在宋辽战争中，他们把石家庄人尚武爱国精神带到各自戍守的战场上。

在宋辽对峙时期，虽然宋辽间战争不断，但是中原文化特别是儒家文化向北方的传播一直没有中断。中华民族的文化丰富多彩，但儒学是其主体和核心。历代统治者都用儒学作为治国理民的理论基础，少数民族政权在接触后，也学习中原先进文化。儒学在辽朝也展现了旺盛的生命力。

辽朝在其发展中，不可避免地受到来自汉民族经济、政治、文化的冲击和影响。早在唐代，契丹处于松漠都督府管辖，契丹族就表现出对汉文化的向慕，学习后促进了契丹社会的发展。耶律阿保机时期，他本人通晓汉语，对汉族先进文化持积极态度。他称帝后不久向身边的人询问到：

> 太祖常问侍臣曰："受命之君，当事天敬神。有大功德者，朕欲祀之，何先？"皆以佛对。太祖曰："佛非中国教。"（耶律）倍曰："孔子大圣，万世所尊，宜先。"太祖大悦，即建孔子庙，命皇太子春秋释奠。②

神策三年（918），正式下诏建"孔子庙"。辽代还模仿汉人制度在京城设国子监③，在地方上设府学、县学，学习内容主要是《五经传疏》。为了笼络汉人知识分子，辽朝还实行科举制度，开科取士，这对北方社会文化教育的发展起到促进作用。汉族士大夫如韩延徽、韩知古、韩德让、张俭等人参与辽代制度礼仪的制定，以致"朝廷之仪，百官之号，

---

① 《长编》卷五九，景德二年正月丁卯，第1312页。
② （元）脱脱：《辽史》卷七十二《宗室》，中华书局1974年版，第1209页。
③ 《辽史》卷四十七《百官志三》，第788页。

文武选举之法，都邑郡县之制，以至于衣服、饮食，皆取中国之象"①。于是辽朝在政治制度上，部分采用了汉官体制，实行一国两制，即以国制治契丹，以汉制治汉人。这也是辽朝在制度上的创新。

儒学文化的北渐，宋辽使臣的往来是一个重要途径。宋辽澶渊之盟后，双方使臣名目繁多，包括庆贺宋辽双方皇帝、太后生辰及正旦的贺岁使，吊慰宋辽国主、太后及告哀的丧葬礼仪使，交涉边防事务的边事交涉使，划定双方边界的边界交涉等，数量达千余人。频繁的使臣往来，促进了文化的交流。如：路振曾记"自与朝廷通好已来，岁选人材，尤异聪敏知文史者，以备南使，故中朝声教，皆略知梗概。至若营井邑以易部落，造馆舍以变穹庐，服冠带以却毡裘，享厨爨以屏毛血，皆慕中国之义也"②。反映了中原文化在辽制度和生活中的影响。张舜民使辽，宿幽州馆中，看到"有题子瞻（苏轼）《老人行》于壁者，闻范阳书肆亦刻子瞻诗数十篇，谓《大苏小集》。子瞻才名重当代，外至夷虏，亦爱服如此。芸叟（张舜民）题其后曰：'谁题佳句到幽都，逢著胡儿问大苏。'"③反映了中原文化在辽代民间的传播。石家庄人在宋朝出使辽国使臣中占有一席之地。

天禧四年（1020），赵州人宋绶出使契丹，出使后上行程录《契丹风俗》，记述"始至木叶山，本阿保机葬处，又云祭天之地"④。及其行程路线：富谷馆→通天馆→中京→殺坶河馆→榆林馆→讷都乌馆→香山子馆→水泊馆→张司空馆→木叶馆。其语言言简意赅，得其要害，向宋朝传递了契丹的重要信息。

天圣四年（1026），真定灵寿人韩亿使契丹，当时的副使田承说是章献太后的外姻，"妄传皇太后旨于契丹，谕以南北欢好传示子孙之意，（韩）亿初不知也。契丹主（辽圣宗）问亿曰：皇太后即有旨，大使何独不言？亿对曰：本朝每遣使，皇太后必以此戒之，非欲达于北朝也。契丹主大喜，曰：此两朝生灵之福也"⑤。在副使既然"失辞"的情况下，

---

① （宋）苏轼：《东坡应诏集》卷五《策断》，影印文渊阁四库全书1986年版。

② 《奉使辽金行程录》，第20页。

③ （宋）王辟之：《渑水燕谈录》卷七《歌咏》，中华书局1981年版，第89页。

④ 《奉使辽金行程录》，第36页。

⑤ 《宋史》卷三一五《韩亿传》，第10298页。

韩亿能够救场如救火，巧妙应答，反而对宋辽间的和平友好关系有所帮助，应变十分恰当。

庆历七年（1047），真定人韩综，奉使契丹，其父韩亿曾在先朝出使契丹，辽兴宗得知后，高兴地说："与中国通好久，父子俱使我，宜酌我酒。"① 韩综率同使者五人起为寿，辽兴宗亦离席酌之，欢甚。韩综利用各种有效的方式与辽交往。然而回国后，宰相陈执中以为生事，故责之，寻改知许州。

嘉祐六年（1061），赵州人宋敏求使辽，写下《入番录》，现已佚，唯有范成大所记"琉璃河惟嘉祐中宋敏求《入番录》乃谓之六里河大抵胡语难得其真"②。

元丰七年（1084），曹诱使辽，至其宫门，馆客者下马邀诱同入，曹诱说："北朝使至，及朝堂门，两朝积好久，无妄生事。"于是辽使无话可说，乖乖地让曹诱乘马进入。③

元符元年（1098），真定人王诏出使契丹，"时方讨西夏，迓者耶律诚欲尝我，言曰：'河西无礼，大国能容之乎？'（王）诏曰：'夏人侮边，既正其罪矣，何预两朝和好事？'"④ 入贺，故事，跪而饮，盖有误拜者，乃强（王）诏。（王）诏曰："南北百年，所守者礼，其可纷更耶？"⑤ 卒跪饮之。这些都显示了王诏在外交交谈和受拜方式中能够随机应变，不辱使命。

当然也有表现不好的，由于随从人员过失而连坐获罪。如：熙宁七年（1074），赵州人宋昌言使辽，"坐使辽不觉翰林司卒逃辽地，不获故也"⑥。

此外，石家庄籍人出使辽国还有：真定人曹仪（2次）、曹琮（2次）、曹珣、曹偕、曹偃、曹谱、曹读、曹评（3次）、曹诒、曹诵、韩亿、韩绛、韩综、韩缜、韩宗道、王举正、王诏、王海、葛怀敏、孙继

① 《宋史》卷三一五《韩综传》，第 10300 页。

② （宋）范成大：《石湖居士诗集》卷十二《琉璃河》，影印文渊阁四库全书 1986 年版。

③ 《宋史》卷四六四《外戚·曹佾传附曹诱传》，第 13574 页。

④ 《宋史》卷二六六《王化基传附王诏传》，第 9189 页。

⑤ 《宋史》二六六《王诏传》，第 9189 页。

⑥ 《长编》卷二六六，熙宁八年七月癸未，第 6535 页。

邺（2 次）、刘昌祚、贾昌衡；赵州人宋敏求、宋昌言、郭谘、张利涉等。①

　　儒学不仅对辽代政治产生了影响，还渗透到辽代社会生活的各个方面。一些盛行于中原的伦理道德观念、习俗等，对辽朝社会产生了重大影响。

　　如：忠孝节义观念。辽圣宗规定："民间有父母在，别籍异居者，听邻里觉察，坐之。有孝于父母，三世同居者，旌其门闾。"② 他还告诫诸侄说："惟忠惟孝，保家保身。"③ 兴宗时耶律义先惕隐告诫族人说："不孝不义，虽小不可为。"④ 由此可见，这些忠孝节义观念，通过辽统治者倡导，在契丹各民族中流行起来。

　　如：岁时节日习俗。皇帝依中原的岁时节日风俗过节，如上元节观灯、重阳节登高等，都促进了汉族节日风俗在辽国的流行。尤其是端午习俗。端午节相传为纪念楚国大夫屈原而来，秦汉以后有端午赛龙舟之俗。至宋代，端午节仍盛行，《东京梦华录》《梦粱录》和《武林旧事》中都有记载。辽人也过端午节，如"五月五日午时，采艾叶与绵相和絮衣，七事国主著之，蕃汉臣僚各赐艾衣三事，国主及臣僚饮宴，渤海厨子进艾糕，各点大黄汤下，北呼此节为讨赛离。又以杂丝或绿结合欢索，缠于臂膊，妇人进长命缕，宛转皆为人象，带之"⑤。可见契丹人丰富发展了端午节风俗：赐衣、宴饮、吃艾糕、用五彩线结长命锁等。

　　这些风俗在何时由何地传入辽朝已不可考，但是石家庄地区与契丹距离最近，其中大茂山还是宋辽界山，双方更容易交流对话，如：欧阳修在其《边户》诗中写道："家世为边户，年年常备胡。儿僮习鞍马，妇女能弯弧。胡尘朝夕起，虏骑蔑如无。邂逅辄相射，杀伤两常俱。"⑥ 王安石的《河北民》："河北民，生近二边长苦辛。家家养子学耕织，输与

---

① 王慧杰：《宋朝遣辽使臣群体研究》，社会科学文献出版社 2016 年版，第 24 页。

② 《辽史》卷十《圣宗纪》，第 112 页。

③ （宋）叶隆礼撰，贾敬颜、林荣贵点校：《契丹国志》卷一四《诸王传》，上海古籍出版社 1985 年版，第 175 页。

④ 《辽史》卷四五《百官志一》，第 694 页。

⑤ 《契丹国志》卷二七《端五》，第 282 页。

⑥ 《欧阳文忠公集》之《居士集》卷五《边户》。

官家事夷狄。"①

（四）真定府赵州士人与北宋中后期的政治

北宋中期，在政治、经济、军事等方面都出现了危机。国内农民起义不断，各地士兵反抗也越来越多。保州云翼军和贝州的王则起义，都是河北地区社会危机的突出表现。

庆历四年（1044）八月五日的保州兵变，朝廷下令围剿，欧阳修以龙图阁直学士、河北都转运按察使身份到达真定。② 叛军坚持二十八天，在大军围城和政治招诱的情况下，开城投降。欧阳修对保州兵变的善后事宜非常慎重，如他对富弼说到"祸莫大于杀已降。昨保州叛卒，朝廷已降敕榜，许以不死而招之，八井之戮已不胜其怨，况此二千人者，本以胁从，故得不死，奈何一旦无辜就戮？"③ 坚决阻止富弼密谋屠杀保州投降叛军的鲁莽。

庆历七年（1047），爆发贝州王则起义。当时在河北地区有民间宗教弥勒教，信奉的人很多，宣毅军军校王则，习五龙、滴泪等经和图谶之书，宣称"释迦佛衰谢，弥勒佛当持世"④，暗指宋王朝将衰败，新的持世者当取而代之。他建安阳帝国，年号得胜，自称"安阳武烈皇帝"。当时"党人潘方净怀刃以书谒北京留守贾昌朝，事觉被执"，贾昌朝，真定获鹿人，以贝州反书闻。由于起义仓促，原先联络的河北、京东等数十个地方都因联系中断而未能及时响应，起义于庆历八年（1048）被镇压，王则英勇就义。贾昌朝由于镇压贝州王则起义有功，迁山南东道节度使。此后，宋廷在京东、河北各州以大索妖党为名，"被系者不可胜数"⑤。当时传言王则是向李教学的道，如"王则叛于贝州。其徒皆左道用事，闻教妖术最高，声言（李）教为谋主用事"⑥。而李教的老师是真定府赵仲。

---

① 《临川先生文集》之《河北民》。

② 《长编》卷一百五十一，庆历四年八月癸卯，第3676页。

③ （宋）朱熹：《晦庵集》卷七十一《考欧阳文忠公事迹》，影印文渊阁四库全书1986年版。

④ 《长编》卷一百六十一，庆历七年十一月戊戌，第3890页。

⑤ 《长编》卷一百六十三，庆历八年二月丁酉，第3920页。

⑥ （宋）王銍：《默记》卷中，中华书局1981年版，第31页。

　　宋朝在国内阶级矛盾尖锐、政治危机加深的同时，对辽夏的战争也节节失利，军事危机加深。与此同时，庞大的军费开支和官俸，又造成国家财政的困难，形成冗官、冗兵、冗费。面对宋王朝统治的危机，统治集团内部的士大夫，开始研究挽救危机的办法，于是便出现了北宋中期的变法运动。

　　庆历三年（1043），宋仁宗任用范仲淹为参知政事，进行以整顿官僚机构为主要目的的改革，史称"庆历新政"。范仲淹上疏条陈十事，包括明黜涉、抑侥幸、精贡举、择官长、均公田、厚农桑、修武备、推恩信、重命令、减徭役。这些建议都被宋仁宗采纳，并以诏令形式颁布全国。改革的重点是吏治，因此遭到官僚阶层的强烈反对，他们先是以范仲淹等改革派结为"朋党"为由上疏，宋仁宗不予采信。夏竦等人令女奴临摹石介的笔迹，仿造了一封石介写给富弼的信和一份石介代富弼拟定的废皇帝的诏书，欲置范仲淹等人于死地。由于宋仁宗不信，夏竦一伙人的阴谋也没有得逞。但是这一事件后，范仲淹等人不敢自安于朝廷，此时，边地奏报西北形势紧张，范仲淹坚持请行，离开朝廷。庆历五年（1045），范仲淹自请罢去参知政事之职，以资政殿学士、陕西四路宣抚使、知邠州，改革失败。关于范仲淹的籍贯，有很多种版本，其中之一是范仲淹出生于真定。范仲淹的父亲范墉在正定任职时，发妻病故后取高平谢氏。在高平村生下范仲淹 100 天后，范墉便带着妻儿远赴徐州任职。范仲淹第三十五世孙范祥科曾介绍，他们这一支是范仲淹长子范纯佑的嫡传。范仲淹的文章落款经常有"高平"字样，而其同僚常称范仲淹为"高平公"，他的学生又自称"高平门下""高平讲友""高平学案"。范祥科介绍，范仲淹的后代称"高平堂""高平世泽""高平家风"等。这屡屡出现在范仲淹称谓中的"高平"，都显现出范仲淹与真定高平的情缘。在今正定县弘文中学创建了范公亭，高平村筹建了范公祠、范仲淹纪念馆，正定子龙广场浮雕墙上有范仲淹的像。以此来纪念生于真定的这位历史伟人。

　　宋仁宗朝还有一个真定人韩亿，景祐三年（1036）权知开封府的范仲淹上《百官图》，指宰相吕夷简用人不公平，将之喻为汉代奸臣张禹，并推荐韩亿可重用，说他有宰相之才。吕夷简大怒，斥责范仲淹越职言事，结果范仲淹被贬到江西做官。皇上将此事告诉韩亿。韩亿表白，"仲淹举臣以公，臣之愚陛下所知；举臣以私，则臣委至以来，未尝交托于人"①，即那是范仲淹出自公心，而绝非韩亿请托为之。于是韩亿被任命为户部侍郎、参知政事。

庆历新政失败后，宋王朝内部的社会矛盾仍然没有解决。宋廷财政日益空虚，农民起义一伙强于一伙，这种危险的局面迫使一部分官僚重新考虑如何改变宋朝日益贫弱的局面，要求改革的呼声渐渐高涨起来。宋神宗即位后，启用具有变法精神的王安石进行变法，熙宁新法或多或少地触犯了部分官僚、地主的利益，因而遭到他们强烈的反对，每一项新法都是在激烈的斗争中推行的，石家庄的士人韩绛、韩维加入了这场斗争的行列。

真定灵寿人韩绛，字子华，韩亿的第三子。韩维，字国华，韩亿四子。真定韩氏家族经过韩亿经营，在庆历年间（1041—1048）已经是阀阅之家，如"庆历中，一日，丞相将出中书，候午漏未上，因从容聚厅闲话，评及本朝文武之家箕裘嗣续阀阅之盛。诸公屈指，文臣惟韩大参亿之家，武臣惟夏宣徽守赟之家"②。在嘉祐治平年间（1056—1067）更是人望高涨，如"嘉祐、治平间，韩氏、吕氏人望盛矣。议者谓魏公（韩琦）将老，置辅非韩即吕"③，也就是在韩琦退了之后，会从韩家和吕家（吕蒙正、吕夷简家）寻找接班人，可见韩氏家族在当时盛极一时。

韩绛和韩维兄弟，是援引王安石为相主要人物。《邵氏见闻录》上详细记载这一情形：

> 时王安石居金陵，初除母丧，英宗屡召不至。安石在仁宗时，论立英宗为皇子与韩魏公不合，故不敢入朝。安石虽高科有文学，本远人，未为中朝士大夫所服。乃深交韩、吕二家兄弟，韩、吕，朝廷之世臣也。天下之士，不出于韩，即出于吕。韩氏兄弟绛字子华，与安石同年高科；维字持国，学术尤高，不出仕，用大臣荐入馆。吕氏公著字晦叔，最贤，亦与安石为同年进士。子华、持国、

① 《宋史》卷三百一十五《韩亿传》，第 10299 页。
② （宋）文莹：《湘山野录》，中华书局 1984 年版，第 30 页。
③ （宋）陈鹄：《西塘集耆旧续闻》，中华书局 2002 年版，第 17 页。

晦叔争扬名于朝，安石之名始盛。安石又结一时名德之士如司马君实辈，皆相善。先是治平间，神宗为颍王，持国翊善，每讲论经义，神宗称善。持国曰："非某之说，某之友王安石之说。"至神宗即位，乃召王安石，以至大用。①

从中可知，王安石与韩绛、吕公著是同年，都是庆历二年（1042）的进士，王安石与韩维的关系也很好，当神宗皇帝还在潜邸时，韩维已经向还是颍王的神宗推荐了他。后来神宗启用王安石，这在《宋史·王安石传》中也有记载。这至少说明真定的韩氏家族在北宋中期政坛是有一定影响的。

熙宁二年（1069），王安石拜参知政事，着手推行变法，他认为密友必定会支持自己的变法。然而韩维，这个当年力荐王安石的人，因在反对保甲法及反对罢归孔文仲事宜上与王安石交恶，并由此离京外任。② 韩绛在变法之初是王安石的大力支持者，被王安石"恃以为助"③。熙宁三年（1070），韩绛拜参知政事。七年（1074），复代王安石为相。"既颛处中书，事多稽留不决，且与吕惠卿争论，乃密请帝再用安石。"但王安石二次拜相后，"颇与绛异"，最后，两人因为是否用刘佐事宜，争吵到神宗皇帝前求裁决，皇帝虽然顺了韩绛的意思，没有用刘佐，"未几，韩绛亦出知许州"④。随着韩维、韩绛在外地做官，其后果不仅王安石失去了当初真定韩氏家族的支持，韩氏家族此时在北宋中期政坛中也处于远离东京这个变法中心的状态。

这一局面在元丰八年（1085）得以改观。是年三月，神宗驾崩，哲宗即位。由于此时哲宗才十岁，无力执政，所以英宗皇后高太后（史称宣仁太后）以太皇太后的身份执政。她在神宗生前就对变法不满，在执政之后遂任命居洛阳多年的司马光为门下侍郎，力求恢复旧制。此时，在变法期间远离京城的真定韩氏家族的韩维等人也纷纷重新回到东京。

① （宋）邵伯温：《邵氏闻见录》，中华书局 1983 年版，第 24 页。
② 《宋史》卷三百一十五《韩亿传附韩维传》，第 10307 页。
③ 同上书，第 10302 页。
④ 同上书，第 10304 页。

韩维"元祐初起为门下侍郎，宣仁、哲宗眷礼尤异。维自四朝旧臣身任天下之重，庶几行其所知"①。王安石推行的新法，在司马光、吕公著、韩维等人主政之时被废除。韩维等人在"元祐更化"中所起的举足轻重的作用，使得真定韩氏家族成为后世的"元祐党人"之列。

元祐八年（1093）九月，宣仁太后死后，哲宗开始亲政。他对宣仁太后一味打击变法派、废除新法的政策不以为然。权柄回收之后，他意欲承继神宗遗志，继续推行新法，于是元祐九年（1094）四月，改元绍圣，启用新党，贬逐旧党，一系列绍述新政就此展开，反对重新实行新法的苏辙、范纯仁等相继被贬，变法派重新控制了朝政。元祐主政群臣及其家族遭到打击报复。韩维"坐元祐党，降左朝议大夫，再谪崇信军节度副使，均州安置"，此时韩维"诸子乞纳官爵，听父里居"，才得以准奏。②

元符三年（1100）初，年仅25岁的哲宗病逝，哲宗无子，其异母弟端王赵佶继位，是为宋徽宗。徽宗元符年间，元祐诸臣悉复旧职，韩维也在其列。③宋徽宗重用蔡京、王黼、童贯、梁师成、李彦、朱勔所谓"六贼"，统治日趋腐朽黑暗，统治集团内部也充满了矛盾，蔡京等人打着绍述的旗号，把王安石变法时期以司马光为首的反对派称为奸党，刻石于文德殿门外，各地也树立"奸党碑"，凡是看着不顺眼的，都打入"元祐党籍"，进行打击。崇宁年间，韩维等人又被列入元祐奸党碑，其家族成员也受到牵连，崇宁三年（1104），"夏四月甲辰朔，尚书省勘会，党人子弟不问有官无官，并令在外居住，不得擅到阙下"④，党人子弟被逐出京城，元祐时期的真定韩氏也成为新党打击的重点对象，其家族地位可谓一落千丈。

在北宋王朝日趋腐朽之际，北方的女真族却蒸蒸日上，迅速发展起来，并建立了金王朝。宣和四年（1122），宋金联合灭辽之后，宋得燕山。

---

① 《名臣碑传琬琰之下集》卷十七《韩侍郎维传》。
② 《宋史》卷三百一十五《韩亿传附韩维传》，第10309页。
③ 同上。
④ （清）毕沅：《续资治通鉴》卷八十八，影印文渊阁四库全书1986年版。

　　靖康元年（1126）冬，金人攻破汴京，次年，掳走徽、钦二帝，至此北宋灭亡。皮之不存，毛将焉附？国破之际世家大族被迫举家南渡，家族也遭到重创，就真定韩氏来说，"歼于颍昌，群从散亡"，[①] 南渡后各支星散于东南上饶（韩元吉一支）、芜湖（韩元杰一支）一带。金立张邦昌为帝，后张邦昌又迎宋哲宗废后孟氏及康王赵构，于靖康二年（1127）五月一日，在南京应天府（今河南商丘）正式即位，重建宋王朝，史称"南宋"。南宋建立后，其统治区域主要在江南，因而北方士人对政治的参与相对减少，从此石家庄士人对政治的影响更是日渐减弱。

---

　　① （宋）韩维：《南阳集》附录沈晦《南阳集跋》，影印文渊阁四库全书 1986 年版。

第 二 章

金元之际真定府赵州文化整合

一　金代女真文化与真定府赵州文化的冲撞

（一）金朝在真定赵州政治统治确立

金是女真人建立的政权。公元 12 世纪初，女真处于辽的统治之下。宋政和四年（1114），女真族首领完颜阿骨打以摆脱辽朝统治为号召，开始对辽朝的武装反抗斗争。政和五年（1115）正月，阿骨打正式称帝，建立了大金政权。从宋重和元年（1118）到宣和元年（1119），宋朝与金通过谈判签订了南北联合灭辽的"海上之盟"，约定：金攻辽的中京大定府，宋攻辽的南京析津府（燕京），联合灭辽后，幽云地区归宋，宋将每年给辽的银、绢转交给金。

宣和七年（1125），辽天祚帝在西逃途中被金兵俘虏，辽朝灭亡。金却不愿履行"海上之盟"的约定，经过多次交涉，才答应把燕京及涿、易、檀、顺、景、蓟六州交给宋朝，但宋仍将给辽的岁币转交给金，此外还要输纳燕京代税钱一百万贯给金。宋朝以沉重的代价换取了燕京等七座城池。此后，宋金处于南北对峙状态。

天会三年（1125）十月，金朝下诏伐宋。金兵分两路南下：西路由粘罕（宗翰）率领，自云中攻太原府，兵下河东；东路由斡离不（宗望）率领，由平州取燕山府，下河北，两路兵马计划于宋汴京（今开封）会师。由于太原城内王禀等坚守阵地，宗翰率领的西路军受到阻击不能前进。而宗望所率东路军很快攻取燕山、保州、在中山府、真定，宗望受到两地 3 万军民的顽强抵抗，后破真定兵五千，遂克庆源府（今赵县）

及信德府（今冀州）①。此时，宗望对孤军深入攻取汴京开始犹豫。此时郭药师的进言："汴京富庶及宫禁中，事非燕山之比。今太子郎君兵行神速，可乘此破竹之势急趋大河，将士必破胆而不战而还。"② 于是以郭药师为向导，能测宋人之情，东路军进展迅速。宋徽宗忧迫无计，于宣和七年（1125）十二月二十三日传位于太子赵恒，是为宋钦宗，建元靖康。靖康二年（1127）三月，金俘虏宋徽宗、钦宗二帝，宁德皇后及诸亲王妃嫔以下至宗戚百官两千余人皆北去。③ 至此立国一百六十七年的北宋灭亡，石家庄一带尽归金统治。

（二）女真文化与真定府赵州传统文化的冲撞

金兵进入真定之初，遭到了真定府赵州军民的顽强抵抗。靖康元年（1126）五月，留屯真定的河北制置使种师中率兵由真定出井陉，援救太原。一路冲破金兵的多次阻截，后来种师中身受重创仍力战，最终壮烈殉国。九月，金兵攻克太原，东进直逼井陉，守将种师闵先将乡民送至天台山深处，然后招募义勇，与金兵对抗，金兵死伤严重。后种师闵退至井陉城，经过七天残酷战斗，种师闵与数千将士遭擒杀，井陉古城沦陷。同月，金兵攻陷井陉，东取获鹿。向真定城而来，时任真定知府李邈、真定路都钤辖刘翊率军民与金"相持四旬"。十月，金兵于黎明时，鼓众凭堞而上，城破，仍展开激烈巷战。李邈被俘后昂首不跪宗望，且不饮不食。宗望言："其人高节不可屈"，将其押至燕山府。后入燕三年，终"谈笑赴市至死不改"，慷慨殉国。④

真定失陷后，单州团练使韩世忠屯兵滹沱河，率部入赵州与王渊合兵守城。入冬，宗望派一员主将统步骑万人围攻赵州，韩世忠灵活指挥，

---

① 《金史》卷七十四《宗望传》，第 1705 页。

② （宋）徐梦莘：《三朝北盟会编》卷二十六，宣和七年十二月二十九日丙寅，上海古籍出版社 2008 年版，第 195 页。

③ （清）黄以周辑注，顾吉辰点校：《续资治通鉴长编拾补》卷六十，靖康二年三月己未，中华书局 2004 年版，第 1895 页。

④ 《续资治通鉴长编拾补》卷五十六，靖康元年十月丁酉，第 1780 页。

打退了金兵的多次进攻。①

　　真定赵州军民对金兵的顽强抵抗，是女真贵族的民族征服引发的，同时，也是真定传统的区域文化对女真游牧文化的排斥。然而，随着金兵对真定府赵州的全面占领和大批猛安谋克迁徙真定，女真的游牧文化与真定府的区域文化相互吸收相互融合。

　　金人为了巩固自己的统治，推行女真习俗，其一，强令削发，激起广大汉人的极大愤怒，即使剃去顶发也并不代表真正归附金朝。如：马扩上书中提及："时方金欲剃南民顶发，人人怨愤，日思南归。"② 宗泽在上书中提及："今河东河西不随顺，番贼虽强为剃头辫发，而自保山寨者不知几千万人"③，此处河东当指黄河以东，包括真定府在内。其二，禁止穿汉服，如：金朝大将"韩常知庆源（今赵县），耿守忠知解梁，见小民有依旧犊鼻者，亦责以汉服斩之。生灵无辜被害不可胜纪"。如果违反规定就会招来杀身之祸，当时"布帛大贵，细民无力易之，坐困于家无敢出焉"④。

　　金太祖、太宗时期，"事无大小，一依本朝旧制"⑤。到天会四年（1126），太宗面对中原生产残破的现实，曾下诏："四境虽远而兵革未息，田野虽广而畎亩未辟，百工略备而禄秩未均，方贡仅修而宾馆未赡。是皆出乎民力，苟不务本业而抑游手，欲上下皆足，其可得乎？其令所在长吏，敦劝农功。"⑥ 表明，金朝改定制度，恢复生产。

　　猛安谋克问题，一直是女真人与汉人矛盾的导火线。金入主中原后，真定府成为猛安谋克的重要迁居地。从金太宗到海陵王时期，今"屯田处大名府、山东、河北两关诸路皆有之"⑦。如金朝初，女真人，赵良弼，"佐金祖平辽、宋有功，世千夫长，戍真定赞皇"⑧；蒲察元衡迁入河北西

　　① 《宋史》三六四《韩世忠传》，第11357页。

　　② 《三朝北盟会编》卷一二三建炎三年二月十九日，第901页。

　　③ 《三朝北盟会编》卷一一五建炎二年正月十二日，第844页。

　　④ 《大金国志校证》卷五《太宗文烈皇帝三》，第84页。

　　⑤ 《金史》卷三《太宗纪》，第47页。

　　⑥ 同上书，第56页。

　　⑦ 《建炎以来朝野杂记》卷138。

　　⑧ 《元朝名臣事略》卷11《枢密赵文正公》，第185页。

路真定（今正定）①。金朝中期，纥石烈德②、纥石烈鹤寿③、纥石烈□兰④；乌古论三合⑤也迁到真定。金朝末年，河北地区每户中就有 1 户猛安谋克女真人户。⑥ 女真人猛安谋克户南迁到河北等地后，"所居之处，皆不在州县，筑寨村落间。千户百户虽设官府，亦在其内"⑦。到金世宗时代，随着封建化加剧，女真人在移居地"附都猛安户不自种，悉租与民，有一家百口垅无一苗者"⑧，将土地租给汉人耕种。可见，女真奴隶制渐渐转向封建的租佃制，猛安谋克户与汉户已经相差无几。

金世宗时期虽然女真封建化进程已基本完成，但是金世宗本人仍常常怀恋本民族的旧俗。他常常告诫身边贵族："女直旧风最为纯直……汝辈当习学之，旧风不可忘也。"⑨ 尤其是海陵王迁都后，他对会宁，金国家兴王之地，提到"自海陵迁都永安，女直人浸忘旧风。朕时尝见女直风俗，迄今不忘。今之燕饮音乐，皆习汉风，盖以备礼也，非朕心所好。东宫不知女直风俗，第以朕故，犹尚存之。恐异时一变此风，非长久之计。甚欲一至会宁，使子孙得见旧俗，庶几习效之"⑩。当时女真人富家子弟效仿汉族地主阶级的生活方式饮酒享乐、赋诗交友。如刘祁写道："诸女直世袭猛安谋克往往好文学，喜与士大夫游。"⑪ 可见，女真人逐渐汉化是历史发展的必然。随着女真社会封建化的完成，汉人与女真人之间矛盾渐渐缓和。在这个融合过程中，中原传统文化以其深厚的文化底蕴最终同化了女真的文化。

（三）真定儒学及其对金代政治的影响

金灭北宋后，大批儒士南迁，中国学术中心也随之南移。宋濂等撰

---

① 《全辽金文》，第 2960 页。
② 《金史》卷一二七《纥石烈德传》，第 2272 页。
③ 《金史》卷一二二《纥石烈鹤寿传》，第 2667 页。
④ 郝素娟：《金代移民研究》，吉林大学博士 2016 年学位论文，第 96 页。
⑤ 《金史》卷八十二《乌古论三合传》，第 1846 页。
⑥ 《宋辽金时期的河北经济》，第 186 页。
⑦ 《大金国志校证》卷 36《屯田》，第 520 页。
⑧ 《金史》卷四十七《食货二》，第 1047 页。
⑨ 《金史》卷七《世宗纪中》，第 164 页。
⑩ 同上书，第 158 页。
⑪ 《归潜志》卷三，第 25 页。

《元史》将南宋学者赵复列为《儒学列传》第一人，认为："北方知有程朱，自复始。"① 这一观点对后世影响极大。多数学者认为在金朝统治下，北方儒学几乎等于无，直到蒙古军队征服南宋过程中，通过赵复等人介绍，理学才得以北传。实际上，在金朝统治下的北方，儒学发展并没有停歇，理学一直在北方流传。其中真定是理学发源地之一。如：褚承亮，北宋宣和六年（1124）擢第，其弟子周昂，"师事玄真先生褚承亮"②。周昂"学术纯正，文笔高雅，以杜子美韩退之为法，诸人皆师尊之"③，周昂侄子周嗣明认为"最长于义理之学"，曾说"学不至邵康节程伊川，非儒者也"④。可见，周昂叔侄的治学理路上承韩愈，其学术内容不仅包括二程的义理之学还包括邵雍的象术之学。

从金统治者角度看，他们对于理学的态度将影响理学思想的发展。金朝统治者进入中原后，面临的重点问题是建立一套适合中原统治的管理制度。真定赵州一带作为儒学的发源地之一，金初真定儒士用自身的行动，表现了儒者的风范。

金初，金太祖于天辅二年（1118）下诏："国书诏令，宜选善属文者为之。其令所在访求博学雄才之士，敦遣赴阙。"⑤

金太宗天会六年（1128），斡离不攻破真定，将境内的进士召集到安国寺，取进士七十二人，号称"七十二贤榜"。真定人褚承亮曾是宋朝的进士，亦在名籍之中，金人刘侍中推荐他做藁城县令，但是褚承亮"漫应之，即弃去"。⑥ 表现了一部分入金的宋朝文化人的忠孝立场。

蔡松年，字伯坚，原籍余杭（今浙江杭州），归金后占籍真定，后来官至尚书右丞相，封卫国公。其事迹主要有二：其一，参与南下伐宋并保护真定西山群盗。伪齐政权建立后，蔡松年跟随金元帅府与伪齐联合伐宋。打到真定府，"初平真定西山群盗，山中居民为贼污者千余家，松

---

① 《元史》卷一百八十九《赵复传》，第4314页。
② （金）元好问：《中州集》卷四《常山周先生昂小传》，中华书局1959年版，第166页。
③ 同上书，第167页。
④ 同上。
⑤ 《金史》卷二《太祖本纪》，第32页。
⑥ 《金史》卷一百二十七《褚承亮传》，第2748页。

年力为之辩论，竟得不坐"①。此处的西山群盗指当时太行山一带的抗金组织。如：真定府附近的赞皇境内，以马扩为首的抗金义军占据五马山寨，"时两河忠义闻风响应，受旗榜者约数十万人"②。蔡松年出于对宋朝民众的同情，力证这些人是因战争而流落入山的百姓而不是抗金的武装。

海陵王天德三年（1151），规范科举考试，将南北选合二为一，罢除经义、策试两科，专以词赋取士。③ 从此偏重词赋而轻视经义之风对北方士人影响很大。海陵王本人也喜欢诗词。如：完颜亮曾"夜召赋诗，传趣甚亟。未二鼓，奏十咏。海陵喜，解衣赐之"④。此时真定仕金的儒士，官位显赫，以不同方式发挥着重要的作用。

蔡松年，是由宋入金的文化人中地位最高者。在完颜亮迁都燕京时，"徙榷货物以实都城，复钞引法"⑤。榷货物"掌发卖给随路香茶盐钞引"⑥，其榷货的项目有："酒、曲、茶、醋、香、矾、丹、锡、铁，而盐为称首。"⑦ 政府正是通过对这些物品的管制、征税和专卖从而获得利益。而中都榷货物的设立为金朝财政收入的增加创造了条件。此外，金初币材短缺，仍沿用宋朝的旧钱，如："天会末，虽刘豫'阜昌元宝'、'阜昌重宝'亦用之。"⑧ 海陵迁都后，在蔡松年的建议下行钞引法，于中都设印造钞引库及交钞库，设使、副、判官各一员，都监二员。所印交钞，有大钞和小钞两种。交钞的发行，缓解了金朝的钱荒，对金朝的物资流通和经济的发展起到促进作用。其子蔡珪，中进士第，"号为辨博，凡朝廷制度损益，珪为编类详定检讨删定官"⑨。蔡珪后授河东北路转运副使，不久又入翰林修撰，迁礼部郎中，封真定县男爵。

杨伯雄、杨伯仁，是由辽入金的文化人，真定藁城人，在海陵王和世宗时期凭借政绩逐步进入金的权力中心。杨伯雄，做韩州军事判官，

---

① 《金史》卷一百二十五《蔡松年传》，第 2715 页。
② 《三朝北盟会编》卷一一五建炎二年十九日甲戌，第 844 页。
③ 《金史》卷五一《选举》，第 1135 页。
④ 《金史》卷一百二十五《杨伯仁传》，第 2724 页。
⑤ 《金史》卷一百二十五《蔡松年传》，第 2716 页。
⑥ 《金史》卷一百六十五《职官志五》，第 3908 页。
⑦ 《金史》卷四十九《食货四》，第 1093 页。
⑧ 《金史》卷四十八《食货三》，第 1069 页。
⑨ 《金史》卷一百二十五《蔡松年传附蔡珪传》，第 2717 页。

"有二盗诈称贾贩，逆旅（旅店）主人见欺，至州署陈诉，实欲劫取伯雄。伯雄心觉其诈，执而诘之，并获其党十余人，一郡骇服"①。迁应奉翰林文字。海陵王篡位后，以潜邸臣身份得以重用，其弟杨伯仁做大名少尹，"郡中豪民横恣甚，莫可制，民受其害，伯仁穷竟渠党，四境帖然。谳馆陶大辟，得其冤状，馆陶人为立祠"②。族兄杨伯渊，天会十四年（1136）赐进士第，"知泰安军，有惠政，百姓刻石纪其事"③。杨伯雄之子杨瀛做上京东京等路按察司事，"有废必起，无害不除，远近□然，吏民安之"④。

金世宗时期，宋金隆兴合议达成，双方有几十年时间和平相处。世宗多次诏令大臣荐举人才，认为"人之有干能，固不易得，然不若德行之士最优也"⑤，而要进行德教，首选儒家"经籍"。因而大定二十三年（1183）九月，当译经所进所译经书时，世宗谓宰臣说："朕所以令译《五经》者，正欲女直人知仁义道德所在耳！"⑥ 有一些真定籍人士通过科举为官，并在金代政治生活中践行儒教。

贾益谦，沃州人（今赵县），大定十年（1170）词赋进士，"历仕州郡，以能称"⑦。到大安末年，官至参知政事。史评其可谓尽事君之义矣。

周昂，真定人，大定进士，仕至同知沁南军节度使，"调南和簿，有异政"。⑧ 其外甥王若虚，藁城人，承安二年（1197）进士，"历管城、门山二县令，皆有惠政，秩满，老幼攀送，数日乃得行"⑨。

冯璧，真定县人，承安二年（1197）经义进士，调辽滨主簿，"县有和籴粟未给价者余十万斛，散贮民居，以富人掌之，有腐败则责偿于民，

①　《金史》卷一百五《杨伯雄传》，第 2317 页。
②　《金史》卷一百二十五《杨伯仁传》，第 2724 页。
③　《金史》卷一百五《杨伯雄传》，第 2320 页。
④　王新英：《金代石刻辑校》，吉林人民出版社 2009 年版，第 103 页。
⑤　《金史》卷八《本纪》，第 193 页。
⑥　同上书，第 185 页。
⑦　《金史》卷一百六《贾益谦传》，第 2334 页。
⑧　《金史》卷一百二十六《周昂传》，第 2730 页。
⑨　《金史》卷一百二十六《王若虚传》，第 2737 页。

民殊苦之。璧白漕司，即日罢之，民大悦"①。

金章宗于泰和二年（1202）定国运土德，表示金是代替北宋的火德而享有天下的。金朝德运的变化，等于说承认北宋及其政治文化的合法性，也意味着宋学得到金代官方承认，直接影响到理学在金朝的传播与发展。

金朝中后期，南宋理学已相当成熟。以朱熹为代表的闽学、以陆九渊为代表的象山学派以及以胡安国及张栻为代表的湖湘学派，都各自形成了自己的理论体系。但是宋金虽然处于对峙状态，文化交流并没有停滞。王若虚，真定藁城人，是周昂的外甥。王若虚曾受学于周昂，周昂教导其："文章以意为主，以言为役，主强而役弱则无令不从。"② 著《滹南遗老集》，包括《五经辨惑》《论语辨惑》《孟子辨惑》《议论辨惑》等，在其著作中随处可以见到南方儒士的著述传入北方的痕迹：在其《文辨》中曾论及南宋人叶棻、魏齐贤编纂的文学总集《五百家播芳大全文粹》，还在《文辨》中还多次征引南宋人洪迈的《容斋随笔》，对其内容进行品评。③ 王若虚还在其《诗话》中评南宋人陈与义的《墨梅》诗。④ 以上仅举几例，其实在王若虚的著作中，提及南宋作者达四十多人，南宋人作品达五十多种。

同时，王若虚在其著作中还广取汉儒、宋儒之经解，虽然他赞扬"自宋儒发扬秘奥，使千古之绝学一朝后续，开其致知格物之端，而力明乎天理人欲之辨"⑤。但他对理学仍有自己的评价："宋儒之议论不为无功，而亦不能无罪焉。彼其推明心术之微、剖析义利之辨，而斟酌时中之权，委曲疏通，多先儒之所未到，斯固有功矣。至于消息过深、揄扬过侈，以为句句必涵气象，而事事皆关造化，将以尊圣人而不免反累，名为排异端而实流于其中，亦岂为无罪也哉。"⑥ 其对于儒学的或贬或褒，博采众说，又直抒胸臆，议论平实，是金代经学成就的最高代表。

---

① 《金史》卷一百一十《冯璧传》，第 2430 页。

② 《金史》卷一百二十六《周昂传》，第 2730 页。

③ （金）王若虚：《滹南遗老集》卷 32《文辨》，影印文渊阁四库全书 1986 年版。

④ 《滹南遗老集》卷四十《诗话》。

⑤ 《滹南遗老集》卷四十四《道学发源后序》。

⑥ 《滹南遗老集》卷三《论语辨惑序》。

金代理学发展，出现三位重要人物：赵秉文、王若虚和李纯甫。他们都是河北人，他们各自代表着一部分北方士人站在时代的思潮前发表着自己的见解，由此可见金代理学自身发展的复杂性。

然而，蒙古军队自 1211 年首次攻金，直到 1234 年金哀宗自杀，金朝灭亡，这场战争持续了二十几年的时间。其间百姓逃离，士人失所，到处是辗转逃难的人们。此时以赵复为代表的一批南方儒士北上，开始了系统介绍程朱理学思想的工作，彻底改变了以往北方士人的自己研究自己传习的状况，推动了大蒙古国时期北方理学的传播。因而有《元史》中"北方知有程朱，自复始"之说。

二 蒙古进占真定府与史氏家族的兴学养士

（一）蒙古进占真定府

唐代众多的"室韦"部落，其中一支叫"蒙兀室韦"，蒙兀就是蒙古的音译。那时的蒙古族生活在额尔古纳河下游东南的大兴安岭北部地区。大约在唐代后期，蒙古部落向西南草原迁移，有一部分迁到鄂嫩河、克鲁伦河、土拉河"三河之源"的不儿罕山地区。成吉思汗的先世就属于这部分的蒙古部落。

在 11—12 世纪的蒙古高原上，塔塔尔部、克烈部、乃蛮部、蔑儿乞部、斡亦剌部、汪古部都是较强的部落。蒙古部兴起较晚，势力小，但经过几代人的努力，13 世纪初铁木真统一了蒙古各部落。1206 年在斡难河源的大会上，他被尊为"成吉思汗"。成吉思汗以本部落的名称为国号，称"大蒙古国"。"成吉思"含有强大、天赐之义，从此，成吉思汗及其后继者和他的民族走上了征服世界的道路，西征一直打到今日的东欧、西亚等国，向南先后灭掉了金和南宋。

成吉思汗首次攻金是 1211 年。蒙古伐金之初尚无力吞金，蒙古太祖八年（1213），蒙古军再次攻金，夺居庸关，包围中都，之后兵分三路南下中原，史载："是秋，分兵三道：命皇子术赤、察合台、窝阔台为右军，循太行而南，取保、遂、安肃、安、定、邢、洺、磁、相、卫、辉、怀、孟，掠泽、潞、辽、沁、平阳、太原、吉、隰，拔汾、石、岚、忻、代、武等州而还；皇弟哈撒儿及斡陈那颜、拙赤馺薄刹为左军，遵海而东，取蓟州、平、滦、辽西诸郡而还；帝与皇子拖雷为中军，取雄、霸、莫、安、河间、沧、景、献、深、祁、蠡、冀、恩、濮、开、滑、博、济、泰安、济南、滨、棣、益都、淄、潍、登、莱、沂等郡。"①

三路大军横扫中原，所过之处无不惨灭，对那些拒绝投降的城市，蒙古军往往施以屠城。许多州县官吏望风而逃，唯真定、清州、沃州、大名、东平等"十一城不下"②。

贞祐南渡后，金章宗被迫渡过黄河，从中都（今北京）迁都到汴京（今河南开封），第二年蒙古军队占领中都后退兵漠北。1217 年，成吉思汗封木华黎为太师、国王，专攻金朝。木华黎在受命经略中原后，着手消灭金朝力量。当时成吉思汗西征，只留蒙古军一万三千人给木华黎，指示其召集豪杰，勘定未下城邑。木华黎以高官厚禄招降那些结寨自保的首领和地方武装头目，按其实力和地盘授予不同官职，例如：元帅、监军、节度使、万户长、招抚使、府尹、县令等官衔，准其世袭，称为世侯。在河北，先有易州的张柔于 1218 年投降蒙古，攻取了金的真定以东和深、冀以北的三十几座城市，被授予河北西路都元帅。

这个时期，金在黄河以北的统治基本陷于崩溃，各地方有势力的人物纷纷组织武装自保。他们聚宗族、收壮丁安营扎寨。如：武仙，井陉威州人，曾为道士。金末，他率领乡兵保威州西山，附着日众，金朝授给他威州刺史之职。兴定元年（1217），他"破石海于真定"有功，"兼同知真定府事，遥授河平军节度使"③，次年（1218），遥领中京留守，权元帅右都监，封恒山公，控制着中山、真定府、沃、冀、威、镇平、平定州、抱犊寨、栾城、南宫诸州县。兴定四年（1220），金发兵援真定，被蒙古龙虎上将军、藁城世族董俊率军击退，金将武仙降蒙。为了生存和自保，他们忽而投降蒙古，忽而依附金朝，同年，金朝恒山公武仙降蒙，被授予河北西路副兵马都元帅，后又叛蒙归金，据有真定。

河北西路真定府一带的武装还有接受南宋的册封的。如：彭义斌，是武仙联络的红袄军首领，武仙与蒙古河北西路兵马都元帅史天倪反目，

---

① 《元史》卷一《太祖纪》，第 17 页。
② 同上。
③ 《金史》卷一百一十八《武仙传》，第 2577 页。

将史天倪谋杀于真定官署中。史天倪之弟史天泽，承袭其兄职，誓为其兄报"不共国之仇"，领兵攻武仙。史天泽"下中山、略无极、拔赵州"，以铁骑继其后，"缚义斌斩之"。① 剿灭了赞皇一代的红袄军主力，武仙逃往卫州。至此真定成为蒙古稳固的新附区。

1227 年，成吉思汗在进攻西夏中病死六盘山。1229 年，窝阔台即汗位，于 1231 年兵分三路展开灭金的最后战争。一路由山西南下直指汴京，一路由河中、洛阳，从西边攻汴京，一路由山东入河南。在走投无路情况下，1234 年金哀宗自杀，金朝灭亡。

这场战争自 1211 年成吉思汗攻金开始，一直到 1234 年金朝灭亡，共二十几年的时间。其间百姓逃离家乡，士人流离失所，到处是辗转逃难的人们。在这场民族大浩劫中，传播文化的重要设施学校也遭到极大的破坏，大部分的真定府州县学被破坏。

（二）史氏父子兴学养士

史氏家族的发祥，《元史·史天倪传》中记载：始于史伦，燕之永清人，"少好侠，因筑室发土得金饶于财"。祖成珪，"倜傥有父风，遭乱，盗贼四起，乃悉散家财，唯存察粟而已"。父秉直，读书尚气义。癸酉（1213），太师、国王木华黎统兵南伐，所向残破。秉直聚族而谋曰："方今国家丧乱吾家百口，何以自保？"② 既而知降者皆得免，乃率里命稚数千人诣涿州军门。

庚辰年（1220），史天倪还军真定，武仙降。木华黎承制，以天倪为"金紫光禄大夫、河北西路兵马都元帅，行府事"，仙副之。此后，史天倪以真定为基地，经常领兵攻山西、河南州县。史天泽其后随长兄史天倪驻真定，迁居获鹿岳村（今属石家庄市区）。后被武仙杀害。史天泽为兄报仇，穷追猛打将武仙赶出真定，在真定站稳脚跟。

1229 年，窝阔台继蒙古大汗位，朝廷议立设三万户统帅汉族军队，遂封史天泽为"真定、河间、大名、东平、济南五路万户"③，辖地二三

① 《元史》卷一百五十五《史天泽传》，第 3658 页。
② 《元史》卷一百四十七《史天倪传》，第 3468 页。
③ 《元史》卷一百五十五《史天泽传》，第 3658 页。

千里，三四十个州县。由此确立了史氏家族对河北、山东一带的统治权，在汉人世侯中势力最大。

此后，史天泽将史天倪的儿子史楫引荐给窝阔台，"臣兄史天倪死事时，二子尚幼，臣受诏摄行府事。今已成人，乞解职授之"。因而史楫被任命为"真定兵马都总管，佩金虎符"。① 史楫代表史氏家族在真定统治30 年。

这样，史氏家族自 1220 年入真定，到 1263 年元世祖剥夺世侯权力，共统治真定 43 年。根据《元史·史天倪传》和《元史·史天泽传》记载，史氏家族在真定任职情况如下：

史天倪为"河北西路兵马都元帅，知真定府事"。

史天泽为"真定、河间、大名、东平、济南五路万户"。

史权（史天倪次子）为"真定、河间、滨、棣、邢、洺、卫、辉等州路木烈儿军兼屯田州城民户、沿边镇守诸军总管万户"。

史枢（史天安三子）为"行北京元帅府事抚治真定"。

史樟（史天泽次子）为"真定、顺天新军万户、棣、卫、辉转运使"。史氏解职后，史樟居于真定经常穿着麻布衣服和草鞋出入于市，以"散仙"自居。

当时的汉地世侯，竞相收纳儒士。比如，张柔在保州，"性喜宾客，闲暇辄延引士大夫与之言笑谈论，终日不倦。岁时瞻给，或随其器能任使之"。② 严实在东平，以养士著名。史载其"既握兵权，专生杀，时年已长，经涉世故久，乃更折节自厉，间亦延请儒士，道古今成败，于前人良法美意所以仁民爱物者，辄欣然慕之"③。当时在东平的名士有王磐、刘肃、商挺、杜仁杰、元好问等。

翻检史籍，史天泽幕府人物有：李正臣、王昌龄、刘如翼、常仲明、赵振玉、杨果、王恽、丁居实、寇靖、张德辉、李冶、王若虚、元好问、白朴、曹南湖、刘房山、段继昌、徒单侍讲等。这些士大夫或是金代的

---

① 《元史》卷一百四十七《史天倪传》，第 3468 页。

② （元）王磐：《蔡国公神道碑》，《畿辅通志》卷一百七，文渊阁四库全书 1986 年版。

③ （金）元好问：《东平行台严公神道碑》，《遗山先生文集》卷 26，四部丛刊本。

进士，如：刘如翼"贞祐四年经义第一人"①；杨果"正大甲申进士"②；李冶"正大末登进士第"③；王若虚"承安二年进士"④；元好问"兴定进士"⑤。或在金代任职，如：张德辉"御史台椽"⑥；丁居实"权尚书省令史"⑦；李正臣"近侍局副使"⑧。在金末元初的战乱中，他们在史天泽手下教书或任职，以此承继着金代的儒学和经世致用的思想。

三　史天泽幕府中儒士为政思想与政治实践

史氏家族的这种做法保存了世侯幕府中的名士大儒，很多人进入了忽必烈的潜邸，后来忽必烈授命总领漠南汉地军国庶事。这些人发挥了重大作用，时间不长，即扭转了"汉地不治"的局面，以后忽必烈与阿里不哥争汗位，改蒙为元，行汉法，灭南宋，多出于这些人的谋略。

（一）传承汉文化以儒治国

经过金末战争洗礼的汉文化的传承，是这些以天下为己任的北方儒士最关心的事情。张德辉，史天泽幕府的经历官，曾三次觐见忽必烈。

第一次是丁未年（1247），世祖在潜邸，召见，问曰："孔子殁已久，今其性安在？"对曰："圣人与天地终始无往不在。殿下能行圣人之道，性即在矣。"又问："或云，辽以释废。金以儒亡，有诸？"对曰："辽事臣未周知，金季乃所亲睹，宰执中虽用一二儒臣，余皆武弁世爵，及论军国大事，又不使预闻，大抵以儒进者三十之一，国之存亡，自有任其责者，儒何咎焉！"

---

① （金）元好问：《遗山集》卷二二《太中大夫刘公墓志铭》。
② 《元史》卷一六四《杨果传》，第 3854 页。
③ （元）苏天爵：《元朝名臣事略》卷十三《内翰李文正公》。
④ 《金史》卷一二六《王若虚传》，第 2737 页。
⑤ 《金史》卷一二六《元好问传》，第 2742 页。
⑥ （元）苏天爵：《元朝名臣事略》卷十《宣慰张公》。
⑦ （元）王恽：《秋涧集》卷五二《大元故奉训大夫尚书礼部郎中致仕丁公墓碑铭》，影印文渊阁四库全书 1986 年版。
⑧ （元）苏天爵：《元朝名臣事略》卷七《丞相史忠武王》。

第二次是戊申年（1248）春，释奠，致胙于世祖，世祖曰："孔子庙食之礼何如？"对曰："孔子为万代王者师，有国者尊之，则严其庙貌，修其时祀，其崇与否，于圣人无所损益，但以此见时君崇儒重道之意何如耳。"世祖曰："今而后，此礼勿废。"

第三次是壬子年（1252），"德辉与元裕（应为元裕之）北觐，请世祖为儒教大宗，世祖悦而受之"①。从张德辉与忽必烈的对话中，可以看到以张德辉为代表的金末儒士劝导忽必烈施行以儒治国理念的努力。

（二）为政关键在发展学校教育

元好问主张通过教育传承来为政，在给耶律楚材的上书中提到："天下大器，非一人之力可举，而国家所成就人材者，亦非一日之事也。必藉学校教育、父兄渊源、师友讲习，三者备而后可。喻如修明堂揔章，必得梗楠豫章之材，预为储畜数十年之间，乃能备一旦之用，非若起寻丈之屋，榱栌榱楔杂出于榆柳槐柏，可以朝求而暮足也。"②王磐在《重修赞皇县学记》中也提出："学校之设，所以明人伦、美教化、育人才、厚风俗，有国之尧务也。"③

史天泽真定幕府的儒士们把构建理想社会的希望寄托在学校教育上。他们怀念夏商周三代，特别是周代的理想社会图景，认为只要能够施行教化，就能造就出一个人人为君子、圣贤的和谐社会。如元好问所述：

> 三代皆有学，而周为备；其见之经者，始于井天下之田。井田之法立，而后党庠遂之教行，若乡射、乡饮酒，若春秋合乐、劳农、养老、尊贤、使能、考艺、选言之政，受成、献馘、讯囚之事，无不在。又养乡之俊造者为之士，取乡大夫之尝见于施设而去焉者为之师。德则异之以知、仁、圣、义、忠、和，行则同之以孝、友、睦、姻、任、恤，艺则尽之以礼、乐、射、御、书、数。淫言皦行，凡不足以辅世者，无所容也。故学成则登之王朝，蔽陷畔逃不可与

---

① 《元史》卷一百六十三《张德辉传》，第3823页。
② （元）苏天爵：《元朝名臣事略》卷五《中书耶律文正王》。
③ （元）王磐：《重修赞皇县学记》，《全元文》卷六一，浙江古籍出版社2001年版。

有言者，则挞之、识之，甚则弃之为匪民，不得齿于天下。民生于其时，出入有教，动静有养，优柔餍饫，于圣贤之化日加益而不自知，所谓人人有士君子之行者。①

他们倾其所学来感染后学，这些金末名士大儒，他们成为史天泽家的家塾教师。如"北渡后，名士多流寓失所，知公好贤乐善，偕来游依。若王滹南、元遗山、李敬斋、白枢判、曹南湖、刘房山、段继昌、徒单侍讲，为料其生理，宾礼甚厚，暇则与之讲究经史，推明治道"②。其中王滹南即王若虚，藁城人，承安经义进士，累迁应奉翰林文字，后为翰林直学士。元遗山即元好问，兴定进士，金行尚书左司员外郎，还是著名的文学家。李敬斋即李冶，金末进士，钧州知事。白枢判即白华，白朴的父亲，贞祐进士，正大七年（1230）的枢密院判官。常仲明，"真定幕府以君承平学舍旧人，文行兼备，任师宾之位，辟本路府学教授，在职数年，士论归之"③。在这样氛围的影响下，史天泽"年四十，始折节读书，尤熟于《资治通鉴》，立论多出人意表"④。他还是元曲的早期作家之一。⑤

以诲人不倦的精神，培养后学，如：元好问，余谦在《遗山先生全集序》中描述了元好问当日讲学的情况，"金亡，晦道林莽，执羔雁无虚日"⑥。再如：李冶，在封龙山教学，史天泽的后人都师从他而成了才。"其从公而显者，曰史忠武公诸子：曰杠曰阙曰杞曰辉。"⑦ 再如：张德辉，提调真定学校，张德辉与元好问、李冶游封龙山，时人号为龙山三老云。⑧

---

① （金）元好问：《令旨重修真定庙学记》，《遗山先生文集》卷三二，四部丛刊本。

② （元）王恽：《开府仪同三司中书丞相忠武史公家传》，《秋涧先生大全集》卷48，四部丛刊本。

③ （金）元好问：《遗山集》卷二五《真定府学教授常君墓铭》，四部丛刊本。

④ 《元史》卷一百五十五《史天泽传》，第3662页。

⑤ 符海朝：《蒙元时期汉人世侯文化素质之探讨》，《殷都学刊》2008年第2期，第23页。

⑥ （金）元好问：《遗山集》卷首，余谦：《遗山集序》。

⑦ （元）袁桷：《清容居士集》卷十八《封龙山书院重修记》，影印文渊阁四库全书1986年版。

⑧ 《元史》卷一百六十三《张德辉传》，第3825页。

经过这些金末儒士的努力，不仅直接挽救了汉文化，而且为蒙元前期培养了大批人才。

（三）以自身吏干实践经世致用

幕府中儒士在金代入仕多年，有丰富的从宦经验，故进入幕府后因其所长在世侯幕府中担任行政官员，在乱世中实践着自己经世致用的思想，践行着儒家的担当意识。

他们或是出谋划策，如：张德辉，冀宁交城人，金亡，北渡，史天泽开府真定，辟为经历官。岁乙未，"从天泽南征，筹画调发，多出德辉。天泽将诛逃兵，德辉救止，配令穴城"①。可见在幕府中做幕主的智囊是他们的职责之一。

或是为世侯和蒙古汗廷的使者。如：王守道，真定平山人，史天泽为五路万户，署守道为行军参谋兼检察使，庄圣太后以真定为汤沐邑，守道在镇，"以幕僚频岁致觐，敷对称旨，得赐金符、锦衣、金钱"②。可见，史氏家族成为汉人世侯中实力最强的一家，与这些得力的幕僚有很大关系。

或是直接带兵打仗，如：王昌龄，字显之，沧州人，为史天泽幕府参议，主行军事务。"方国朝有事东南，城攻野战余二十年。公筹画戎幄，应变机权，无战无之，以至冒矢石，输忠力，作士气。虽一时辅佐，有不克负荷者。"③ 在攻打安陆的战役中，山民盘踞在山谷中，防御非常坚固。王昌龄建议劝降，当时人民都认为这个计策很危险。结果王昌龄到了那里后宣示恩信，让山民权衡祸福，最终竟招降成功了。

有时甚至直接出任地方官。如：王昌龄，辛亥年（1251）秋七月，当时朝廷认为卫这个地方四通八达，事务繁多，因此"非得二千石循良者，无以铲夷积弊、涵养疮痍也。既难其人，特命公领其事"。王昌龄当上卫地县令后展开了一系列的治理措施：其一，平均百姓的赋税和徭役；

---

① 《元史》卷一百六十三《张德辉传》，第3823页。
② 《元史》卷一百五十三《王守道传》，第3614页。
③ （元）王恽：《秋涧集》卷四十七《故真定五路万户府参议兼领卫州事王公行状》，元人文集珍本丛刊本。

其二，治理官吏的贪污腐败；其三，发展民间商业，方便百姓；其四，劝课农桑，修筑水利；等等。王昌龄治理卫州很有成效，史天泽为了感激他，"为酬公之功，以其子复充同知卫州节度使事"①。王恽在王昌龄去世后，写下《王卫州挽章》对史干才能做了评价："堂堂大厦蔽云居，偃植圆权与借扶。六县耕桑深道爱，百年鱼水应时需。望归王俭风流幕，我识鄞侯吏隐儒，河朔诸侯几参佐，爱君终始擅良图。"②

四　真定世侯的兴灭与元朝对真定的政治文化统治

（一）真定世侯的兴灭

汉人世侯是金元之际蒙古征金过程中逐渐形成的统治制度，也是金末中央集权制破坏后出现的封建割据局面与蒙古世袭制度相结合的产物。金元之际的真定府作为宋金、金蒙、宋蒙战争较量的前沿战场，是这些汉人世侯力量崛起的社会背景。当时金朝对真定府地区的政治统治陷于瘫痪后，各地农民起义力量和豪强势力纷纷崛起，组成众多的武装集团。这些武装集团先后与宋、金、蒙三方发生这样那样关系，最后大都归降蒙古，如：真定史氏家族，太师、国王木华黎统兵南伐，所向残破。秉直聚族而谋曰："方今国家丧乱吾家百口，何以自保？"③既而知降者皆得免，乃率里命稚数千人诣涿州军门。藁城董氏家族，"少力田，长涉书史，善骑射。金贞祐间，边事方急，藁城令立的募兵，射上中者拔为将。众莫能弓，独俊一发破的，遂将所募兵迎敌。岁乙亥，国王木华黎帅兵南下，俊遂降"④。行唐邸氏家族，"金末盗起，顺会诸族，集乡人豪壮数百人，与其弟常，筑两寨于石城、玄保，分据以守。岁甲戌，率众来归，太祖授行唐县令"⑤。

这些世侯被蒙古政权授以各种官职，管辖所占原地，既统军又统民，

---

① （元）王恽：《秋涧集》卷四十七《故真定五路万户府参议兼领卫州事王公行状》。
② （元）王恽：《秋涧集》卷十六《王卫州挽章》，影印文渊阁四库全书1986年版。
③ 《元史》卷一百四十七《史天倪传》，第3468页。
④ 《元史》卷一百四十八《董俊传》，第3491页。
⑤ 《元史》卷一百五十一《邸顺传》，第3570页。

具有军、政、财、文以及用人权，成为地方上一种强大的政治势力。真定世侯的兴衰，不仅对当时政局产生重大作用，而且对元朝统一全国后真定地区的政治文化统治也有深远影响。可以说在宋、金、蒙逐鹿中原的过程中，北方地区的汉族民间武装始终处于举足轻重的地位，发挥着左右时局的作用。

一方面，蒙古方面充分利用这些民间武装作为蒙古南征的先锋军。如：

藁城董氏家族：董氏四世为将，而三代皆披坚执锐，战功彪炳。世祖在潜邸，癸丑（1253）秋，受命宪宗征南诏。"董文炳率义士四十六骑从行，人马道死殆尽，及至吐番，止两人能从。两人者挟董文炳徒行，踽踽道路，取死马肉续食，日行不能三二十里，然志益厉，期必至军。会使者过，遇文炳，还言其状。时文炳弟文忠先从世祖军，世祖即命文忠解尚厩五马载糇粮迎文炳。既至，世祖壮其忠，且闵其劳，赐赍甚厚。有任使皆称旨，由是日亲贵用事。"① 通过这件事，世祖对董氏家族更加信任。此后，董氏兄弟作为世祖的先锋之兵，协助忽必烈巩固政权。中统元年（1260）董文炳巡抚燕南诸道，第二年（1261）被封为山东东路巡抚使，进而又被重用为侍卫亲军都指挥使。董俊的二子董文蔚作为武卫军千户，跟随世祖驻扎上都。董俊的三子董文用持诏书在边疆地区，也在中书左丞张文谦手下从事巡抚工作。董俊的八子董文忠在新设置的符宝局就职，作为奉训大夫辅佐于忽必烈身边，经常被呼为"董八"，可见其被信任之程度。在众多兄弟中，尤其以董文炳的战功最大。宋蒙战争中，董文炳和伯颜的军队携手冲锋在前，在至元十三年（1267）参加了进攻南宋的首都临安之战，最终使南宋陷落。"伯颜命文炳入城，罢宋官府，散其诸军，封库藏，收礼乐器及诸户籍，文炳取宋诸玺符上于伯颜，伯颜以宋主入觐，有诏留事一委文炳，禁戢豪猾，抚慰士女，宋民不知易主。"② 南宋首都临安就这样在安定繁荣中被元朝收服，这主要归功于董文炳。

另一方面，蒙古方面在招纳诸民间武装的同时一批金代的儒士也被

---

① 《元史》卷一百五十六《董文炳传》，第3668页。

② 同上书，第3672页。

蒙古统治者所信用。以下仅举几例：

真定藁城董氏家族中董文用也曾向还在潜邸时的忽必烈举荐大量的金代儒士，对后来忽必烈中统建元一系列重大决策的产生深远影响。史载："世祖方居潜邸，岁丁巳五月，遣按衤木儿、董文用驰传来召。……"又问人才，对曰："天下未尝乏材，求则得之，舍则失之，理势然耳。且今之儒生如魏璠、王鹗、李献卿、兰光庭、赵复、郝经、王博文辈，皆可用之材，又皆贤王之所素知，已尝聘问者也。举而用之，何所不可，但恐用之不尽耳。夫四海之内，曷止此数子哉！诚能广延于外，将见云集辐辏于朝廷矣。"① 董文用是董俊的三子，其所举荐的魏璠为金贞祐进士、王鹗为金末状元、李献卿是金泰和三年进士、兰光庭是儒士身份、赵复是南宋乡贡生、郝经和王博文成长于金末元初，无科举取士，但是其身份为儒士。

史天泽幕府人物有：李正臣、王昌龄、刘如翼、常仲明、赵振玉、杨果、王恽、丁居实、寇靖、张德辉、李冶、王若虚、元好问、白朴、曹南湖、刘房山、段继昌、徒单侍讲等。其中的刘如翼是贞祐四年经义第一人、杨果是正大甲申进士、李冶是正大末登进士第、王若虚是承安二年进士、元好问是兴定进士。他在告老还乡前还推荐了王恽、张昉、高鸣等多人，其中高鸣，真定人，以文学知名，元世祖时期任侍御史职务。②

行唐邸氏家族的邸顺，"己亥（1239）佩金符，为行军万户，管领诸路元差军五千人。从大军破归德府，留顺戍之"③。他在驻守归德期间安抚百姓，注重文教事业，提倡重修北岳露台。其好友关子玉，当时文人雅士。请魏初撰文《重修北岳露台记》，以记录其功德，魏初写道"先成民而后致力于神者，邸候有焉"，进而说道："当河朔溃裂，纲倾维崩，人心之存，唯有畏神祸、邀福幸而已。然扩是心以往，则犹可以扑虐焰而戢毒螫，是以君子尚有取于斯焉。"建成后"四方始有瞻拜之所"，"经营规度，凡五易寒暑，计费钱二千余缗"。④ 邸顺直至去世一直驻守归德，

① （元）苏天爵：《元朝名臣事略》卷十三《内翰李文正公》。
② 《元史》卷一百六十《高鸣传》，第3758页。
③ 《元史》卷一百五十一《邸顺传》，第3570页。
④ （元）魏初：《青崖集》卷五《总押七路兵马邸公神道碑铭》，影印文渊阁四库全书1986年版。

对当地的礼文兴建颇有建树。

图2—1　古北岳恒山大茂山（杨倩描拍摄）

金元之际，这些文人学士不仅帮助真定史氏整顿吏治，召集流散，恢复生产，使真定府成为当时最富庶的地区之一，而且这些人后来皆为蒙古统治者所重用，成为元朝初年政治统治的中坚力量。元人虞集所说"国朝初入中原，即用其豪杰，以经理纲纪，妥绥人心，以致其材用"①。到1260年忽必烈即汗位后，遂按照汉儒所传授的谋略，大规模采用中原历代王朝的政治制度创建新的政权，建元中统，内立都省以总纲纪，外设总司以平庶政。

自从灭金以后，汉族世侯与蒙古贵族之间的内在矛盾也渐渐发展起来。蒙古统治者一方面继续利用汉族世侯力量统一全国；另一方面，也尽量防止其势力的过分膨胀，于是采取了多种政策进行控制。仅举几例：

或派蒙古官员达鲁花赤对他们进行监督。达鲁花赤一词是蒙古语"镇压者"的音译。在征服地区，根据需要设立达鲁花赤，始于成吉思汗时期。华北地区，在成吉思汗北返漠北后，扎八儿火者任"黄河以北、

---

① （元）虞集：《道园学古录》卷十二《两淮转运副使潘琚》，影印文渊阁四库全书1986年版。

铁门以南天下都达鲁花赤"。① 都是"总"的意思，他的责任是监督那些投附于蒙古的地方武装集团和官员。窝阔台时期出现路级达鲁花赤，如：布鲁海牙任真定路达鲁花赤，耶律绵思哥任中都路达鲁花赤，塔思火儿赤任东平路达鲁花赤。② 主要分布在真定、中都和东平三路正是史氏、董氏、严氏（严实）活动的主要地区。达鲁花赤监督有时表现为作战方案的不统一。如：在灭金战争的最后时刻，1232 年，"金主以单舸东走归德，（史）天泽追至归德，与诸军会。新卫达鲁花赤撒吉思不花欲薄城背水而营，天泽曰：'此岂驻兵之地乎！彼若来犯，则进退失据矣。'不听，会天泽以事之汴，比还，撒吉思不花全军皆没"③。由此可见，史天泽与撒吉思不花之争反映了五路万户史天泽对监临官的无奈。

或要求他们送子弟亲属为质。如：真定史氏家族中，史天倪为万户时，史天泽和史天安都作为人质留在木华黎军中。"（天泽）方为质太师国王，将觐漠北，在燕市挚物。"史天安"太师木华黎以其兄天倪为万户，而质天安军中"。④ 藁城董氏家族中，董文用、董文炳、董文忠以入侍忽必烈潜邸的身份兼作人质，董文用是董俊之第三子也。"时以真定藁城奉庄太后汤沐，庚戌，太后命择邑中子弟来上，文用始从文炳谒太后于和林城。世祖在潜邸，命文用主文书"；董文忠"字彦诚，俊第八子也。岁壬子，入侍世祖潜邸"。⑤

或让他们出兵从征和缴纳贡赋，如：行唐邸氏家族中，邸顺降蒙后，其子邸浃"从世祖渡江，围鄂州"，其族弟儿子邸泽"至元四年，从元帅阿术，克平塞寨及老鸦山"⑥。藁城董氏，"朝廷初料民，令敢隐实者诛，籍其家。文炳使民聚口而居，少为户数"⑦。后赵椿龄任藁城令，"会宪宗料民，公令藁人捐其户数，得亲戚同籍，及后赋下，户数白金四两，而

① 《元史》卷一百二十《扎八儿火者传》，第 2960 页。
② 《元史》卷一百二十五《布鲁海牙传》；卷一百五十《耶律阿海传》；卷一百三十一《忙兀台传》，第 3070、3548、3186 页。
③ 《元史》卷一百五十五《史天泽传》，第 3662 页。
④ 《元史》卷一百四十七《史天倪传》，第 3478 页。
⑤ 《元史》卷一百四十八《董俊传》，第 3495、3501 页。
⑥ 《元史》卷一百五十一《邸顺传》，第 3570 页。
⑦ 《元史》卷一百四十八《董俊传》，第 3495 页。

藁果不困"①。

从真定世侯形成和统治来看，在残酷的战争和社会秩序极度混乱的年代，世侯起到了稳定环境的作用。如：

史氏家族：史天泽继史天倪守真定后，"乃缮城壁，除武备，明号令，守御以方"，"岁荒食艰，捐甘攻苦，与众共之，于是招流散，抚疮痍，披荆榛，掇瓦砾，数年间，官府民聚，以次完治"。②史楫继承史氏家族乐善好施，尚义气的传统，为真定地方百姓做了很多善事。例如：其一，太宗窝阔台时期，对汉民征收赋税只收包银，不收实物。史楫奏请"以银与物折，仍减其元数，诏从之，著为令"。③此前，西域商人在真定代民输税，让百姓借贷后加倍偿还，谓之羊羔利。史天泽曾奏请"请官为偿，一本息而止"。并且"倾家赀，率族属官吏代偿之"④。其二，当时真定等各道，分别印制纸币互相贸易，不得出境，要等两三年才能向官府兑换银两，然而时间一长，纸币就贬值了，这给商人和百姓生活带来很大麻烦。史楫"请立银钞相权法"，即银两和纸币按一定比例随时兑换的办法，这样"人以为便"。⑤其三，当时有人奏请官府垄断盐业，"运盐按籍计口，给民以食"。史楫上表力争，"议遂寝"⑥，使这事不了了之。

行唐邸氏家族，1214年蒙古大军压境，金主难以招架而迁汴。这一年，邸顺与邸常率乡民归降蒙古，邸顺被任命为行唐令。1216年，饱受战火摧残真定又遭受严重饥荒。因而盗贼趁势蜂起，当地百姓迫于无奈，白天只好躲在事先挖好的地穴里保全性命，夜晚才敢出来采集一些鱼藕草粮充饥。盗贼石海、何运等派兵五千前来骚扰，邸顺招募健勇者数百人与之鏖战，生擒何运等人从而获得乡里人称赞。邸顺得赐蒙古名"察

---

① （元）姚燧：《牧庵集》卷二十八《中奉大夫荆湖北道宣慰使赵公墓志铭》，影印文渊阁四库全书1986年版。

② （元）王恽：《秋涧集》卷四十八《开府仪同三司中书左丞相忠武史公家传》，《全元文》卷一百八十一。

③ 《元史》卷一百四十七《史天倪传附史楫传》，第3481页。

④ 《元史》卷一百五十五《史天泽传》，第3659页。

⑤ 《元史》卷一百四十七《史天倪传附史楫传》，第3481页。

⑥ 同上书，第3482页。

纳合儿"①。与邸顺同步归降蒙古的其家族成员有邸常、邸琮。邸常作为邸顺的同胞兄弟，早年一直追随邸顺，曾得赐蒙古名"金那合儿"。他曾在行唐置元帅府。邸琮是邸顺的族兄，他曾追随行唐元帅邸常多次对外作战，其作战特点：戮力用命，所向披靡，如困扰蒙军多时"四郊皆垒，屹如面志"② 的信安水寨，被邸琮一度攻占。1232 年，邸琮随塔察儿围攻金，次年金亡。战毕，邸琮返回家乡被推为行唐长官。邸琮在任行唐长官期间平狱讼、均赋役，深受当地百姓爱戴。魏初评价其"以战则勇，以牧则惠"。③

　　藁城董氏，岁乙亥（1215），国王木华黎率兵南下，董俊遂降。木华黎以董俊为左副元帅，升藁城县为永安州，号其众为匡国军，兵、民之事，都委托给董俊。后来，武仙果杀都元帅史天倪，占据真定，叛蒙，旁郡县皆为武仙占领。董俊以孤军居反侧间，战士不满千人。武仙攻之，不能下，乃纵兵蹂民禾。董俊呼语之曰："汝欲得民，而夺之食，无道贼不为也？"④ 武仙惭愧而去。董俊为政宽明，见人善治田庐，必曲加褒奖，有惰者，则怒罚之。太宗窝阔台七年，董文炳以父任为藁城令，时年甫十七。县贫，重以旱蝗，征敛日暴，民不聊生。董文炳出私谷数千石赈之。前令因军兴，称贷于人，贷家取息岁倍，偿以蚕、麦。文炳曰："民困矣，吾当为代偿。"⑤ 就把田庐计算其价值还给借贷人家，复籍县亲田给贫民为业，于是百姓流离失所局面渐好转。后董俊四子董文直继任藁城县令，保全家乡。

　　总体来看，汉人世侯形成于残酷战争与社会秩序极度混乱的年代，他们对当地起到稳定环境的作用。但是世侯们也凭借其尽专兵民的特权和世代相袭的地位，霸占田宅，奴役人民，非法赋敛，使农民人身依附关系变得更强。如："东平将校，占民为部曲户，谓之脚寨，擅其赋役，

---

①　（元）魏初：《青崖集》卷五《总押七路兵马邸公神道碑铭》。

②　（元）郝经：《郝文忠公陵川文集》卷三十五《崔氏世德铭》，山西古籍出版社 2006 年版，第 483 页。

③　（元）苏天爵：《元文类》下卷六十三姚燧《颍州万户邸公神道碑》，商务印书馆 1958 年版。

④　《元史》卷一百四十八《董俊传》，第 3493 页。

⑤　（民国）柯劭忞：《新元史》卷一百四十一《董文炳传》，吉林人民出版社 1998 年版。

几四百所。"① 脚寨：元初掠民为私户。赵州庆源节度使王玉："出家奴二百余口为良民。"② 藁城王善家："放家僮五百人为民，咸怀其恩。"③

汉人世侯当中良莠不一，真定的世侯算得上其中的优秀者，行迹优于其他，推测与真定人的民风世范有很大关系。

忽必烈即位第三年，即中统三年（1262），益都世侯李璮，自以为实力很强，企图叛元归宋，乘忽必烈和阿里不哥争夺汗位之机发动叛乱。李璮以为汉地世侯们会纷纷响应，孰料响应者寥寥。忽必烈反而利用众世侯之力平定了李璮之乱。由是，元太祖忽必烈对其他汉人世侯也产生了怀疑，决心削减世侯权势，史天泽身为宰相，极有谋略，深知元世祖心思，他先一步向元世祖奏称"'兵民之权不可了并于一门行之，请自臣家始'于是史氏子侄解符者十七人"④。接着张弘略、张弘彦、严忠范、严忠嗣、玉文干、郑鼎、李毅、刘元礼、张宏等20余名汉军万户也先后交出兵权。这正迎合了忽必烈的心愿，连续下旨，一步步剥夺世侯的权力，先是军民分治，不相统摄，诏"各路管民官理民事，管军官掌兵戎，各有所司，不相统摄"⑤；接着下诏实行易将制。再废除地方诸侯世袭制，朝廷规定："诸侯总兵者，其子弟勿复任兵事。"⑥ 至此，汉人世侯终于寿终正寝。

（二）元朝对真定府的政治文化控制

李璮之变促使忽必烈加快实施"汉法政治"的步伐，进行一系列改革，加强了元朝对真定路的政治文化的统治。

首先，在政治制度方面，废除汉人世侯的世袭制之后，元朝统治者在京畿地区和京畿以外地区，相继设立中书省和行中书省的行政机构，从而形成省、路、府、州、县的多级地方行政制度。在全国设立行省时，将山东、河北和山西作为中书省的直辖地区，称"腹里"。腹里的路级行

① 《元史》卷一百五十九《宋子贞传》，第3736页。

② 《元史》卷一百五十一《王玉传》，第3568页。

③ 同上书，第3573页。

④ 《元史》卷一百五十五《史天泽传》，第3659页。

⑤ 《元史》卷五《世祖本纪二》，第89页。

⑥ （元）虞集：《道园学古录》卷二十《翰林学士承旨董公行状》。

政区在今天河北省境内的有兴和路、大都路、永平路、保定路、真定路、顺德路、广平路、河间路和大名路。其中真定路的特点是：

第一，行政区机构密集，覆盖面积大。按今天河北省地域范围，当时有 11 个路（包括上都路和大都路）、2 个府、30 个州、122 个县。而真定路其所辖的下级行政区分别占府级行政区的二分之一、州级六分之一、县级五分之一。这些数字在河北各路中都是位居首位的，显示出真定路是一个较大的、各级行政区密集的地区。

第二，地广民稠，人口分布较为均衡。据《元史·地理志》记载，至元七年（1270）真定路的户数 134586，口数 240670。而今天河北辖境内户数总数是 572514，口数 1228029。真定路的户口数占河北省总数分别是 23%、20%。表明真定路在河北省范围内是地广民稠的。元代路府州县因人口多寡不同而分上中下三等。元代规定：10 万户路为上路，10 万以下为下路，地处冲要者不及 10 万者亦为上路；中统五年（1265），1.5 万户以上者为上等州，0.6 万户为中州，0.6 万户以下为下州。至元三年（1267），0.6 万户以上为上县，0.2 万户为中县，不及 0.2 万户为下县。[①] 按照这个标准，河北 10 万户的路有大都路和真定路，此外保定、河间和兴和路因地理位置重要属上路。真定路上州有冀州，中州有赵州、晋州，下州有深州、蠡州。真定路上县有：南宫县；中县有：真定、藁城、元氏、获鹿、无极、平棘、鼓城等；下县有：高邑、赞皇、平山、灵寿、阜平等。可见中等县占 50% 以上，表明真定路大多数的州县人口分布合理。

其次，更注重在思想意识形态方面加强对真定路人民控制。

元朝统治者大规模采用汉法政治以稳固其统治的措施之一，就是兴学立教、推崇儒学。中统初年，始命置诸路学校官，自此从京城到各地方皆置各类官学，并要求亲民官"以学校为先务，教养为己任"，"务兴办学校，以平易治之"。[②] 在教学内容上主张选取儒家经典，他认可真定藁城董文忠等儒臣的建议："士不治经讲孔孟之道而为诗赋，何关修身，何益治国！由是海内之士，稍知从事实学。臣今所诵，皆孔孟之言，焉

---

① 《元史》卷九十一《百官七》，第 2316—2318 页。

② 《元史》卷一百九十二《谙都剌传》，第 4363 页。

知所谓道学！而俗儒守亡国余习，欲行其说，故以是上惑圣听，恐非陛下教人修身治国之意也。"① 董文忠认为孔孟之道才是垂训万世之道。

　　元成宗在各路设儒学提举，同时选通晓经书的做教师，在教学内容上选宋代理学家所注经，"合用朱文公《小学》书为先，次及《孝经》、《论语》。早晨合先讲《小学》书，午后随长幼敏钝分授他书。《孝经》，合用文公刊误本，《语》、《孟》，用文公集注，《诗》、《书》，用文公集传订定传本讲说"②。五经中但凡朱熹做注的皆被选用，而小学用书用朱熹的刊本，直接促进理学在元代学校的传播。

　　元仁宗更是大肆崇儒，即位之初命官员到曲阜以太牢祭祀孔子，延祐三年（1316）为配合孔子祭祀，又下诏："以颜子、曾子、子思、孟子配享。"③ 皇庆二年（1313）下诏："以宋儒周敦颐、程颐、程颢、张载、邵雍、司马光、张栻、吕祖谦以及元儒许衡从祀孔子庙廷"④，提升宋代理学家的地位。

　　并于皇庆二年（1313）宣布实行科举考试，关于科举内容，元仁宗认为汉唐词赋过于浮华，不切实际，而将经术作为主要，经术即指宋代的理学。考试内容是明经和经疑，题目在四书中选，四书校注本选取朱熹的《四书章句集注》为准。

　　宋代科举考试之盛，但是以词赋为取士标准，宋代的理学兴起后，并没有成为士子们登科的途径。而元仁宗将程朱理学定为科考的官方学术，正如元人苏天爵所说："迨仁宗临御，肇兴贡举，网罗俊彦，其程式之法，表章六经，至于《论语》、《大学》、《中庸》、《孟子》专以周程朱子之说为主，定为国是。而曲学异说悉罢黜之。"⑤ 这样理学成为必须学习的知识。

　　元代科举虽不如宋代科举完善，但是元代科举对落第举人的安抚还是政策还是比较完备的。如：泰定帝元年（1324），"下第举人，仁宗延

① 《元史》卷一百四十八《董文忠传》，第 3502 页。
② 佚名撰：《庙学典礼》卷四《崇奉孔祀教养儒生》，影印文渊阁四库全书 1986 年版。
③ 《元史》卷七十六《祭祀五·宣圣》，第 1892 页。
④ 《元史》卷二十四《仁宗本纪一》，第 557 页。
⑤ （元）苏天爵撰，陈高华、孟繁清点校：《滋溪文稿》卷五《伊洛渊源录序》，中华书局 1997 年版，第 74 页。

祐间，命中书省各授教官之职，以慰其归。今当改元之初，恩泽宜溥。蒙古、色目人，年三十以上并两举不第者，与教授。以下，与学正、山长。汉人、南人，年五十以上并两举不第者，与教授；以下，与学正、山长。先有资品出身者，更优加之；不愿仕者，令备国子员。后勿为格"①。在这样安抚政策之下，没有考中的举人都被授予各路的教授、学正和山长等职位。他们因为科举而对理学有相当深入地了解，此时在各路的府学和书院中担当教授，又促进了理学在地方社会的传播。

同时还实行优免儒户的政策，规定："诸色人户子弟读书，深通文学者，免本身杂役。"② 这对笼络人心是极有成效的。

特别是元朝统治者还大力倡导佛、道，通过移风易俗，收拾人心。使真定路的佛教信仰和道教信仰更为兴盛。如：

为王朝祈祥、为子孙求福，元朝统治者崇尚佛教，多次对真定的龙兴寺，进行重修。蒙古宪宗四年（1254），国师那摩到真定，任主持，威望极高，百姓深受感悟，于是"富者助缘，贫者洒扫，壮者效劳，技者献巧。前后廊庑堂阁迭起，不日而就。檐楹榱栋，光彩相映。灵址磅礴，涌出庭面，灿然为之一新尔"③。龙兴寺再次大的修缮是仁宗即位之后。据《真定龙兴寺重修大悲阁碑》记载，当时大悲阁"历岁既久，虽尚完固，而栏槛腐朽，绮绘黯然。盖瓦级缚，或破缺疏漏，大士之像，金彩黑乙昧"④。

为了"示天下以正母仪"，"教天下以广孝道"。在真定城内建玉华宫旁建构思殿。真定原为皇太后唆鲁禾帖尼的食邑，中统二年（1261），世祖忽必烈命炼师王道妇于真定筑道观，赐名玉华。炼师王道妇推测可能是世祖的保姆，"太后嘉其忠爱之至，世皇怀其怀抱之勤，爰及真定创玉华宫以曾祖母学道其中，又即玉华构孝思殿，以皇太后侑食睿宗皇帝其间"⑤。元代诸帝从宪宗以蒙哥后，转入托雷系，因而世祖以后诸帝，对托雷和唆鲁禾帖尼的影堂非常重视。因此把玉华宫作为祭祀托雷和显懿

---

① 《元史》卷八十一《选举志》，第 2027 页。
② 陈高华等点校，《元典章》卷一十七《户口条画》，天津古籍出版社 2011 年版。
③ （元）赵从征：《大朝国师南无大士重修大龙兴寺功德记碑》，《常山贞石志》卷一五。
④ （元）法洪：《皇元真定府龙兴寺重修大悲阁碑》，《常山贞石志》卷二二。
⑤ （元）刘岳申：《申斋集》卷七《玉华宫碑》，影印文渊阁四库全书 1986 年版。

庄圣皇后的影堂。本路官员每年依礼进行祭祀。纳新在《河朔访古记》中这样描述它："外为红绰楔垣墙，四周槐柳森列，重门綮戟，广殿修庑，金碧辉映，宏壮华丽，拟于宫掖。制命羽流崇奉香镫，置卫土以守门闼，岁时月日，中书以故事奏闻，命集贤院臣代祀函香致醴，遣太常雅乐率燕南宪臣、真定守臣，具朝服，备牲牢，行三献之礼。"[1]

据元初曾在真定进行旅游考察的马可·波罗所说，从汗八里（大都）行5日到达一座白色的城（真定），"这座白色的城是一贵城，居民多是偶像教徒（信仰佛教和道教），人死焚其尸。他们是大汗之臣民，使用大汗的纸币（至元宝钞）。持工商为生"[2]。这对稳固元朝对真定路的政治统治是非常有利的。

（三）元代真定理学创新和发展

刘因，字梦吉，保定容城（今容城）人，因仰慕诸葛亮"静以修身"的家训，称为"静修先生"。创立了北方重要的理学流派"静修学派"，与许衡、吴澄为元代三位重要理学家。刘因是赵复理学北传的朱学后人，当时许衡官至集贤殿大学士、国子祭酒，致力于兴办学校，在蒙古上层中推行理学思想主张；刘因为官时间短，最终隐逸民间，从事教学活动，将理学推向下层民众，使更多人了解理学，最终达到传播理学的目的。

砚弥坚，字伯因，与赵复同时被元朝诏试儒士，应考中举后，安家真定县，着儒籍，以授徒教书为业，培养了不少优秀人才，刘因就是其中之一，如："故国子司业砚公弥坚教授真定，先生（刘因）从之游，同舍生皆莫能及，独中山滕公安上差可比。砚公皆异待之，谓先生父（指刘因父亲）曰：'令子经学贯通，文词浩瀚，当为名儒'。"[3] 刘因在砚弥坚处学习章句训诂注释之说，但刘因并不满足，此时赵复将程朱理学传至燕北，刘因始知周、程、张、邵、朱、吕之书，认为高见远识就类似

① （元）纳新：《河朔访古记》卷上《常山郡部》，四部丛刊本上海书店1985年版。
② 马可·波罗撰：《马可·波罗行纪》卷2第130章"哈寒府城"，冯承钧译，上海书店出版社2006年版，第280页。
③ （元）苏天爵：《滋溪文稿》卷八《静修先生刘公墓表》，第111页。

如此，在刘因的文集中，多次表达对理学的赞许。如："邵，至大也；周，至精也；程，至正也；朱子，极其大，尽莫精，而贯之以正也。"①

对于朱熹的《四书集注》，刘因感到太繁，择为精要三十卷，这实际将朱熹思想暗合陆九渊的简易功夫的思想，这种朱陆，适应元代儒学注重现实的需要。

刘因在家乡雄州容城，隐居乡间，开馆收徒，著书立说，讲学时间很久，也受到生徒的喜欢。其弟子和再传弟子众多：主要有滕安上、安滔及其家族安松、安煦、安熙等，其私淑弟子安熙，其将静修之学传给苏天爵、杨俊民和李士典三位名士。苏天爵将安熙的作品刊行于世，弘扬静修学派。

刘因作为理学信徒，仍提出应该将义理之学建立在传注疏释的基础上，强调自己的独立思考。如："六经自火于秦，传注于汉，疏释于唐、议论于宋，日起而日变二学者亦当知其先后，不以彼之变而变吾之民知也近世学者，往往舍传注疏释，便读宋儒议论，盖不知议论之学，自传注疏释出，特更作正大高明之论尔。传注疏释之于经，十得其六七宋儒用力之勤，铲伪以真，补其三四而备之也。故必先传注而后疏释，疏释而后议论。始终原委，推索究竟，以己意体察，为之权衡，折之于天理人情之至。"②刘因推究经学发展史，明确提出学习六经"必光传注而后疏释，疏释而后议论"如此循序渐进，方能真正有所造诣。

安熙，字敬仲，号默庵、恕斋。太原离石人。从五世祖安玠开始，世为儒家，祖父安滔为童生，金亡后迁居真定藁城，在金末战火中家族遭到重创，仅有安滔因儒学获得石抹陈奴的搭救，在真定做他家塾里的教授，元太宗戊戌试中选，占儒籍，和砚弥坚一样，在真定以教书为业，受到张德辉的延请，成为张德辉族学的教授。将三个儿子安芝、安松、安筠培养成进士。

安松、安熙和安煦，他们父子三人自为师友，研习以程朱为本的理学。父亲安松，蒙元时期江东宣照磨，辞官后在家教授学生，文章以理为主，不尚浮夸，言之有物。其兄弟安芝、安筠均为进士，在元初为官

① 《元史》卷一百七十一《刘因传》，第4008页。

② （元）刘因：《静修续集》卷三《叙学》，影印文渊阁四库全书1986年版。

为学，名重一时。同辈堂侄安焘也都是"晦迹读书，不求仕进，悠游自乐"的祖训，弟子族人保持书信往来，互相切磋学问。远枝族人中安好古在担任燕南宪府吏员时，曾拜安松为师，与安熙等人关系也很亲近。

安熙幼年承袭家学，拜刘因的弟子乌冲为师，刘因去世后，他抄录刘因撰写的经书，并自称为其私淑弟子。其学及其教人自比尊朱熹，在家居数十年，以教授儒生为己任，实际上承担了儒家道统的传承任务。他在刘因去世后，写信给自己老师乌冲立誓说："今而后，惟有一意问学，亲贤取友，勉励孳孳，死而后已。"① 于是得到乡里富户李椿的资助，"以诗书教其乡人子弟"，并承担李椿宗族子弟的教育。安熙率弟子"日望必率诸生谒拜先圣祠下"，② 平日与名儒交谈，共同探讨《四书》旨趣，也与入仕的儒士交游，还为乡里儒士撰写祝文，为儒学晚辈起名。

他赞同朱熹的《四书集注》中理学的观点，同时批评儒生们为了功利目的死记硬背而一知半解，"溺于记诵、训诂、词章之习以希名设利，不复知有圣人之说，而又有异端之邪说以间之，不有真儒者出，孰能有以明斯道"③。于是他著《四书精要考异》《默庵集》等以重申理学的精义。

在真定讲学期间，其弟子多至百人，苏天爵是安熙的学生之一。宪司多次举荐安熙，不仕。于至大四年（1311）病逝，享年四十二岁。

可见，刘因和安熙在金朝都有显赫的家族背景，但他们没有在金朝为官，不属于金朝的旧臣，但两人都选择隐居乡间授徒讲学，来推动理学的传播和发展。刘因和许衡相比，一个在官方，一个在民间，成为蒙元时期理学在北方两大派别。

苏天爵，字伯修，真定人，元代著名官员、学者。安熙的行状，刘因的墓碑，都是苏天爵所撰。苏天爵又推崇许衡，奉为一代儒学宗主。蒙元北方儒学，不出许衡、刘因两支，苏天爵皆宗之。进入国子学后，又受业于理学大师吴澄。吴澄是元代南方理学的代表人物，苏天爵既宗许、刘，又崇吴澄，赞陆学，于是他游于南北儒学之间，颇得义理而

---

① （元）安熙：《默庵安先生文集》卷三《与乌叔备书》，影印文渊阁四库全书1986年版。
② （元）安熙：《默庵安先生文集》卷二《寿李翁八十诗序》。
③ （元）安熙：《默庵安先生文集》卷三《宅居问对》。

归之。

他虽不能算完全意义上的理学家，但是他在历史观点上体现着理学的倾向。其一，将王道和德治看作衡量历史盛衰的标准。北宋时期，二程首先从理的角度说明历史上王道、霸道之别，元代学者基本继承了朱熹的王道德治学说，"进一步以王道德治为标准考察历史的盛衰治乱，更为系统地阐述了王道德治对于治世兴邦的实质意义和重要作用。"① 在苏天爵看来，欲实习王道德治，必须推广"真儒"之学。他说："士不至于真儒，治不本于学术，则先王发政施仁之实，何以及于天下乎！"②

其二，注意考察正心在历史中的作用。正心之说出自《礼记》，其《大学》篇提出的格物、致知、诚意、正心、修身、齐家、治国、平天下八条目，成为南宋理学家基本纲领的一部分。他反复提醒元统治者，大元的兴衰，根本上取决于是否能赢得民心。他说："钦惟皇元，奄奠中夏，列圣相继，于今百年。盖以忠厚得民心，以安静养民力，中外无间，号称治平。"③

赡思，阿拉伯人，其祖父鲁坤，窝阔台时授"真定、济南等路监税课税使，因家真定"④。赡思长大后，青年时代游学京畿，参加殿试，历官至应奉翰林文字，后出任陕西行台监察御史，浙西肃政廉访使司事，江东廉访副使，秘书少监等职，后受父亲影响，归里孝亲，矢志向学，成为儒学造诣很深的学者。

赡思是土生土长的回回教人，元代回回教人聚集地区受汉地文化影响，尤其是有识之人更是对汉地文化"一传再传，遂多教诗书而悦礼乐"⑤。赡思的家庭也是如此，其父早年开始接触儒学，自幼在父亲教导下，九岁就能日诵古经千言，成年后，赡思从学于当时名儒、翰林学士王思廉，王思廉是元好问的学生⑥，因此赡思可称得上是元好问的再传弟子。正因为如此，赡思得以博览全书，学习大量汉族的儒学优秀文化知

---

① 周少川：《中国思想史》元代卷，黄山书社2002年版，第41页。

② （元）苏天爵：《滋溪文稿》卷四《燕南乡贡进士题名记》，第47页。

③ （元）苏天爵：《滋溪文稿》卷二七《论河南胁从迕误》，第460页。

④ 《元史》卷一百九十《儒学·赡思传》，第4351页。

⑤ 陈垣：《元西域人华化考》卷一，第3页。

⑥ 《元史》卷一百九十《赡思传》，第4351页。

图2—2　苏天爵和赡思（王慧杰拍摄）

识，后来因文章才华被举荐，参修《帝王心法》和《经世大典》。

赡思受其父影响，不乐仕途，潜心学术，专心著述。主要著作有《五经思问》《四书阙疑》《老庄精诣》《奇偶阴阳消息图》《金哀宗记》《正大诸臣列传》《西国图经》《审听要诀》《河防通议》等。① 可惜只有《河防通议》流传下来，其他书都已失传。此外在《常山贞石志》中保存了赡思五篇撰文：《加号大成诏书碑阴记》《哈珊神道碑》《善众寺创建方丈记》《龙兴寺钞主通照大师碑》和《龙兴寺住持佛光弘教大师碑》。

由于赡思的著作失传，我们不能深入研究其思想，但是从其生平事迹中可以推测儒家文化对他影响很大，其所著的《五经思问》《四书阙疑》是理学思想影响下的著作。

---

① 《元史》卷一百九十《赡思传》，第4353页。

第三章

宋元真定府赵州的宗教

一 宋元真定府赵州佛教

五代十国时期，契丹崛起，耶律德光曾想统治中原，契丹军队数次南侵，石家庄地区的佛教发展备受挫折。如：行唐县境内的古道济寺，齐天保七年（556）建，隋开皇十一年（591）重修后"层构楼台，凤翅飐烟，龙麟烊翠，乃壮丽于中"，后晋开运二年（945）此寺："遭荡熯之馨焉，殿阁严像一而靡存。"① 可见该寺在后晋时期全部毁废。该寺到宋朝才得以重修。

后周时期，周世宗柴荣于显德二年（955）五月诏："诸道州府县镇村坊，应有敕额寺院，一切仍旧；其无敕额者，并仰停废。"② 由于国家乏钱，世宗又悉毁天下铜佛像以铸钱。这一年，废天下寺院三万三百三十六。当时石家庄境内被废的寺院应该不少。如：据真定城西三四里有大悲寺，该寺在唐代自觉禅师曾建金铜大悲菩萨像。五代时期契丹进犯，"烧寺融毁其半"，以香泥补塑。后周世宗时期，观音菩萨的下半截又被取走，熔为铜钱。③ 周世宗毁镇州大悲菩萨像时赵匡胤和赵光义都在现场。事后，赵匡胤秘访麻衣和尚：

初太祖目击周世宗镕范镇州大悲菩萨铜像铸为钱。太祖密访麻衣

---

① 《常山贞石志》卷十一童蒙亨《敕赐封崇寺为额记》。
② （宋）薛居正：《旧五代史》卷一一五《世宗纪》，中华书局1976年版，第1529页。
③ 《常山贞石志》卷十二葛繁《真定府龙兴寺大悲阁记》。

和尚问日。自古有毁佛天子乎。麻衣日：何必问古事。请以柴官家目击可验。太祖曰：主上（世宗）神武聪明。善任人。日夜图治。以混一为心。有唐太宗之风不知天下何日定矣。麻衣日甲子至将大定。太祖因问。古天子毁佛法。与大周何如。麻衣日：魏太武毁寺焚经像坑沙门。故父子不得其死。周武帝毁佛寺籍僧归民。未五年遽萦风疹。北伐年三十六崩于乘舆。国亦寻灭。唐武宗毁天下佛寺。在位六年。年三十二神器再传。而黄巢群盗并起。太祖曰：天下久厌兵。毁佛法非社稷福。奈何。麻衣日：白气已兆。不逾数月至申辰当有圣帝大兴。兴则佛法赖之亦兴。传世无穷。请太尉默记之。及即位。屡建佛寺。①

　　入宋以后，开宝二年（969），宋太祖率军攻打北汉失利驻跸真定，寺院僧人向他讲述："泊像坏之际，于莲花座之中有字曰：遇显则毁，遇宋则兴。"② 宋太祖赵匡胤驾还京师不久，寺里出现"菜园有祥光出其上，凡三年不灭，望气者占之，得古铜物不可胜数，时暴雨大作，浮栋梁材千万计自五台山而下至夹龙河止"③。赵匡胤非常高兴，认为是五台山文殊菩萨在帮助自己，于是下令以铜铸像以木建阁。开宝四年（971）七月二十日，宋廷正式任命军器库使刘审琼为总监修，官拨经费，调集三千人工，此项工程持续了十几年，直到宋太宗端拱二年（989）才完成。景祐年间寺僧惠演详细记载铸像的程序"第一度先铸莲花座，第二度铸至脚膝已下，第三度至脐轮，第四度铸至胸臆已下，第五度至腋已下，第六度至肩膊，第七度铸至头顶"④。这尊铸金的观音菩萨铜像高"七十三尺，其臂四十有二"，威容煊赫，成为真定府寺院中标志性建筑物。龙兴寺大悲阁内观音铜像的重修，也标志着宋朝对佛教的政策一改周世宗时灭佛政策。龙兴寺成为皇家寺院，随之跃为"河朔名寺"受到历代封建皇帝的重视。

　　除真定府的大佛寺之外，石家庄地区辖县寺院也获得敕额。如：宋真宗大中祥符七年（1014），工部尚书参知政事丁谓、中书侍郎兼刑部尚

---

① （明）心泰：《佛法金汤编》卷十一，《形续藏经》第87册，河北佛教协会印行2006年版。
② 《常山贞石志》卷十二田锡《大宋重修铸镇州龙兴寺大悲像并阁序碑铭（并序）》。
③ 《常山贞石志》卷十二葛繁《真定府龙兴寺大悲阁记》。
④ 《常山贞石志》卷十二惠演《真定龙兴寺铸金铜像菩萨并盖大悲阁序》。

书平章事向敏中和丞相王旦奉旨签发《敕赐庆成院额牒》，赐"镇州井陉县天威军古迹存留天宫院"①，庆成院就是井陉天威军显圣寺。还有敕赐行唐县的封崇寺额牒至准。

　　石家庄的井陉、获鹿等县又有大批新的寺院崛起，见于志书的有十几座，详见书后民间信仰表。另外一些不见于史书，但是可以推测在宋代创建。如获鹿的郄家庄灵严寺，大定三年（1163）《尚书礼部牒敕赐灵严寺》碑上记载："寺创于宋治中。"获鹿的韩庄龙泉寺（图3—1），在金末元初元好问的《游龙泉寺》诗中，有"皇统、贞元见题字"之句。②说明该寺最晚是皇统之前就是一座名刹。而皇统年间（1141—1148）是北宋末年。石家庄市塔谈村的观音庵建于"嘉祐三年"。井陉县北陉村庆贺寺的经幢建于"宋仁宗皇祐五年"；矿区北风山护国寺有千佛碑"治平四年丁未岁四月八日建"；井陉威州庄严院有碑记"元丰五年七月十六日建"。③说明这些寺院都是创建于北宋。

图3—1　龙泉寺（王慧杰拍摄）

---

① 《常山贞石志》卷十一《中书门下牒庆成院》。

② 光绪《获鹿县志》卷一。

③ （民国）《井陉县志料》第十四编《金石》。

　　北宋时期还有重修很多寺院。如：井陉县辛庄乡小寺村的仙台山下，有一个护国院是唐代建造。据"明正德二年重修仙台山护国寺碑"记载："大明国直隶真定府井陉县邑天威郡，西北去路百里有余，地名'仙台山'一处。自唐僖宗皇帝咸通十五年后至乾符元年，因黄巢作乱，有太祖武皇三子晋王，闻得广阳县仙台山有一大德高僧号曰敬思，戒修清洁，能知兴亡成败，遂令使命在仇由相会。帝曰：'今黄巢作乱，欲伐得获否？'法师回曰：'黄贼福败，我王去时必获，可夺京师。'三年大破黄巢，果应师言。"也就是真如敬思的预言，晋王打败黄巢军队，收复长安，于是敕赐该寺为护国院。今天护国院所存县级文物唐代陀罗尼经幢上有"护国院主僧敬思奉敕修"字样。该寺在北宋有施主重修，如"治平二年（1065）正月一日愿心施山荒地土租税□□亩兴护国院"，后立碑"天长镇□使兼知治驿务事、押衙承天军使充东山四县都知兵马使李弘范"等以记重修之功。① 井陉县南陉乡北陉村的石鼓寺，最早建于隋唐时期，寺内有洞藏石鼓，因石鼓自鸣感动天帝，唐天子和宋徽宗都曾御驾亲临，因而名扬天下。据《井陉县志料》记载曾于大观末年（1111）重修。石家庄杜北乡上京村的毗卢寺（图3—2），始建唐天宝年间（742—

图3—2　毗卢寺（贾丽英拍摄）

① （民国）《井陉县志料》第十四编《金石》。

755)，后在宣和二年（1120）重修。① 赞皇县治平寺，又称嘉应寺，始建于隋开皇三年（583），北宋治平年间重修并改为治平寺，沿用至今。② 正定天宁禅寺凌霄塔（图 3—3）于宋庆历五年（1045）和金皇统六年（1146）重修。门前有一对儿元代石狮（图 3—4）。

图 3—3　凌霄塔（王慧杰拍摄）

宋金时期，禅宗寺院出现了甲乙徒弟院、十方住持院和敕差住持院等类型。甲乙徒弟院即"甲乙寺院"，是由自己所度弟子轮流住持、甲乙而传者，其住持是一种师资相承的世袭制。十方住持院系公请诸方名宿住持，简称"十方院"。敕差住持院是由朝廷发牒任命住持僧的寺院。从宋朝起，当时十方禅院可免除二税及诸般差科，如："供众田产除二税役

① 明嘉靖十四年《重修毗卢寺碑》记载。
② 政协石家庄市委员会编：《石家庄建筑精览》，中国对外翻译出版公司 2001 年版，第 146 页。

图3—4　天宁寺门口的元代石狮（王慧杰拍摄）

钱外并免诸般差科。"① 而甲乙寺院则要缴纳税赋。"甲乙寺院一例均摊。"

与此同时，石家庄的僧尼数量也获得较大增长。如《宋会要辑稿·道释》记载河北的僧尼39037人，北方共计131322人，河北占三分之一强。而真定府又是河北的佛教中心。在宋辽战争之后短短十多年中，真定府佛教能达到这样一个比例，除了宋朝皇室对它的推动，还和真定府自身有较好的佛教存续的社会经济基础以及这些寺院中名僧有很大关系。

宋代佛教徒一般注重修持，故禅净两宗最为流行。禅宗又称禅那，其主要教理是：直指人心，见性成佛。在唐初，禅宗分为慧能和神秀南北两派。北宗主张渐悟，南宗主张顿悟。到唐德宗以后，北宗禅逐渐衰微，南宗禅异常兴盛。此后，人们通常所说的禅宗就是南禅宗。到五代十国时期，南宗禅又逐渐分为五家：沩仰宗、临济宗、曹洞宗、云门宗、法眼宗。到了北宋，沩仰宗和法眼宗都后继乏人，只有临济宗、云门宗和曹洞宗并盛当时，并在真定府还有高僧传人。

临济宗，是由唐末高僧义玄在镇州（真定）创立，北宋中期以前，临济宗由义玄的弟子主要在北方以河北为中心传播，后来向南方传播，

① 宋大观二年《敕文札子》碑文。

分为杨岐派和黄龙派，影响遍及全国。义玄圆寂后，众弟子建衣冠塔葬之，名澄灵塔，金大定年间重修（图3—5）。

图3—5 澄灵塔（王慧杰拍摄）

云门宗是五代时期南汉僧人文偃在韶州云门寺创立。北宋仁宗嘉祐六年（1061），信奉佛教的文彦博判大名府，特意延请云门洞宗的天衣义怀的弟子文慧禅师到大名，入住天钵寺传法。由此可见，在北宋中期以后，云门宗开始传入河北。高僧宗赜禅师俗姓孙，河北洺州永年人，[1] 生活于1037—1106年，宗赜先后在洺州普惠禅院、真定府洪济禅院、长芦崇福禅院做住持，其中在真定府时期得赐紫衣并得赐号慈觉。其代表性著作有：《水陆仪文》四卷，是宋代以来中国诸多地方举行水陆法会的重要文本依据之一。《禅院清规》十卷，是中国佛教现存最早的清规典籍，

---

① 阳珺：《宋僧慈觉宗赜新研》，上海师范大学2012年硕士学位论文，第19页。

在佛教制度史上有极为重要的地位。《慈觉禅师劝化集》是现存唯一的宋刻本的宗赜著作，现存于俄罗斯圣彼得堡。该著作反映了宋代佛教传教对象平民化、传教语言通俗化和重视修行的实践化特点。[①] 至此宗赜将云门宗传到真定府。

曹洞宗是唐代洞山良价及其弟子曹山本寂所创立的。最初兴盛于江浙两湖一带，到五代宋初一蹶不振。北宋中期以后，曹洞宗一支在随州大洪山灵峰寺，一支在京师净因寺传法，使曹洞宗在北宋后期渐渐中兴。真定府十方定林禅院住持通法大师，获鹿人，俗姓米氏。早年在真定府天宁寺师从昭禅师，后来到开封，参见曹洞宗著名的僧人净因觉法师、丹霞淳禅师等，又到随州大洪山（今湖北随州境内），参见了报恩禅师，学习曹洞禅法。[②] 北宋后期，他回到真定，被金牛寺住持真禅法师聘为首座。金朝统治河北后，他以大洪报恩禅师弟子身份"承嗣大洪"，入主十方定林禅院，使曹洞宗在真定府得以传续，一直延续到金朝。

北宋前期，禅宗盛行于南方，而北方最为流行的是律宗、华严宗和慈恩宗。

河北情况也是如此，尤其以真定府的慈恩宗守千法师为代表。

慈恩宗是由唐代玄奘、窥基创立的大乘佛教宗派中一支，因其师徒长期居住在大慈恩寺，故以寺明宗。阐述法相、唯识的义理，故又称"法相宗"或"唯识宗"。慈恩宗发展到宋代，真定龙兴寺的通照大师，承袭了玄奘、窥基的衣钵，潜心钻研，著书立说，弘扬佛法，成为慈恩宗的一代大师。在龙兴寺摩尼殿东北角立有《真定龙兴寺赐紫沙门通照大师之碑》，通照大师即守千大师，元至正六年（1346）赡思立，碑文记述了北宋佛教慈恩宗大家通照大师，自宋元丰三年（1080）在真定龙兴寺受具足戒，至金天会五年（1127）圆寂，凡47年在佛教慈恩宗学方面学习情况。

守千大师，藁城人，生活于1064—1127年间[③]，十六七岁在真定龙

---

① 宋坤：《俄藏黑水城宋慈觉禅师〈劝化集〉研究》，河北师范大学2010年硕士学位论文，第41页。

② 沈涛：《常山贞石志》卷十三王琟《真定府十方定林禅院第四代传法住持赐紫通通法大师塔铭》。

③ 李彦丽：《宋代正定大佛寺研究》，河北师范大学2014年硕士学位论文，第46页。

兴寺出家，守千法师在龙兴寺出家后，即表现出在佛学方面造诣，于是由寺院出资到开封向智千法师学习唯实、因明诸论，在东京开封学习期间，为大众解释唯识、因明的难懂的经义，受到唯识学者的青睐。后来他把唯识学章疏著成著作：《成唯实显论钞》《因明群焰钞》《了义灯显正钞》等，他校勘遁伦的《瑜伽师地论记》刊版流通。元祐八年（1093），宋太皇太后高氏去世，哲宗亲政。守千被推荐到皇宫中为太皇太后超度亡灵，并因功赐紫衣。结束后回到真定，继续唯实学方面钻研。金天会四年，也即宋靖康元年（1126），金攻下真定。金将宗望等人拜访，碑文记："许王宗杰陷真定，介重臣之位三公者数人造谒……以咨大义且求新制。"[①] 于是守千赠《欲受记》。由此可知，守千大师的声望远播金境。此后拜访者渐多，以至于他不得不移居真定开元寺。金天会五年（1127）守千大师圆寂。从赐紫衣和拜访的人员来看，守千大师在当时河北地区影响是相当大的。

当时石家庄地区不仅出现在佛法上造诣很深的大师，在科技领域里也有高僧，如怀丙，在当时转运使张焘上奏朝廷，朝廷赐给他紫衣。[②] 其事迹见建筑一章，此不赘述。

此外民间还开凿石窟寺，石窟寺是在河畔山崖开凿的佛教寺庙，洞窟密的又称千佛洞。石家庄的石窟艺术见于北齐时期，到唐宋达到鼎盛时期。这些石窟寺和摩崖造像均为河北省重点文物保护单位。这些珍贵的物质文化遗产是中国佛教艺术史上重要的组成部分。现存石窟寺涉及宋元时期的有：

井陉千佛崖石窟，洞前立有明嘉靖三十五年（1556）重修碑，碑文称："障城村东南有千佛洞，石洞也，起自大宋元祐三年（1088），有一贤德僧名于行者，忽游到井陉县南界大化之乡南漳村，四顾多山，更无寂湛唯兹……于是口引一乡善士，同刀创修，各舍资财，刻勒圣像。"

封龙山石窟（图3—6），石窟专家认为其西窟为北齐窟、中窟为唐窟、东窟为北宋窟。东窟正面呈长方形，东西宽4米，高1.6米，进深1.3米，平顶。窟内摩崖雕刻释迦牟尼佛涅槃态，头西足东，右卧于高

---

① （清）赵文濂：《正定县志》，河北人民出版2008年版，第13561页。
② 《宋史》卷四六二《怀丙传》，第13519页。

0.35 米的石台上，全身长 4.15 米。头枕莲花纹方枕，右手置于头下，左手置于身上，赤足合拢，双目微合，神态安详，表现了北宋卧佛特有的雕刻手法。在西窟西侧有一个尚未完成的佛龛，其外侧石壁上刻有摩崖题记"大中祥符九年三月十八日造"的字样。

图3—6　封龙山石窟（贾丽英拍摄）

抱犊山石窟，其中蛟龙洞有宋代石造像，天门洞南洞口东、西两壁上刻有历代避暑人的刻记。有明确纪年的有：元丰、元祐、宣和、绍圣等。题记内容多为官员求雨、上香和避暑所留。

瑜珈山摩崖造像，位于平山县南冶村后的瑜珈山中，隐藏着河北省内最大的摩崖造像——弥勒坐佛，是瑜珈山铭觉寺的遗物。其中香炉谷中弥勒阁古朴典雅，创建于宋嘉祐元年（1056），明代重修。宝陀石位于铭觉寺山门南 10 余米的悬崖峭壁上，沿山体分层分行雕刻成高 0.3 厘米的坐佛 44 尊，佛像各有名号，右侧卧碑上记述为宋嘉祐二年（1057）开凿、政和壬辰夏树碑和众佛名号。石窟内平台上安放一尊汉白玉雕观音，头已失，残高 0.9 厘米，观音的石壁上题记刻有："大宋熙宁五年四月镌观自在菩萨一尊，启集胜利迦施法界众生普愿成佛。"

龙窝寺石窟位于井陉县天长镇小龙窝村西 500 米，古为燕晋往来的驿

道，即秦始皇驿道。这里历代为交通要道，古今名人在此题字作诗并刻
有年号。龙窝寺石窟始建于宋。

图3—7 龙窝寺宋代摩崖石刻（王宇欣拍摄）

金代灭辽宋后，看到佛教对安定百姓，巩固统治的作用，也开始倡
导佛教。许多女真人都出家为僧尼，即使贵戚望族也不例外。

金初，统治者都崇佛，洪皓使金写道"胡俗奉佛尤甚，帝后见像设
皆梵拜，公卿诣寺则僧坐上坐"①。然而为了吸取辽代以崇佛而亡的教训，
于太宗天会八年（1130），下令禁止"私度僧尼"②。金代对佛教既倡导
又限制的政策，成为自金太宗以后的金代统治者所奉行的佛教政策。经
过金熙宗和海陵王时期，到金世宗和金章宗时期，金代佛教发展达到繁
荣时期，其限制也是在发展中的限制。

各地佛教寺院碑塔兴建。在真定赵州一带，金代创建的寺院，其中
不少不见于志书记载。如：金代诗人李著《咏禅林寺》的诗，证明获鹿
县（今鹿泉区）海山坡禅林寺为金代寺院；井陉县天长镇西关、校场、
河西村附近捞起一通《庆城院任大师经幢》，建于金贞元二年（1154）证
明此处还有一座庆城寺上寺；井陉矿区刘赵村有碑载金正隆四年（1159）
建洪济寺。此外还重修了寺院：如金皇统元年（1141）、大定二十六年

---

① （宋）洪皓：《松漠纪闻》，中华书局1985年版，第31页。
② 《金史》卷三《太宗纪》，第61页。

（1186）、承安五年（1200），三次对上京毗卢寺进行重修。① 皇统时还重修正定的天宁寺塔。金大安三年（1211）对元氏县开化寺重修，有《大金真定府元氏县开化寺罗汉院重修前殿记》为证。

金代中期以后沿袭北宋的度牒制度。不仅僧人要有度牒，寺庙也要有官府赐给的牒。例如：元氏县福祥院有一残碑，金大定四年（1164）立，上刻尚书礼部牒，内称："真定府元氏县龙泉乡赵同村住持尼道显文妙，状告本院自来别无名额，已纳讫，合着钱数，乞立福祥院。"② 此外还有：大定二年（1162）尚书礼部发牒建造的获鹿县（今鹿泉区）韩庄龙泉寺、郄家庄灵严寺、井陉矿区西王舍兴国寺、大定三年（1163）敕特赐普净院碑位于石家庄市郊区西岗头村西的普净院，其碑今存于石家庄市地名办，有拓片。度牒和准予寺庙的牒都是要向官府交费的。

金代佛教对真定府赵州一带社会习俗产生重要影响。其一，金代社会受佛教影响，布施成为一种风气。如：元氏县贞祐二年（1214）元氏县东韩台村崔氏一家向该县开化寺捐献"粧塑罗汉五尊，并龙堂院六师殿塑当阳佛二尊"。另一崔姓奉佛弟子献"石香炉三坐"③。其二，佛教邑社建立。是由僧尼发起民间自发组织，如：一般僧尼为人品行高洁，深受大众信服。大定年间重修沃州柏林禅院时该寺僧人诠宗便是"守鹅珠之禁戒，护律法之轨仪。行若冰霜，□□□高。善讲能开，利生接物，方便颇多，道化缘厚"。他创立沃州柏林禅院邑社目的是为了率众"翻修大殿，塑五十三佛三世诸佛，令一切瞻礼"④。从诠宗创设的这个摄众三千数目看，邑众繁多，也反映了佛教在百姓中信众之多。反映了金代佛教的世俗化趋势。其三，观音信仰。正定县文物保管所藏有一件金代摹刻的《隆兴寺大悲阁铜铸千手观音像》刻石正面上部线刻千手观音立像及善财、龙女二胁侍，下部刻《真定府龙兴寺大悲金铜像宝阁记》铭文。1997 年，大悲阁落架重修时发现，这方刻石反映了观音信仰的普遍性。

---

① 见寺内碑碣。

② 国家图书馆善本金石组编：《历代石刻史料汇编》第 46 册，北京图书馆出版社 2000 年版，第 6779 页。

③ 《辽金元石刻文献全编·造石香炉记》，北京图书馆出版社 2005 年版，第 212 页。

④ （清）张金吾编：《金文最》卷八十五《沃州柏林禅院三千邑众碑》，中华书局 1990 年版，第 1246 页。

金章宗末年，北方蒙古兴起，不断南下进攻，佛教也就在社会的内外交困中渐渐发生转变，因与政权关系密切，逐渐发展为与士大夫名流交往甚密。如佛教大师收文人名士为俗家弟子，当时如元好问、李纯甫等大儒也注释、著书佛教经典，传播佛教文化。元好问晚年在真定居住，曾经游龙泉寺，写下很多游记文字。

元统治者采取兼容并蓄的宗教政策，对境内的佛教、道教、基督教、伊斯兰教等，一体对待，并保护寺院、道观、教堂等的财产。如：里势都儿大王曾下令"依着以前成吉思汗皇帝圣旨、哈罕皇帝圣旨、蒙哥皇帝圣旨、今上皇帝圣旨里：和尚、先生、也里可温、答失蛮，不拣什么差发休着者……但属宫观田地、水土、竹苇、碾磨、园林、解典库、浴堂、店舍、铺席、醋酵，不拣什么差发休要者。索要呵，也休与者。钦此"①。

在此政策之下，真定的寺院众多（见民间信仰表），有60多座，其中规模最大的是隆兴寺。现立于隆兴寺大觉六师殿前的元大德五年（1301）《重修六师殿记》碑阴，该碑阴记录了隆兴寺当时设有17个院，分别是金佛院、大悲院、释迦院、慈氏院、仁王院、法华院、下生院、弥勒院、三学院、东律院、法照院、文殊院、白莲院、传教院、大圣院、上升院、药师院。② 此外还有元氏的开化寺有10下院：释迦院、观音院、慈氏院、百法院、罗汉院、唯实院、下生院、药师院、十王院、上生院。③ 平山万寿寺下院有：新城寺、丈八寺、真定的通慧院、资圣寺、大悲寺、显圣寺、温池院、卧如院。④ 另外，灵寿县大明川的祁林院是五台山的下院，赵州柏林寺也都有皇帝颁布圣旨保护寺产，是元代著名寺院。

元代真定寺院财产来源，一是，来自朝廷的赏赐。如：真定是阿里不哥的分地，他对佛教非常感兴趣，多次赏赐龙兴寺。宪宗五年（1255）他免除了龙兴寺的全部贡赋，赐白金做佛事三昼夜。六年（1256），赐白金重修观音大殿。七年（1257），赐白金印制经藏。九年赐白金做道场三

---

① 《万寿宫披云真人令旨碑》，载《道家金石略》，文物出版社1988年版，第631页。
② 《佛学大辞典》："后世以寺为总号，院为寺中别舍之号。"上海辞书出版社1994年版。
③ 《常山贞石志》卷十七《开化寺重修常住佛殿记》。
④ 蔡美彪：《元代白话碑集录》（88）《一三四五年平山万寿寺圣旨碑》，第92页。

昼夜。① 元仁宗曾赐龙兴寺土地，如"赐获鹿之田亩五千为寺恒产"②。真定的十方万岁禅寺，在宪宗二年（1252）在真定、灵寿、平山都有寺产。真定有庄产一顷五十亩。城西关西北有坟地一所，计田八亩。灵寿县有庄子一所。院子五十亩。庄东陆地三顷等。灵寿县上秋庄一所。平山县有庄子一所。包括七个村。③

二是，官员和民众的施舍。如：真定龙兴寺在大德五年（1301）摩诃胆八白施舍千两白金，重修大觉六师殿。还有人捐献宅院一所为寺产。④ 至正六年（1346）山前十路都总管八都鲁捐献土地百余亩、骟马一匹给寺院。⑤

三是，土地的买进。如：无极的奉恩寺，元中期，有人出资，增买无极田三百二十亩，真定常山里田一百六十亩，买头里墓田三十亩，建房屋八十间，浴室两处，酒肆一处。⑥ 栾城善众寺，延祐年间，至舜法师重修后，增置良田六百亩。⑦

四是，从事各种商业经营。如：平山万寿寺有田产、水土、头匹、碾磨、山场、湖泊、铺席、解典库、浴堂、店舍等产业。⑧ 说明该寺经营的范围很广涉及碾磨、商业和高利贷等。真定龙兴寺也有水轮、厩马等产业。城内还有商铺。⑨

从上可以看出元代真定寺院经济两个特征：第一，真定官寺拥有庞大的寺院财产。第二，元代寺院出现寺和下院的分类，并且寺庙与寺田空间上远距离。也可看到元代国家对佛教经营的结果。

元代无疑是赵州柏林禅寺历史上兴盛期，而寺院的发展与离不开僧人的作为。元代柏林寺有史可考的主持有：归云志宣、道升、圆朗、显

① 《常山贞石志》卷十五《重修大龙兴功德记》。
② 《常山贞石志》卷二十二《龙兴寺重修大悲阁碑》。
③ 《常山贞石志》卷十五《尊胜陀罗尼真言幢》。
④ 《常山贞石志》卷十七《龙兴寺重修大觉六师殿记》。
⑤ 《常山贞石志》卷二十四《转大藏经碑记》。
⑥ （元）苏天爵：《滋溪文稿》卷四《真定奉恩寺买田修殿记》。
⑦ 《常山贞石志》卷二十一《善众寺创建方丈记》。
⑧ 蔡美彪：《元代白话碑集录》（91）《一三五六年平山万寿寺圣旨碑》。
⑨ 姚燧：《牧庵集》卷三十《储宫赐龙兴寺永业田记》，《全元文》卷三〇七。

琛、正显、潜云、鲁云行兴和无准。① 他们佛法高深，盛名远播，信众无数，也受到元统治者的青睐和关注。其中归云志宣禅师、圆朗禅师和鲁云行兴禅师三位住持有专门碑文塔铭为证，《浑源州永安禅寺第一代归云大禅师塔铭》《云兴公舍利塔铭》和《赵州柏林圆明普照月溪大禅师碑》。自唐末从谂圆寂后，柏林禅寺虽经宋金有所发展，但鲜有高僧大德，寺院不复从前，直到归云禅师住持，柏林寺重新焕发生机，更胜过从前，开启了元代柏林寺繁盛的开端，此后圆朗禅师和鲁云禅师使得柏林寺发展进入鼎盛时期。

二 宋元真定府赵州道教

道教是中国土生土长的本土宗教，到了宋代，道教成为仅次于佛教的流行宗教。有宋一代，宫廷多崇奉道教，所以宫观最盛，并不时修建。为发挥道教的作用，重视道教宫观的修葺。开宝二年（969），北宋开国皇帝宋太祖下诏在全国范围内"前代祠宇各与重修"②，各地遂陆续重修或者新建道教宫观。北宋后来诸帝受到宋太祖崇道方针的影响，宋太宗以"优待道教"而著称，时人称他："名山大川，灵踪胜境，仁祠仙宇，经之营之，致恭之诚广也。"③ 大中祥符二年（1009）宋真宗"诏诸路、州、府、军、监、关、县择官地建道观，并以'天庆'为额"④。到大中祥符五年（1012），又"下诏天下州府军监天庆观并增置圣祖殿"⑤。从而把宋代道教宫观的修建推向了第一个高峰。此后的仁宗、英宗、神宗、哲宗四朝，由于国家财政吃紧，道教宫观的修建进入了低潮阶段。到宋徽宗时，"诏天下建玉清万寿宫，以严奉祀，自京师始，以致崇极，以示训化"⑥。道教宫观的修建达到第二个高峰。在这种形势下，据《乾隆真定府志》记载，石家庄的道教宫观有：栾城城西赵台村的清虚观、行唐

---

① 净慧主修、明海主编：《柏林禅寺志》，大象出版社 2015 年版，第 94—97 页。
② 《宋会要辑稿·礼》卷二十之一。
③ （宋）钱若水：《太宗皇帝实录》卷八十，四部丛刊本。
④ 《长编》卷七十二，真宗大中祥符二年十月甲午，第 1637 页。
⑤ 《长编》卷七十九，真宗大中祥符五年闰十月癸酉，第 1801 页。
⑥ 《续资治通鉴长编拾补》卷四十，徽宗宣和元年八月丙戌，第 1249 页。

许由疃的朝元观、行唐城东北的大清观井陉县的清幽观等。

但是，尽管如此，道教在民间影响比佛教小得多，尤其是北方。从道教宫观看，很多道观是由佛教寺院改来的。如"初止改天宁万寿观为之，后别改宫观，一所不用天宁，若州城无宫观，即改僧寺"，"凡县，皆改一僧寺为神霄下院"。① 从道观人数来看，以宋真宗天禧五年（1021）各路为例：东京：959，京东：560，京西：397，河北：364，河东：229，陕西：467，淮南：691，江南：3557，两浙：2547，荆湖：1716，福建：569，川陕4653，广南3079。② 由此可见，河北在全国数倒数第二，其发展规模根本无法和南方相比。在这种背景下，北宋时期河北著名的道士并不多，但是难能可贵的是在石家庄地区的真定就有这样一位。史载，苏澄隐，又名苏澄，龙兴观道士，自称以前曾与亳州道士丁少微、华山陈抟结游于关洛，尝遇孙君房獐皮处士。以善养生而知名。开宝二年（969），宋太祖驻跸镇州，拜访苏澄隐。见他"年八十余，不衰老"。③其养生之术为"长啸引和之法"即一声长啸，"其声清入杳冥，移时不绝。上嘿久，低迷假寝。殆食顷，方欠伸，其声略不中断"④。太祖奇之，问养生的之法，苏澄回答："臣之养生，不过精思练气耳。帝王养生异于是。老子曰：'我无为而民自化，我无欲而民自正。'无为无欲，凝神太和。昔黄帝、唐尧享国永图，得此道也。"⑤ 并委婉地拒绝宋太祖邀请到京师建隆观的请求，宋太祖仍赐其紫衣一袭，又赐号颐素先生。

宋真宗时，封龙山的修真观成为一处名扬河北的著名道观。到北宋末年，井陉县增加了清幽观、清淳宫，栾城县创建了清虚观等道教建筑。

道教在金代有了新的发展，金灭北宋以后，大部分中原地区被女真人占领，部分未能南迁或不愿南迁的儒士进入道教领域，并对道教进行一系列改革，创立了新教派，使道教在金代呈现出新的气象。

其中影响最大的王喆（王重阳）创立全真教，其思想一是儒、释、道三教合一，共信一祖，不分高下，彼此平等。例如：王重阳教道众读

① （宋）陆游：《老学庵笔记》卷九，中华书局1979年版，第115页。

② 《宋会要辑稿·道释》卷一之十三。

③ 《宋史》卷四百六十一《苏澄隐传》，第13511页。

④ 《玉壶清话》卷一，第7页。

⑤ 《宋史》卷四百六十一《苏澄隐传》，第13511页。

书首选"《般若心经》《道德清净经》及《孝经》，云可以修证"①。二是清净法门。全真道要求修行人要"常清常静，不起纤毫尘念"，这样就能"日就月将无有间断"，"决做神仙"。②海陵王时期，其教大行。史载"贞元、正隆以来，又有全真家之教……南际淮，北至朔漠，西向秦，东至海，山林城市，庐舍相望，什百为偶，甲乙授受，牢不可破"③。全真教之所以广为流传，其中重要原因之一是金元之际，战乱频繁下河北人士的皈依参与，正如陈垣所说："其（全真教）创教在靖康之后，河北人士正欲避金，不数十年又遭贞祐之变，燕都亡覆，河北之人又欲避元，全真遂为遗老之逋逃薮。"④

由于各地道教信徒的增加，金朝专门在各县设威仪司，管理教务。天会七年（1129）井陉县升威州，天会十年（1132）"命道士何宗志为威仪，寓居于仙翁堂。十五年春乃度东关之隙地建为观宇，建中殿以奉上真，辟西庑以处其徒"。道观落成后，立有碑记《威州新建威仪三清殿记》。三清即玉清、上清、太清，是道教最尊的天神，供张果老像。其原文如下：

粤自犹龙驱车而西迈，关尹望气而授书。首播玄风，用警聋俗。庄列相继，益闸妙理。大概以虚无自然为宗，清静无为为趣。尔后，天机泄密，乃有三境十极之号，七返九转之药，黄庭大洞之书，符录科醮之势。期间，异人奇术，灵效昭著，功侔造化，力造鬼神。或羽化而仙，或蝉脱而去。见于传记者，不可胜数。唐有张果老先生，明皇尝昭至阙下，饮堇试毒，敲齿现异。先知有公府之畏，虽帝女忘其尊；成道于开辟之初，虽刑君失其算。井陉，介晋赵之间，抱犊障其东，洄湟带其南，山明水秀，古号形胜。先生策蹇，常游于兹，遗址至今尚存，居民筑室以祠焉。天会七年（1129）升为威州，于格当设威仪司。时兵火之后，羽衣分散。九年（1131），郑州

---

① （元）李道谦：《甘水仙源录》卷一《终南山神仙重阳真人全真教祖碑》，正统道藏洞神部记传类。

② （元）灵隐子王颐中集《丹阳真人语录》。

③ （金）元好问：《遗山文集》卷三十五《紫薇观记》。

④ 陈垣：《南宋初河北新道教考》，河北教育出版社1995年版，第20页。

防御使高公楳来守是邦，劳来安集，繁庶倍惜；兴滞起废，纲纪必举。十年（1132）始命道士何宗志为威仪，寓居于仙翁堂。十五年（1137）春，乃度东关之隙地，创为观宇，建中殿以奉上真，辟西庑以处其徒，古木缭垣，森然如素；云车风马，俨然若临。即成，又命嗣京铭其事于右。其辞曰：棉之山兮岩，洄湦之水兮泛澄澜，郁郁兮东城之墉筑琳馆兮宅群仙，皇冠集兮羽衣鲜，启蕊笈兮咏灵篇，高真降兮来鉴观，锡洪禧兮庇黎元。

金天会十五年（1137）十一月十四日立石

此外，河南汲县人萧抱珍创立的太一教也在河北中部传播。赵州人侯澄随萧抱珍学得太一教三元法，在家乡传教，在真定、赵州各建一座道观，分别以"太清"和"迎祥"为名取得金代官府赐额，奉持香火，以符药济人。他将儿子侯元仙度为道士，入中都天长观。① 死后送葬队伍达几万人，显示出太一教在河北当地深厚的群众基础。

元代为了"示天下以正母仪"，"教天下以广孝道"。在真定城内建玉华宫旁建构思殿。真定原为皇太后唆鲁禾帖尼的食邑，中统二年（1261）世祖忽必烈命炼师王道妇于真定筑道观，赐名玉华。炼师王道妇可能是世祖的保姆，"太后嘉其忠爱之至，世皇怀其怀抱之勤，爰及真定创玉华宫以曾祖母学道其中，又即玉华构孝思殿，以皇太后侑食睿宗皇帝其间"②。元代诸帝从宪宗以蒙哥后，转入托雷系，因而世祖以后诸帝，对托雷和唆鲁禾帖尼的影堂非常重视。因此把玉华宫作为祭祀托雷和显懿庄圣皇后的影堂。本路官员每年依礼进行祭祀。纳新在《河朔访古记》中这样描述它："外为红绰楔垣墙，四周槐柳森列，重门紫戟，广殿修庑，金碧辉映，宏壮华丽，拟于宫掖。制命羽流崇奉香镫，置卫土以守门阆，岁时月日，中书以故事奏闻，命集贤院臣代祀函香致醴，遣太常雅乐率燕南宪臣、真定守臣，具朝服，备牲牢，行三献之礼。"③

---

① 《淳南集》卷四十二《清虚太师侯公墓碣》，文渊阁四库全书1986年版。
② 刘岳申：《申斋集》卷七《玉华宫碑》。
③ （元）纳新：《河朔访古记》卷上《常山郡部》，四部丛刊本上海书店1985年版。

三　宋元真定府的民间秘密宗教

北宋时期，民间秘密宗教在河北地区表现得较为活跃，但是受官方承认的仍然是佛教和道教两大宗教。

民间秘密宗教，或称为"妖教""妖法"，其传播特征称为"夜聚晓散，传习妖教"①。大致指的是在佛教、道教等为官方承认，并得到官方扶植的正统宗教之外，被官方禁止只能于民间秘密传播的宗教或教派。

河北就是当时民间秘密宗教十分活跃的中心区域之一。对此，北宋仁宗、神宗朝名臣张方平曾有过很好的概述，"河北民间习妖教寖盛，僧徒凿戒，里俗经社之类，自州县坊市至于军营，外及乡村，无不向风而靡"，"多信妖术，凡小村落，辄立神祠，蚩蚩之氓，惑于祸福，往往奔凑，相从聚散，递相蔽匿，官不得知。惟知畏神，不复惮法。寝使滋漫，恐益成俗"。② 从中不难看出民间宗教信仰在河北地区的流传，当然包括今石家庄地区在内。

尽管民间秘密宗教的秘密性质决定了与其相关史料必然相当缺乏，但是在《默记》中记载一例颇为典型：

> 李教者，都官郎中（李）昙之子。自少不调，学左道变形匿影飞空妖术。既成而精，同党同党皆师而信服焉。昙之母以夏月昼寝于堂，而堂阶前井中，忽雷电霹雳大震，续有黄龙自井飞出。昙母惊起，开目见之，怖投床下径死。家人徐视之，乃（李）教所变，龙即（李）教也。昙见母死，吼怒杖之垂尽，逐出。教益与恶少薄游不检。一日，书娼馆曰："吕洞宾、李教同游。"昙知其尚存也，遣人四出捕之，寻获矣，（李）教皇窘自缢死。③

也可以推测真定当时民间秘密宗教流传状况。李教曾在真定府师从

---

① 《宋会要辑稿·刑法》二之七八。
② （宋）张方平：《乐全集》卷二十一《论京东西河北百姓传习妖教事》。
③ 《默记》卷中，第31页。

赵仲，学习巫术，"在真定师仲传妖术"①。赵仲被处死，其父母妻子也被逮捕，后来由河北转运司奏名朝廷后，才予以开释。

为什么宋政府对石家庄地区民间秘密宗教严厉镇压呢？因为民间秘密宗教往往和兵变联系在一起。如：宋仁宗庆历七年（1047），王则利用秘密宗教在贝州发动一场反宋大暴动。史载"王则叛于贝州。其徒皆左道用事，闻教妖术最高，声言（李）教为谋主用事"②。最后贝州平，本无李教者，才信李教是真死了。可见王则贝州暴动，在相当程度上还借用了李教的名声。

进一步分析为什么在石家庄出现这些秘密宗教组织呢？笔者认为和真定、赵州等处于宋辽相互争夺的战场有很大关系。

史书关于宋辽双方征伐相互掠杀州县的记载不绝如缕。在战争中，宋辽各在本地大量抽丁充军，或漕粮、或应役，民不聊生。宋开宝元年（968），宋相州、深州、赵州丁夫死于太原之役达数百人。宋太平兴国二年（977），宋从邢、镇、洺、冀等诸州调大批壮丁运输粮草，远涉山川，九死一生。大批劳动力脱离生产，以致农桑废业。正如宋太仆少卿张泊奏："河朔之地，抒柚其空，邑里丘墟，黎元荡析。"③澶渊之盟以后，宋辽罢兵，镇、定诸州相对安定。但是仍是防御重地，北宋王朝从河北灾民中招募厢兵。如：皇祐时河北水灾，富弼招募"伉健者以为厢兵"。④

战争破坏和自然灾害，人民生活更加恶化。宋端拱二年（989），深州荒旱，民多饥死。百姓没有生路，往往起来反抗以求生存。如至道二年（996），镇州兵"窃发者数十人，已劫郾间"⑤，失败后被腰斩。

这极大地震撼了北宋朝廷，于是原来与李教案有关的所有官员和李教和赵仲的亲属，都受到惩处："降龙图阁直学士、给事中张存为左谏议大夫、知池州，工部郎中、直史馆张沔为都官员外郎、监宣州税，并落职。工部郎中张昷之为祠部员外郎、监鄂州税；济州防御使李端懿为单

① 《长编》卷一百六十三，庆历八年二月丁丑，第3918页。
② 《默记》卷中，第31页。
③ 《长编》卷三一，淳化元年六月丙午，第702页。
④ （元）马端临：《文献通考》卷一百五十六《兵考八》，中华书局1986年版。
⑤ 《宋史》卷三百八《裴济传》，第10143页。

州团练使、知均州；殿中侍御史韩赞为太常博士、监江州税；监察御史梁蒨为秘书丞、监衡州税。又降习妖术人李教父屯田郎中昱为昭州别驾，兄周卿韶州编管，母曹州编管；赵仲父母妻并郓州编管。"①

　　经过北宋王朝对王则以及牵涉的李教、赵仲等人的严厉镇压，石家庄乃至河北地区的秘密宗教活动受到严重打击。直到北宋末期，社会阶级矛盾再次变得尖锐，河北的秘密宗教又渐渐流行开。据《宋会要》记载："政和四年八月三十日，诏：河北州县传习妖教甚多，虽加之重辟，终不悛革。闻别有经文，互相传习鼓惑。"② 为了防止这些民间秘密宗教演变成民众暴动，统治者更是视民间秘密宗教为洪水猛兽加以严厉禁止和镇压。

　　南宋时期，白莲教是教义浅显，修行简单得到广泛传播。其庵堂里供奉着弥勒、观音、势至等佛像。入元以后，白莲教获得重大发展，其庵堂遍布南北各地，规模数量堪比佛寺道观。元代在武宗至大元年（1308）和英宗至治二年（1322）两次禁白莲社之后，白莲教成为一种秘密宗教，与政府关系由合作演化为对抗。韩山童，出生于赵州栾城一个信仰白莲教的家庭。其祖父就曾以白莲教会广泛联络群众，后迁至广平永年县。韩山童成年后一边务农，一边传播白莲教，宣传"弥勒佛降生，自称明王出世"，主张救民出水火的弥勒教义，最后演变成反元暴动③。至正十一年（1351）四月，韩山童、刘福通看到看到十几万民工聚集到黄陵岗治河，认为发动起义的有利时机已经成熟，于五月在颍上（今属安徽）聚众三千，杀白马、黑牛，祭告天地，准备起义。由于起义军头裹红巾，烧香拜佛，被称为"红巾军"或"香军"。不幸消息走漏，被元军包围，韩山童被俘牺牲，刘福通成功突围，不久，攻占颍上。至正十五年（1355），刘福通迎韩山童的儿子韩林儿于亳州（今安徽省亳县），尊为小明王，国号宋，年号龙凤，建立起农民起义政权。此时分布于中原的红巾军纷纷投奔其麾下，红巾军积极谋划向元朝的心脏大都进发，消灭元朝。红巾军数次渡过黄河，攻打河北郡县，因此元朝在河北的力

　　① 《长编》卷一百六十三，庆历八年二月丁丑，第3918页。
　　② 《宋会要辑稿·刑法》二之六三。
　　③ 范立舟：《弥勒信仰与宋元白莲教》，载《中山大学学报》2012年第3期。

量遭到沉重打击。

　　总之，宋元时期石家庄地区的主要宗教派别有三：佛教、道教和秘密宗教。在宋元宗教发展的大背景之下，也表现出些许的地域特色。

第 四 章

宋元真定府赵州的文学

宋元是今石家庄市所辖地区的历史上非常特殊的一个时段。与隋唐五代十国相比，宋元石家庄地区历史文化发展出现了新的趋势。

首先，在政区划分上，真定府的北部大茂山与辽交界，相对于北宋的首都开封而言，这里是西北边防重地。宋辽、宋金两国的不断征战，主要发生在这里。在北方经济遭受严重战乱破坏同时，南方经济迅速崛起，宋代经济重心南移，长江流域经济上升为国家经济支柱，以河北为代表北方经济由国家根本之地退降为军事战略要地。真定府处在宋朝经营的边防防御线的第二道上。从北宋诗人所写的送人诗来看，在当时士人心中，真定府就是当时的北部边塞。如郑獬《送周密学知真定府》云："白发汉中郎，旌旗下建章。雪通沙路润，春入塞云黄。地势井陉口，天文大昴旁。平时卷金甲，壮略寄壶觞。"这些诗都把真定府看作边塞之地。

其次，宋代河北学术文化出现明显变化。北方人喜经术，南方人喜文学；北人务实，南方人浪漫。随着经济文化重心南移，在创作队伍上，南方超过了北方。即使是来真定工作的文士，也把这里当成戍边守镇的经略行为，心态上兢兢业业，其文学活动远不如京师开封和南方轻松。如司马光的《御宴送李宣徽知真定计口号》："匈奴旧畏李将军，今日重来几代孙。旗尾飘扬山烧裂，马蹄腾踏塞尘昏"；韩琦的《谢真定李密学惠牡丹》："穷边无处见春荣，咫尺常山似洛阳。会得主人将雅意，欲教邻境伏香名。"真定及赵州一带文学在经历的唐代繁荣后，宋代出现相对低潮，但没有断层，此后迎来了金元时期元曲高潮。

最后，金元两朝的开创者都是少数民族，一个是渔猎民族，一个是游牧民族。他们都有着十分强悍的勇武的民族性格。然在建立政权前，文化上则是相当落后的。金王朝在灭辽战争期间，尚无女真文字，但是进入中原后，在与汉族群众长期的相处中，他们主动接受汉文化的速度、深度和广度，特别是对科举和教育的重视远远超过了以前任何一个少数民族政权，在文学方面也取得远胜于辽代的辉煌成就。

元代的代表文学元曲——杂剧和散曲，河北的作家不仅数量多，而且成就也高。其中大都、真定、东平和平阳是四个元曲中心，而又以大都和真定为重。像关汉卿、马致远、白朴等留下了一大批优秀文学遗产，《窦娥冤》《西厢记》《梧桐雨》和《墙头马上》等。诗词方面，河北也产生不少名家，如刘因、白朴、张弘范，其中白朴为真定人，可以说，在元代文学的诸种体裁中，河北作家都取得了那个时代最杰出的成就，引领时代的潮流，而真定作家群是其中重要的一笔。

一　北宋真定府赵州的诗词创作

唐代赵郡的苏味道、李华、李嘉祐等他们在诗歌创作上名篇佳句，散见于文学作品中，有着浓郁的诗歌传统。入宋之后，真定府赵州一带地理位置由中央之地变成西北边地，其诗歌存留作品数量和质量，在全国都影响不大，诗歌位置如同地理位置一样，渐渐被边缘化，然而仍保持了自身的现实性与抒情性的特点。

北宋时期，石家庄地区诗人尽管少，但其风格也是各异的，以时间先后为序，可以大致分成以下几个阶段：

其一，宋初太祖太宗时期，主张学习白居易的诗，白居易号"香山居士"，因此"白体诗"亦称"香山体"。其代表人物是李至。

李至（947—1001），字言几，真定（今正定）人。太宗太平兴国初举进士，释褐将作监丞，通判鄂州，擢直史馆，知制诰，太平兴国八年（983），为翰林学士、右谏议大夫、参知政事，雍熙初，加给事中，兼秘书监，淳化五年（994），兼判国子监，至道初，为太子宾客，真宗即位，拜工部尚书、参知政事，咸平元年（998），授武信军节度使，徙知河南府，四年卒，年55岁。①

　　《长编》载："上作社五言诗赐近臣属和，宰执求免次韵，上曰：'君唱臣和，亦旧制也，无烦多让。'"② 可见唱和在宋初形成一种制度文化。宋初为文人重视以至于编成集子流传于后世。像李至和李昉二李的唱和，属于友人之间唱和。李昉，后周世宗时期为翰林学士，入宋后得到太祖太宗重用，端拱元年（988）由于平民翟马周状告其在相位只知赋诗宴饮而罢相。时二李唱和活动开始，淳化二年（991），李昉再次任相，两人唱和活动结束。《二李唱和集》由李昉整理并作序，诗集收录了二李作品共一百二十三首，在宋代有刊本，但国内早亡佚，后罗振玉辑《宸翰楼丛书》，录为《二李唱和集》一卷。今《全宋诗》所录，李昉、李至诗88篇③，其中85篇都出自《二李唱和集》。

　　李至作《庭中千叶玫瑰今春盛发烂然可爱因赋一章寄上仆射相公》，李昉和《依韵奉和千叶玫瑰之什》，诸如此类。一唱一和，这些唱和诗作共有一个特点，即多数都有一个很长的题序，题序中会把二人的唱和原因交代得非常清楚。二李诗歌大多浅显晓畅，李昉和李至是宋初自觉仿效"白体"或"香山体"的诗人。

　　元白诗作风重写实、尚通俗。元白之后，宋初李昉、李至只羡慕其闲淡之风而没有现实之风。李昉和李至唱和的闲适之风，有着社会和个人的影响因素。一方面，宋朝重文轻武，为颂扬圣明和粉饰太平，赵宋王朝有意提倡唱和诗写作。宋真宗还倡导君臣共乐，社会主流风尚也是追求安逸闲适的生活方式。另一方面，李昉和李至志趣相投，闲情逸致当然就有的可发。两人身份也是其诗风形成的原因，李昉虽中间罢相，但总的来说，李昉和李至仕途顺畅，为统治者所重用，最后都官至参知政事。因此二李唱和不同于白居易的随遇而安的闲适，而是富贵闲居之中的产物。最后道教思想也促成二李对白居易闲适之风选择。李昉喜好神仙道教之事。窦仪的《贺李昉》称其："仙才已在神仙地，逢见刘晨为

---

①　《宋史》卷二百六十六《李至传》，第9176页。
②　《长编》卷四十五，真宗咸平二年八月戊午，第959页。
③　北大古文献研究所编：《全宋诗》卷五二，第1册，北京大学出版社1998年版，第553页。

指迷。"以神仙贺李昉，可见李昉的兴趣所在。李至尝师徐铉，手写铉及其弟锴集，置于几案。而徐铉慕老子清净之道，庄周齐物之理。

李昉和李至的《二李唱和集》创作特征，主要表现在三个方面：

一是语言风格。二李的诗大部分语言平易浅显，以平常语叙述家常事。如李昉的"心情休问近如何，冉冉浮生六十余"，"行年已老拟何如？手植园林十余亩"，以平淡语言写老年生活的清净；李至也自述家居生活："吾家何所有，非富亦非贫。逐月官供奉，随时自奉身。"语言通俗易懂。但整个诗集并非都是平易浅显，也有一些典雅秀丽的语句。如李昉的《独赏牡丹，因而成咏》：

> 绕东丛了绕西丛，为爱丛丛紫间红。怨望乍疑啼晓雾，妖饶浑欲殢春风。香苞半绽丹砂吐，细朵齐开烈焰烘。病老情怀慢相对，满栏应笑白头翁。

描写牡丹花开，朵朵娇美，连春分都流连不肯离开，爱美之心人皆有之，就连我这老翁也不例外，表现诗人老顽童的一面。此外还有"暖逼流莺藏密树，香迷舞蝶恋空枝"，"海棠残艳红铺地，蜀柳长条翠拂池"等。

李至的《庭中千叶玫瑰今春盛发烂然可爱因赋一章寄上仆射相公》：

> 小槛锁玫瑰，群芳次第催。刺多疑有妒，艳绝却无媒。露洒啼妆在，风牵舞态回。层苞不暇吐，数日未能开。烂胜燕脂颗，殷于烈焰堆。浓将丹笔染，碎把绛绡裁。漠漠香如芷，青青叶似苔。夭难胜暖日，静不惹纤埃。远对裹书幌，傍观置酒杯。朵稀心暗记，根浅手亲培。雉探眠偷摘，僧逢醉觅栽。尽嘲终仿佛，拟折又徘徊。丽夺倾城色，吟归间世才。多情百花主，闻必有诗来。

这是一首二十八句的五言长诗。描写了春天庭院中玫瑰，竞相开放的景象。诗中既写了满园春色关不住的玫瑰之盛，也写了玫瑰"露洒啼妆在"的楚楚动人之美，还写到诗人"根浅手亲培"对玫瑰的怜爱。此外还有"园林向晚深藏郭，野水新晴暗入池"，"畦蔬新雨嫩，野菊未霜繁"，"白雪乱堆飞絮地，红须半在落花枝"。

总之，《二李唱和集》诗歌的语言是平易浅显和典雅秀丽并存的。

二是唱和心态。唐代兴起诗人唱和之风，有竞技的特性，诗人之间亦敌亦友。而二李不同，他们生活在宋初三朝，作为宋初名臣，其人生的志趣在于琴棋书画的人文情趣中，李至和李昉的唱和更多的是以诗会友，表现了闲适自得，不争的心态。如李昉的《偶书口号寄秘阁侍郎》：

> 朝退归来只在家，诗书满架是生涯。吟成拙句何人和，按得新声没处夸。夜景最怜蟾影洁，秋空时见雁行斜。望君偷暇来相访，犹有东篱残菊花。

李至的和诗曰：

> 晓趋蓬阁暮还家，坐览图书见海涯。钓有旧谿犹懒说，诗无新律岂堪夸。凉风吹叶沿阶厚，积雨生苔逐径斜。知宴龙山无暇去，寂寥空绕满篱花。

诗中描述李昉退朝归家，并不去官场应酬，而是在家读书吟诗，并盼望着和自己有相同人文志趣的人来访。而李至比李昉小 22 岁，并患有眼疾，于是早已将名利视身外之物，整日也是以读书为乐，并谦虚自己的"诗无新律岂堪夸"。此外还有《辄歌盛美献秘阁侍郎》："济时才略本纵横，翻向文章振大名。政事堂中辞重位，图书阁下养闲情。高高节行将谁比，的的襟怀向我倾。吟得新诗只相寄，心看轩冕一铢轻。"都表现了二李以诗会友，表现了闲适自得不争的心态。

三是抒情方式。二李唱和诗是为了抒情以排解滞思，因而必然带有诗人的某些心志。然而二李的诗不像唐诗那么感情激烈，而是比较舒缓的富有反思的。如李昉的《昉著灸数朝废吟累日继披佳会莫菲睟声亦贡七》：

> 历官从宦复何如，冒宠叨荣最有余。五载滥批黄纸敕，半生曾

典紫泥书。安民济物才无取，报国酬恩志未疏。圣主忧边心正切，若为端坐自安居。

诗中表达自己身居高位自负但是后面又有对自身"安民济物才无取，报国酬恩志未疏"的自责。

李至的《昨晚又捧五章尽含六义意转新而韵皆紧才益赡》：

老去襟怀强坦如，故园迢递战争余。休思已往曾经事，但访从来未见书。止水寸心常淡静，乱蓬双鬓任萧疏。会当悬却车舆后，少室山前别卜居。

诗中虽写老去，但并不颓废。在自足中也有自愧。总之，二李在抒发哀老伤病之情外，时常流露对圣恩难报之情的愧疚自责之情和对田园生活的向往。因此他们的诗是比较舒缓的富有反思的。

紧随白体兴起的是"晚唐体"。他们主张学习中唐诗人的姚合、贾岛，描写自然山川之景，崇尚野逸孤瘦的风格，其代表人物是简长。

简长（生约 953—980，卒 1053—1070[①]），僧人，沃州（今河北赵县）人，《九僧诗集》中收录简长诗 17 首，今《全宋诗》收录 19 首。[②]时人张景评其诗："上人（简长）之诗，始发于寂寞，渐进于冲和，尽出于清奇，卒归于雅静。"[③] 现存诗主要内容写禅家僧侣交游、修道悟禅的生活情景。其中《寄云水禅师》《晚次江陵》《送居寿师西游》《送僧南归》等篇最能代表其诗歌静寂、祥和的意韵。如：《寄云水禅师》：

千峰耸寒翠，古刹凌秋云。高人敛幽迹，世事何由闻。祥石抱苍藓，祖衣含净氛。有时溪上步，自与鸟猿群。

---

① 王传龙：《"九僧"生卒年限及群体形成考》，载《文学遗产》2012 年第 4 期。
② 《全宋诗》卷一二五，第 3 册，第 1456 页。
③ （清）厉鹗辑：《宋诗纪事》卷九十一引张景《简长诗序》，上海古籍出版社 1983 年版，第 2165 页。

诗中写到在群峦叠嶂寒松翠竹掩映的幽静处，有一座千年古刹凌，一位气貌闲静清寂自在的禅师在此修行。他所聆所感的青山秀水清雅虚旷都是禅心佛性，都是恬淡清幽、清净绝尘，他与大自然已融为一体。简长的诗对自然景物描写尤其擅长。如《晚次江陵》："楚路接江陵，倦行愁问程。异乡无旧识，多难足离情。落日悬秋树，寒芜上废城。前山不可望，断续暮猿声。"《送僧南归》："吴山全接汉，江树半藏云。振锡林烟断，添瓶涧月分。"《送居寿师西游》："几程看日落，孤影背河流。古戍烟微敛，遥峰雨半收。"体现了典型的晚唐体特色。

其二，宋真宗朝，西昆体诗风影响下的真定府，代表人物王化基。

西昆体与白体诗浅易直白不同，他们推崇李商隐诗歌，重视用典和辞句的推敲。

王化基（944—1010），字永图，真定（今河北正定县）人，太平兴国二年（977）进士，为大理评事，常州通判，后入朝为著作郎、右谏议大夫、淳化中迁工部侍郎，至道三年（997），拜参知政事，后知扬州、河南府、进礼部尚书，大中祥符三年（1010）卒。[①]《全宋诗》存录了他的《送僧归护国寺》二首。[②] 其诗"岧然傍势浙江东，不羡金庭第一峰。法境常清五十里，妙莲今现几千重。清凉解洗枝头露，变更能飞钵底龙。平日旧游今复到，苍崖邃谷抱长松"。其诗气势磅礴，写僧人远离尘嚣去修行悟道的情境。他的诗句"美璞未成终是宝，精钢宁折不为钩"。和"文章换桂一枝秀，清白传家两弟贫"。都体现了他刚正耿直的清廉形象。

其三，宋仁宗至哲宗时期，是宋诗时代特色建构期，形成自己特色。代表人物宋绶、宋敏求父子。

宋绶（991—1040），字公垂，赵州平棘（今河北赵县）人，仁宗朝宰相，以外祖父杨徽之荫太常寺祝，后赐同进士出身，迁大理寺丞，真宗祀汾阴，召赴行在，后签书亳州判官事、入为左正言、同判太常礼院，后判三司凭由司。擢知制诰、判吏部流内铨兼史馆修撰，累迁户部郎中、权直学士院，同修《真宗实录》，进左司郎中，遂为翰林学士兼侍读学

---

① 《宋史》卷二百六十六《王化基传》，第9184页。

② 《全宋诗》卷四七，第1册，第506页。

士，勾当三班院。明道二年（1033），拜参知政事。① 康定元年（1040）卒。② 宋绶一生，在宋代文化史上占重要地位。文彦博的《题宋宣献书帖后》曾评价"文学德望，为一代宗师"③。他著述颇丰，《全宋诗》录其诗歌五首，残句八条。④ 其中两条为"奇材剑客当前队，丽赋骚人托后车"。"江涵帝子羣飞阁，山际真君鹤驭天。"写得比较不错的《题义门胡氏华林书院》：

> 六阙表门荣，华林地气灵。乌衣王氏族，玉树谢家庭。邹鲁多亟犬，荀陈更聚星。怡神虚室白，讲学夜灯青。篇籍巾箱满，弦歌里巷听。兰堂时合宴，槐市正谈经。丹井通仙穴，西山接翠屏。烟萝皆胜概，何日扣岩扃。

以上宋绶的诗既语出有典，又语言对仗工整，自然流畅。

另外宋绶还编撰《岁时杂咏》二十卷，选取汉魏古诗至唐朝人诗作，按一年四季的时令编次而成。共有古诗 1502 首，厘为十八卷，后增为二十卷。后来南宋的蒲积中又沿着此基础，编成《古今岁时杂咏》一书，收录诗 2749 首，从此流传开来。

宋敏求（1019—1079），字次道，宋绶长子，天圣三年（1025）以父荫为秘书省正字，宝元二年（1039）赐进士及第，庆历三年（1043）任馆阁校勘，后入朝为群牧判官、开封府推官，英宗时期为仁宗实录检讨官，预修《仁宗实录》，神宗即位，出知绛州，后拜右谏议大夫，加集贤院学士，熙宁八年（1076），拜龙图阁学士，元丰二年（1079）卒。⑤ 宋敏求一生著述宏富，大部分佚失，留下来的有《春明退朝录》三卷、《长安志》二十卷。《全宋诗》录其诗六首⑥，都是题咏、送别之作。其绝句《九江琵琶亭》：

---

① （宋）徐自明：《宋宰辅编年录校补》卷四，中华书局 1986 年版，第 201 页。

② 《宋史》卷二百九十一《宋绶传》，第 9733 页。

③ （宋）胡宿：《文恭集》卷二，丛书集成初编本，第 1884 册，第 22 页。

④ 《全宋诗》卷一七四，第 3 册，第 1970 页。

⑤ 《苏魏公文集》卷五一《龙图阁直学士修国史宋公神道碑》。

⑥ 《全宋诗》卷五一四，第 9 册，第 6240 页。

夜泊寻阳宿酒楼，琵琶亭畔荻花秋。云沈鸟没事已往，月白风清江自流。

诗人题咏江西九江的琵琶亭，以怀古抒情，将白居易的《琵琶行》和杜牧的《登乐游原》诗句改写，用典工整，隽秀有味。

宋敏求写送别诗抒发离别之情，由送别联想别后相思，由实入虚，别有情趣。如《送客西陵》："若耶溪畔醉秋风，猎猎船旗照水红。后夜钱塘酒楼上，梦魂应绕浙江东。"又如《送程给事知越州》："老人日俟刘公至，狂客今无贺监归。闻有新诗频寄我，莫嗟梅雨裛朝衣。"运用刘禹锡和四明狂客的典故，表达诗人与友人之间深深的相知，既含蓄又亲切。

从上面所列的宋绶父子存诗来看，尽管存量很小，但是可见他们都重视用典又重视语言对仗工整，读之自然流畅。在北宋时期也算是积极构建自身特色，在宋代河北诗歌史上占一席之地。

其四，从宋徽宗朝至南宋高宋朝，北宋诗歌创作的终结期。代表人物王安中。

王安中是北宋末年较有影响的诗人河北诗人。王安中（1076—1134），字履道，号初寮，中山曲阳人（中山无极人）。[1] 元符三年（1100）进士，授瀛洲司理参军、大名县主簿，政和间，以文辞受徽宗赏识，自秘书少监除中书舍人。又擢御史中丞，弹劾蔡京，迁翰林学士，再迁承旨，宣和元年（1119），拜尚书右丞，三年（1121）迁左丞。宣和五年（1123）正月，金人归还燕地，辛酉，为庆远军节度使、河北河东燕山府路宣抚使、知燕山府。在任期间，辽国降将郭药师同知府事，专擅行事，不能制，召还。靖康初，贬象州安置。高宗即位，徙道州，寻放自便。绍兴初，择居柳州，绍兴四年（1134）卒。著作有《初寮集》40卷、《后集》10卷、《内外制》26卷，明代以后佚失，清四库馆臣从《永乐大典》中辑出《初寮集》8卷。另有《初寮词》1卷行世，今《全宋诗》录其诗3卷。[2]

王安中现存诗歌220首，残句20。他身处北宋由盛转衰、党争激烈

---

① 《曲洧旧闻》卷七，第3007页。

② 《全宋诗》卷一三九一至一三九三，第24册，第15971—16010页。

时代背景下，其诗歌带有时代印记。前期诗歌多酬唱为主，辞藻华丽，后期仕途坎坷，经历了社会人生变故，对人生颇多感悟之情，诗风趋于苍茫沉郁。王安中诗歌题材丰富，以下按诗歌内容分为酬唱送别、题画咏物、寄情山水三类分别叙述。

酬唱送别类。王安中在中进士及第后，曾在高阳、相州、大名府等地做官，后为宋徽宗赏识并重用，靖康之后，被贬到湖广等地，结识不少王公权要和文人士子。因此，他的诗有君臣之酬和。如《进和御制幸池诗》：

> 神霄玉阙敞黎明，芝盖雕舆下穆清。风挟龙舟横太液，人从鳌背上东瀛。赭黄袍接天光近，鸭绿波摇槛影平。持橐此时陪燕豫，岸花汀草共欣荣。

诗中描绘宫廷中君臣宴乐游赏情景。宋徽宗经常召集大臣曲宴唱和，王安中诗中有 20 多篇全是叙此，如《睿谟殿曲宴歌》《次韵赵承之赴穆清殿秋宴》等以夸赞当朝辉煌基业，歌舞升平。这类诗大量铺排辞藻华丽的语言，给人雍容华丽感觉，但是真情实感性稍差。

还有师生之间酬唱诗。王安中曾受学于晁以道，筑室建初寮社，读书著文，其《初寮集》中有 5 首写给晁以道的诗，全是表达对老师的才学品格的赞赏。如《定武送晁以道》篇幅较长，仅取两句："公能破纸尾，师友道弥敦。要当藏名山，仍意作九原。"

也有友人之间酬唱诗。如《用大名诸公唱和韵送别少逸》：

> 宵济汹涛波，晨征犯霜露。倏来忽语别，何所见而去。疑君略奉高，或我愧叔度。慨然陪节传，邂逅莫忘故。

诗中描述凄迷的景色和友人仓促离开，写昔日友谊并寄情将来不要相忘的情思。还有《奉酬李道源供奉》《次韵张应龙见赠长句》等。

王安中的酬唱送别诗占其诗歌作品中数量较大，反映了宋代文人士大夫之间交游的一种生活方式。

题画咏物类。题画诗是根据画的内容而题写的配诗。题画诗萌芽于魏晋时期，发展于唐代杜甫，到宋代得以成熟，尤其是徽宗时期。王安中作为徽宗的御用文人之一，所见名画多，对书画也极有研究。如《题李成山水图》：

> 五日十日一水石，此言虽工盖其迹。请看天地开辟初，岂铸日魂镕月魄。忽然而成随所遇，纳护风云元满肚。吐为千偈口澜翻，游戏法中同一趣。李侯落笔风烟气，妙处欲回真宰意。扁舟不动水粘天，落日孤明山若倚。断猿吟挂清枫林，涧松倒卧犹十寻。白鸥似作终老计，浮云自在年何深。由来神品完天力，一抹江流吞万碛。寸量尺度但形摹，画史如山尔何得。贵人费尽千黄金，宝奁玉轴谁敢争。一声常卖落公手，世间得丧谁亏盈。我生懒率更疏放，只有幼舆岩石相。它时真作画中人，傥辱书来问无恙。

诗的描述就是一幅田园山水的画面，最后展开联想欲成为画中人，人与自然完全融和为一体。王安中所作题画诗是其诗风成熟的时期，其中优秀作品很多，如《题赵大年金碧山水图》《次秦夷行观老杜画像韵》等共15题19首。

寄情山水类。王安中一生四处游历，钟情山水，写下不少游历纪胜的诗。作为中山阳曲人，太行山正是他幼年的生活环境，其诗《见太行山》堪称典范：“地上行人怜紫翠，羊肠九折有谁过？履危侧足非吾敢，远目看云得更多。”此后宦海沉浮，晚年谪居湖广是其创作高峰。远离官场，更向往大自然，因此写下《潮阳道中》《居象州》《灵岩山》等作品，反映了他晚年生活的困境。如残句：“八桂西南天一握，重江今古水双流”；“随州九十九重山，安得乡人住此间”；“江山似慰天涯客，花卉先回岭北春”等，表达了苍茫思乡的心情。

同时王安中是北宋末年较有影响的词人。他少年时曾经跟随苏轼学习，以文词擅名徽钦两朝。王安中不仅诗文有成就，而且擅长填词，在宋代文士中，称得上是一个全能的作者。其《出寮词》一卷，未收入他的《初寮集》，单独行世。现存明毛晋汲古阁刊本、明抄本和《四库全书》本。今人唐圭璋《全宋词》收录其词54首，题材丰富，透过其词可以看到北宋末年士大夫的生活状态，具有积极的词史意义，同时其词还具有独特的艺术特色。有鉴于此，以下对王安中的词按照题材不同分别进行介绍：

山水题材词：如《安阳好》是一组连章体山水题材词，共十首。在此仅举其中两首：

其一

安阳好，物外占天平。叠叠捋蓝烟岫色，淙淙鸣玉晓溪声。仙路驭风行。

松路转，丹碧照飞甍。金界花开常烂熳，云根石秀小峥嵘。幽事不胜清。

其二

安阳好，负郭相君园。绿野移春花自老，平泉醒酒石空存。月馆对风轩。

人选胜，幽径破苔痕。拥砌翠筠侵坐冷，穿亭玉溜落池喧。归意黯重门。①

写安阳城市风光、历史遗迹、风土人情、文化风尚等，将城市人文景象与自然景观融为一体，较有特色。其中有"叠叠捋蓝烟岫色，淙淙鸣玉晓溪声"；"咽咽清泉岩溜细，弯弯碧甃篆痕深"等，语言清丽优美，写景清幽。

其他山水题材的词有《水龙吟·游御河并过压沙寺作》《玉蝴蝶·和梁才甫游园作》等。

边塞题材的词有《菩萨蛮·六军阅罢·犒饮兵将官》：

中军玉帐旌旗绕。吴钩锦带明霜晓。铁马去追风。弓声惊塞鸿。

分兵闲细柳。金字回飞奏。犒饮上恩浓。燕然思勒功。

王安中曾镇守燕山府，这首词表现了镇守边关将士的训练：天刚刚蒙蒙亮，军旗在晨风中迎风舒卷，明霜下兵戈雪亮，如此清凉的环境更

---

① （宋）王安中：《初寮词》，文渊阁四库全书1986年版。

是衬托出六军军容的威仪。训练开始了，战马快可追风的，弓箭准可惊鸿，表现出边塞官兵武艺高强，词中铁马、追风、弓声、惊鸿让读者领略到守边将士刚劲的英雄气概。读罢此词，感受作者积极向上、渴望建功立业的强烈愿望，丝毫没有边塞的凄凉感。

当然在外的人，思乡是正常的。再以《虞美人·雁门作》为例：

> 千山青比妆眉浅。却奈眉峰远。玉人元自不禁秋。更算恼伊深处、月当楼。
> 分携不见凭栏际。只料无红泪。万千应在锦回纹。嘱咐断鸿西去、问行云。

写山、写人、写秋、写楼、写断鸿，星星点点构织出一幅守卫边塞的思念家乡和亲人的图画。

咏物题材的词：王安中现存一组咏花词《蝶恋花·六花冬词》中分别咏长春花、山茶花、腊梅、红梅、迎春、小桃等，皆能抓住所咏对象的特点，刻画所咏事物的神韵。如：《蝶恋花·长春花》：

> 曲径深丛枝袅袅。晕粉揉绵，破蕊烘清晓。十二番开寒最好。此花不惜春归早。青女飞来红翠少。特地芳菲，绝艳惊衰草。只殢东风终甚了。久长欲伴姮娥老。

此词写长春花，很少正面写，上阕写春天来了，曲径通幽的尽头长春花来报春了，万物灵动起来。下阕写春回大地，少女出现迎春的景色，最后写出对人生的美好祝愿："久长欲伴姮娥老。"

《蝶恋花·红梅》：

> 青玉一枝红类吐。粉颊愁寒，浓与胭脂傅。辨杏猜桃君莫误。天姿不到风尘处。云破月来花下住。要伴佳人，弄影参差舞。只有暗香穿绣户。昭华一曲惊吹去。

此词写红梅，上阕写红梅的色与香，着力细致入微的描述，力求神似。下阕写与佳人相遇，人与景相衬，伴着韶华一曲，令人如痴如醉。

士大夫生活题材：王安中在靖康元年贬谪南方，写下了《卜算子·往道山道中作》：

> 客舍两三花，并脸开清晓。一朵涓涓韵已高，一朵纤纤袅。
> 谁与插斜红，拥髻争春好。此意遥知梦已传，月落前村悄。

此时，王安中虽遭贬谪，但心情并不颓废，而是词恬淡安闲的。其在心态和精神面貌上颇有其师苏东坡之风。

另一首《卜算子·柳州作》：

> 燕尾道冠儿，蝉翼生衫子。攲枕看书卧北窗，簟展潇湘水。
> 团扇弄薰风，皓质添凉意。谁与文君作粉真，只此莲花是。

描写了词人在官场之外的洒脱心态，其实反映道家思想对士大夫生活的影响。

综上可见，北宋词人王安中，其山水题材的词，描写细腻生动，显现清丽特色；边塞题材的词，积极向上，尽显苏轼豪放风格；咏物题材的词，清新雅致，极具神韵；士大夫生活题材的词，安闲淡定，更显恬淡情怀。

二　北宋真定府赵州散文创作

北宋时期散文创作，在传统文化由外在转向内在的大背景形势下，其主流由单纯侧重外在形式的内容空洞的骈体文，逐渐向强调内容，重视文以载道和社会现实的散体文转变。这场古文运动由唐代韩愈、柳宗元开端，在宋代继续蓬勃兴起，涌现了欧阳修、王安石、苏轼、苏辙、苏洵和曾巩等杰出代表。这期间五代宋初和宋真宗朝骈体文有两次复兴，但是到北宋仁宗嘉祐年间以欧阳修为领袖的宋代古文运动终于争得最后胜利，代替了魏晋六朝以来骈体文，从此以先秦两汉诸子、唐宋八大家为典范的散体文确立了文章的主导地位。

自然地，北宋石家庄地区的散文创作特征，恰恰与古文运动的大趋势相契合，涌现出了石家庄地区的散文家，以下依次论述。

李至（947—1001），字言几，真定人，太宗太平兴国进士，曾历任翰林学士、右谏议大夫、参知政事等职，咸平四年卒。《宋史·艺文志》载其文集20卷（《通志·艺文略》文集40卷）已佚。今《全宋文》录其散文1卷，保存22篇文章。[①] 其中《座右铭》《徐铉祭文》等篇属说理抒情文章，其余《上太宗谏亲征状》《上太宗乞怀柔北狄状》《立春祀青帝礼奏》《乞令重校七经疏奏》等篇属上传下达的公文应用文。由此可见李至之文不追求修饰手法，其文风朴素自然。和他的诗一样，浅显易懂。如《座右铭》："短不可护，护则终短；长不可矜，矜则不长。尤人不如尤己，好圆不如好方。用晦则天下莫与汝争智，执谦则天下莫与汝争强。多言者老氏所戒，欲讷者仲尼所臧。妄动有悔，何如静而勿动；太刚则折，何如柔而勿刚。吾见进而不已者败，未见退而自足者亡。为善则游君子之域，为恶则入小人之乡。吾将书绅带以自警，刻盘盂而过防。岂如长存于座右，庶夙夜之无忘。"读来既是说给自己，又像是训示给子孙的，娓娓道来。

宋绶（991—1040），字公垂，赵州平棘人，大中祥符元年赐同进士出身，历任知制诰、史馆修撰、翰林学士、中书舍人、吏部郎中，两拜参知政事。康定元年卒。《全宋文》宋绶小传载其《文馆集》50卷、《宣献公诏敕》5卷（《通志·艺文略》八）、《常山秘殿集》3卷、《托居集》5卷、《常山遗札》3卷（《宋史·艺文志》七）、《天圣卤簿及》10卷，已全部佚失。今《全宋文》录其文2卷，保存文章32篇。[②] 其中制诏文8篇，奏议文12篇，记序传赞等文12篇。

宋绶的制诏文章，如《丁渭除参知政事制》《寇准贬雷州司户敕》《访乐诏》和《祖宗升配诏》等8篇，基本采用骈文体，骈偶对仗，语言整齐，而气势流畅浑厚。如《丁渭贬崖州司户敕》："无将之戒，旧典甚明；不道之辜，常刑罔舍。苟露挟邪之迹，宜申去恶之文。具官丁谓，

---

① 曾枣庄、刘琳主编：《全宋文》卷一三一，第7册，上海辞书出版社2006年版，第22页。

② 《全宋文》卷三九九，第19册，第245页。

早践台司，备隆朝暮。曾靡图于为报，乃公肆于非心。……背恩弃德，一至于斯。窜处遐方，实乃自取。”从为人臣之道入手，引出丁谓不思报恩，反而一而再背恩弃德，最后贬到崖州司户。思路清晰，简洁而有法度。

宋绶的奏议文都是经过缜密思考后向皇帝提出的建议，这些文章分析透彻，观点明确，体现一代名臣的雄才大略。如《乞总揽威柄整顿纪纲奏》：“帝王御天下，在总揽威柄。而一纪以来，令出帘帷。自陛下躬亲万务，内外延首，思见圣政，宜惩违革弊，以新百姓之耳目。而赏罚号令，未能有过于前日，岂非三事大臣不能推心悉力，以辅陛下之治耶？顷太后朝多吝除拜，而邪幸或径取升擢，议者谓恩出太后。今恩赏虽行，又谓自大臣出，非大臣朋党罔上，何以得此。朋党之为朝廷患，古今同之。或窥测帝旨，密令陈奏；或附会己意，以进退人。大官市恩以招权，小人趋利以售进，此风浸长，有蠹邦政。太宗尝曰：‘国家无外忧必有内患。外忧不过边事，皆可预防；奸邪共济为内患，深可惧也。’真宗亦曰：‘唐朋党尤盛，王室遂卑。’愿陛下思祖宗之训，念王业艰难，整齐纲纪，正在今日。”①

宋绶的记序之文有：《景祐卤簿图记序》《傅芳集序》和《契丹风俗记》等，序多为书序，尤其他的《契丹风俗记》，以简洁平实的语言记述契丹和奚族的生产生活、衣食住行等社会习俗。如契丹服饰说：“其衣服之制，国母与蕃臣皆胡服。蕃官戴毡冠，上以金华为饰，或加珠玉翠毛，盖汉、魏时辽人步摇冠之遗像也。额后垂金花织成夹带，中贮发一总。服紫窄袍，加义襕，系系粘鞢带，以黄红色条裹革为之，用金、玉、水晶、碧石缀饰。又有纱冠，制如乌纱帽，无檐，不掩双耳，额前缀金花，上结紫带，带末缀珠或紫皂幅巾，紫窄袍，束带。大夫或绿巾，单绿花窄袍，中单多红绿色。贵者被貂裘，貂以紫黑色为贵，青色为次，又有银鼠，尤洁白；贱者被貂毛、羊、鼠、沙狐裘。”“弓以皮为弦，箭削桦为杆，鞯勒轻简，便于驰走，以貂鼠或鹅项鸭头为扦腰。”宋绶记契丹习俗“番俗喜罩鱼，设毡庐于河冰之上，密掩其门，凿冰为窍，举火照之，鱼尽来凑，即垂钓竿，罕有失者。回至张司空馆，闻国主在土河罩鱼。

① 《宋史》卷二九一《宋绶传》，第9734页。

以鱼来馈"。宋绶记奚人"善耕种、步射，入山采猎，其行如飞"①。他的记述让人读来如身临其境，如在眼前。

贾昌朝（998—1065），字子明，真定获鹿人，天禧元年（1017）赐同进士出身除晋陵主簿，国子监说书，历知宜兴、东明县、知开封府、判大名府；后迁至尚书都官员外郎、崇政殿说书、直集贤院，参知政事，枢密使，同中书门下平章事等，治平二年（1065）卒。终年48岁。在学术和文学史上，他以儒学经术传家，能诗文，通经史，著有《群经音辨》10卷、《春秋要论》10卷、《通纪》80卷、《本朝时令》20卷、奏议、文集各30卷。可惜只有《群经音辨》存世，其余均已散佚。

贾昌朝的散文，今《全宋文》收录一卷，保存文章34篇。其中29篇为奏疏之文。这些文章均为篇幅短小，因一时一事而请之的奏请皇帝批示之文。其中有申论郊祀礼仪的：如《言仪卫三事奏》谏言罢南郊祭祀中的球仗引导和羊车列前之仪，同时强调南郊祭享时要严肃仪仗，当官执事人吏，要稽古之法，各司其位。有申诉致仕退休制度：如《乞令臣僚年七十即致仕表》，并列举了一批老人不任事的现象，表明贾昌朝的耿直性格。还有议论奢侈之风的：如《乞省不急之费奏》针对朝野奢侈之风，提出节俭，减去不急之费，以应对仓促之需，为忧国大计。还有论述边防的：如《论备边六事疏》从将帅、士兵、营卒、外域、蕃部、探候六个方面深入论述。贾昌朝文章文辞畅达，自然流畅，善于将历史和现实结合起来，提高了论述的力度。

此外，其《戒子孙》一文，训诫了子孙如何为人处世，体现了贾昌朝的人生哲学和人生态度，值得后人学习和体悟。

宋敏求（1019—1079），字次道，赵州平棘人（今赵县），其生平历仕见前文诗歌部分。其一生著述颇丰，依据苏颂的《宋公神道碑》记载，其文集有：《书闱集》12卷、《后集》6卷、《西垣集制》10卷、《东观绝笔集》20卷、《东京记》3卷、《长安志》20卷、《河南志》20卷、《三川下官录》2卷、《入蕃录》2卷、《春明退朝录》3卷、《韵类宗室名》5卷、《安南录》3卷、《元会故事》1卷、还编辑多种唐人诗集及《百家诗选》20卷。今仅存《春明退朝录》3卷、《长安志》20卷，其余散佚。

---

① 《奉使辽金行程录》，第35页。

今编《全宋文》录其散文 1 卷共 21 篇。其中多为制诏奏议类文章，有文学性价值的是 5 篇题序之文。如：《李太白文集后序》和《题孟东野诗集》，都是宋敏求编辑唐人诗集所写的序，通过两篇序可以清晰地知晓唐代诗人李白、孟郊的诗集在唐末和北宋初年的传播状况。《唐大诏令集序》和《春明退朝录序》都记述了两书的成书过程，对研究唐宋两代历史有很高史料价值。《文庄集元序》是为夏竦集做的序，序中记载的夏竦的一生历仕和著作状况，并将夏竦给予高度评价。从这些序中我们也可以看出宋敏求对文化整理和传承的所做出的巨大贡献。

三　金代真定的文学

金代真定的文学，其主要成就是诗歌、词和文论。金代真定的文学创作上出现了一批具有自己鲜明艺术风格的优秀诗人，像蔡松年蔡珪父子、周昂、王若虚等，并且他们长期主宰文坛，引领了时代的先锋。

金代以儒治国，因此其在文学成就上远胜辽代文学，金代诗歌取得了不同于唐宋的文学成就。正如史评："金用武得国，无异于辽，而一代制作能自树立唐、宋间，有非辽世所及，以文不以武也。"① 与此相应的，金代真定府诗人的诗歌创作风格概莫能外。

在金初"借才异代"阶段是金代诗词的启蒙期，其代表诗人是蔡松年。

蔡松年（1107—1159），字伯坚，号萧闲老人，真定人。北宋宣和末年，其父守燕山，后兵败降金，松年也随之入金。归金后，其官至尚书右丞相加仪同三司，封吴国公，谥号文简。有文集《明秀集》。现存蔡松年的诗在元好问的《中州集》中收录59首，其词在唐圭璋先生的《全金元词》中收录86首。蔡松年对金代文学影响巨大，他是金代文坛上爵位最重者，将宋代文学之风传入金代，促进了宋金文学的融合。

蔡松年的诗歌表达了仕宦生活的劳心劳力，以及对归隐的田园生活向往。如《漫成》：

---

① 《金史》卷一百二十五《文艺上》，第 2713 页。

人生各有适，一受不可更。违已欲徇世，忧患常相婴。三军护汉将，九鼎调苍生。功名岂不美，强之辄无成。朝昏忘寝食，俯仰劳心形。何如从所好，足以安余龄。

尘土走岁月，秋光浮宦情。欲语个中趣，知音耿晨星。世途古今险，方寸风涛惊。封侯有骨相，使鬼须铜腥。誓收此身去，田园事春耕。①

并且选好了归隐之所。如《庚申闰月，从师还自颍上，对新月独酌》：

问舍前年秋，已买潭西地。高明鬼所瞰，聊取风雨蔽。濒溪树嘉木，成阴十年计。仍当作茅舍，名之以今是。②

诗中表达了作者为归隐做了准备：问舍、买地、种树，并表达了归隐之地力求清净的愿望，但是现实中他并未辞官，并官至尚书右丞相。在宋金易代的时期，他的为宦经历介于隐与仕之间的纠结与无奈。

他的这种归隐的心情在与友人的唱和诗、咏物诗和行驿题材的诗中都有表现，依次举例如下：

如《丁巳九月，梦与范季霯同登北潭之临芳亭，觉而作诗记其事以示范》：

高陵五六松，潭水涵清阴。白鸟如避世，巢居得幽深。杂花眩青红，苦节方森森。何人作虚亭，想象云栖心。③

《癸丑岁秋郊》：

漫漫黄云水清浅，碧花无处乱鸣蜇。此生愈觉田园乐，梦里晓

---

① 《中州集》，第23页。
② 同上书，第25页。
③ 同上书，第24页。

山三四峰。①

《淮南道中》：

> 南楚二月雨，淮天如漏卮。畏途泥三尺，车马真鸡栖。却思闲居乐，雨具无所施。高枕听檐声，炉烟晕如丝。②

这一时期的词坛，声望最高的是蔡松年和吴激，时称"吴蔡体"。其词集《明秀集》，其词主题对故国的怀念、对战争的厌倦、对隐逸的向往三个方面。以下依次论述：

其一，对故国的怀念。宋金易代这一巨变，使得蔡松年的词创作中不断提及故国，其中充满对故国的怀念。例如《雨中花》：

> 忆昔东山，王谢感慨，离情多在中年。正赖哀弦清唱，陶写馀欢。两晋名流谁有，半生老眼常寒。梦回故国，酒前风味，一笑都还。③

> 翠扫山光，春江梦，蒲萄绿遍。人换世、岁华良是，此身流转。云破春阴花玉立，又逢故国春风面。记去年，晓月挂星河，香凌乱。年年约，常相见。但无事，身强健。赖孙垆独有，酒乡温粲。老骥天山非我事，一蓑烟雨违人愿。识醉歌、悲壮一生心，狂嵇阮。④

其二，对战争的厌倦。蔡松年生活的年代，是宋金战争频繁的时期。蔡松年身份纠结，身为汉人，在金朝做官，并和金兵一起攻打北宋，这让他感到一种身与心的矛盾，因此在的词中可以见到对战争的倦怠和漠然。如《洞仙歌》：

---

① 《中州集》，第 31 页。
② 同上书，第 24 页。
③ 《全金元词》上《明秀集注》，第 21 页。
④ 同上书，第 20 页。

竹篱茅舍，本是山家景。唤起兵前倦游兴。地床深稳坐，春入蒲团，天怜我，教养疏慵野性。雪坡孤月上，冰谷悲鸣，松竹萧萧夜初静。梦醒来，误喜收得闲身，不信有、俗物沈迷襟韵。待临水、依山得生涯，要传取新规，再营幽胜。①

其三，对隐逸的向往。金元时期，民族矛盾在文人心灵上冲击使得他们词中充满了隐逸之辞，如："隐逸之志取代传统的艳冶之情而成为了创作的基本主题"②，而蔡松年的词尤其突出。诗中以倦游来表达自己的为官生涯状态。例如《水龙吟》：

玉屏松雪冷龙鳞。闲阅倦游人。耐久谁如溪水，破冰犹漱雪根。三年俗驾，千钟厚禄，心负天真。说与苍烟空翠，未忘藜杖纶巾。③

蔡松年的词风格"清丽""旷达"，其作品深受苏轼的影响。最为称道的是《念奴娇·离骚痛饮》，其词前小序："还都后诸公见追和赤壁词，用韵者凡六人，亦复重赋。"是指作者于天眷三年（1140）用苏轼的"赤壁怀古"词原韵所作。

离骚痛饮，笑人生佳处，能消何物。夷甫当年成底事，空想岩岩玉壁。五亩苍烟，一邱寒碧，风晚忧风雪。西州扶病，至今悲感前杰。我梦卜筑萧闲，觉来岩桂，十里幽香发。鬼魈胸中冰与炭，一酌春风都灭。胜日神交，悠然得意，遗恨无毫发。古今同致，永和徒记年月。④

这首词颇得苏轼超然物外的那种豁达心境，被元好问《中州乐府》中称作压卷之作。

---

① 《全金元词》上《明秀集注》，第20页。
② 赵维江：《金元词论稿》，中国社会科学出版社2000年版，第38页。
③ 《全金元词》上《明秀集注》，第22页。
④ 同上书，第10页。

　　金世宗大定、金章宗明昌时期二三十年，是金王朝的社会趋于稳定繁荣、诗坛也异常活跃时期。这时，金朝本土成长起来的一批作家，成为金元文学自己的特色，元好问在《中州集》中将他们称为"国朝文派"。真定籍的作家有蔡珪、周昂等。

　　蔡珪（? —1174），字正甫，是蔡松年的长子。天德三年（1151）进士及第，授澄州军事判官，大定中，由礼部郎中封真定县男，除潍州刺史。他的著述颇丰，但文章多已散佚。现存诗多在《中州集》中，此外《蓟县志》中有一首《桃花山》，词在《全金元词》中收《江城子》一首。其诗歌风格有两个特色：

　　其一，雄健豪迈。如《医巫闾》①：

　　　幽州北镇高且雄，倚天万仞蟠天东。祖龙力驱不肯去，至今鞭血余殷红。崩崖岸谷森云树，萧寺门横入山路。谁道营丘笔有神，只得峰峦两三处。我方万里来天涯，坡陀绕绕昏风沙。直教眼界增明秀，好在岚光日夕佳。封龙山边生处乐，此山之间亦不恶。他年南北两生涯，不妨世有扬州鹤。

　　此诗描写了医巫闾山（今辽宁省广宁山）峥嵘巍峨的山势，实际表示了诗人自己志在天涯的豪迈情怀。

　　此外表达蔡珪豪迈胸襟和远大志向的还有《野鹰来》：

　　　南山有奇鹰，置穴千仞山。网罗虽欲施，藤石不可攀。鹰朝飞，耸肩下视平芜低，健狐跃兔藏何迟。鹰暮来，腹内一饱精神开，招呼不上刘表台。锦衣少年莫留意，饥饱不能随尔辈。

　　《撞冰行》：

　　　船头傅铁横长锥，十十五五张黄旗。百夫袖手略无用，舟过理棹徐徐归。

---

① 《中州集》卷一，第34页。

吴侬笑向吾曹说，昔岁江行苦风雪。杨槌启路夜撞冰，手皮半逐冰皮裂。今年穷腊波溶溶，安流东下闲篙工。江东贾客藉余润，贞元使者如春风。

这些诗句式参差变化，意象独特而新奇，显示其雄健豪迈的诗歌风格，充分体现了"国朝文派"的美学特征。

其二，闲适悠然。如《读戎昱诗有作二首》之一：

我家北潭边，溪流卧衡门。俗客自不来，好客时开尊。路人或不知，云是渭南村。底事半年别，此怀谁与论。来时迤郊林，木末秋未老。借箸数归日，迤复见冬杪。心驰倚门望，望我绵绵道。惭愧戎子诗，在家贫亦好。

整首诗在淡淡的叙述中，流露出刘禹锡式"谈笑有鸿儒，往来无白丁"高雅、非世俗的生活模式，反映其心态也是少功利、多恬淡的"惭愧戎子诗，在家贫亦好"。

这样的诗还有很多，如《邻村如江村》：

斜川一壶玉，川东三四家。篱落半流水，茁茁青蒲芽。我为水边游，月魄舒晴华。隔篱见灯火，儿语时纷拏。想象泽南州，寄兴栖云霞。从渠非知音，我意亦自嘉。①

由月光、篱笆、青蒲、水边组成的画面显得那么有生活的气息，其中表达了诗人对平实生活的向往，对官场的厌倦。

蔡珪的词②于平铺直叙中显现变化，笔锋多姿善变，整体呈现新颖别致的风格，是金代词坛佳作。如《江城子》：

鹊声迎客到庭除。问谁欤？故人车。千里归来，尘色半征裾。

---

① 《中州集·蔡太常圭四十六首》卷一，第35页。
② 《中州集·中州乐府》，第544页。

珍重主人留客意，奴白饭，马青刍。东城入眼杏千株。雪模糊，俯平湖。与子花间，随分倒金壶。归报东垣诗社友，曾念我，醉狂无？

周昂（？—1211），字德卿，真定人，大定初进士，曾任南和县簿、监察御史、六部员外郎等职务。大安三年（1211），周昂与其侄周嗣明在与蒙古军作战中死于军难。著有《常山集》，但是散佚。元好问的《中州集》选其诗一百首。

周昂自幼习杜甫的诗，因此他的诗立足现实，多有感而发，具有强烈的时代感。其诗按照仕途生涯和戍边经历而展开，主要有以下三类内容：

其一，坎坷的仕途经历。

如《羁旅》：

羁旅情方惨，暄寒气尚胶。谷风连远阵，原树郁春梢。要路嗟何及，浮名久已抛，百年粗饭在，真欲事诛茅。①

周昂经历了明昌党争并受到牵连，后又经历大安军兴，他自请戍边，都体现了官场深不可测的特征，贬谪异地之悲在其诗中凝聚了北方的苍凉更显心情沉郁。

其二，真挚的亲情、友情、故乡情。

《得家书》写诗人与家人互盼家书以获知对方消息，表达了对亲情渴望：

穷愁非昔境，白髮有深根。泪破孤城郡，书来万里村。雁声寒日夜，秋色老
乾坤。为问游方子，何时慰倚门。

《九日》写重阳节想到家乡和友人一起聚会的情境：

---

① 《中州集》卷四，第168页。

不堪马上逢佳节，况是天涯望故乡。高会未容陪戏马，旧游空复忆临香。痴云黯黯方垂地，小雪霏霏欲度墙。犹赖多情数枝菊，肯留金蕊待重阳。

其三，边塞生活的写照。

《边月》写到边塞月亮，依托诗人孤独、思乡之情：

边月弓初满，山城角尚孤。中天看独立，永夜兴谁俱。未觉风生晕，空怀斗转隅。含情知白兔，欲下更踟蹰。

《莫州道中》写到塞外草原的自然风光，风沙大，人马难行，读来令人慨叹："古来征战几时回"：

大陵河东古莫州，居人小屋如蜗牛。屋边向外何所有，唯见白沙累累堆山丘。车行沙中如倒拽，风惊沙流失前辙。马蹄半跛牛领穿，三步停鞭五步歇。鸡声人语无四邻，晚风萧萧愁杀人。人有祷，沙应神。辽东老兵非使臣，何必埋却双行轮。

《边俗》写到边疆风俗，本来淳朴的民风，如今征战连连：

返阁看平野，斜垣逐慢坡。马牛虽异域，鸡犬竟同窠。木杵春晨急，糠灯照夜多，淳风今已破，征敛为兵戈。

周昂的诗以五言律诗见长，其风格沉郁凝练，写历史怀古诗有着深重的历史感，因而颇得杜甫诗的神韵。他的诗经其外甥王若虚的传播，对金代末期诗人影响很大。

金代文学，由于南北议和、社会稳定，经济发展，统治者贪图享乐，风俗奢侈。体现在文风上，在金章宗明昌、承安年间形成一种尖新浮艳之风。金宣宗贞祐二年（1214），金在强大的蒙古军事威胁下不得不南渡黄河，迁都汴京（今河南开封）。从此，金代社会进入后期，金朝在内外交困中渐渐走向灭亡。在国势日趋危难之际，文学创作中那种重形式轻内容的倾向日益为有正义感者所不满，在理论上提出批评的是王若虚。

王若虚（1174—1243），字从之，号慵夫，又号滹南遗老，藁城人，承安二年（1197）进士，曾任门山令、刺史、著作郎，后官至翰林直学士，著有《滹南遗老集》4，共46卷，包括《五经辨惑》2卷、《论语辨惑》5卷、《孟子辨惑》1卷、《史记辨惑》11卷、《诸史辩惑》2卷、《新唐书辨惑》3卷、《君事实辨》2卷、《臣事实辨》3卷、《议论辨惑》1卷、《著述辨惑》1卷、《杂辨》1卷、《谬误杂辨》1卷、《文辨》4卷、《诗话》3卷、《杂文及诗》5卷，另附《续集》1卷。王若虚是金代后期著名的文学家，在金元之际的学术界独树一帜，与元好问堪称金代文学的双璧。

其中《文辩》四卷，《诗话》三卷，包含了文学理论方面的内容，主要有两方面：

其一，"以意为主"，兼顾语言形式。

王若虚的这种"以意为主"的观点是受其舅周昂的影响。《诗话》中引周昂的话："文章以意为主，字语为之役；主强而役弱，则无使不从。世人往往骄其所役。至扈跋难制，甚者反役其主。可谓深重其病矣。"从中可见王若虚重视文章的内容，踏实务实，并进一步指出当时文坛上尖新浮艳之风，实在是卓有成见的。

他虽提出重视内容，但也兼顾语言和形式。如《文辩》中关于用词的推敲：

> 柳子厚凌准墓志，既称孤某以其先人善予，以志为请，而终云："河东柳宗元哭以为志"；山谷刘仲墨竹赋，既称顾以归我，而断以"黄庭坚曰"其病亦同。盖予、我者自述，而姓名则从旁言之耳。酒德颂始称大人先生，而后称吾；黠鼠赋始称苏子，而后称子；思子台赋始称客，而后称吾，皆是类也。前辈多不计此，以理观之，其实害事。

《文辩》中关于形式与内容的辩证关系：

或问文章有体乎？曰无。又问无体乎？曰有。然则果何如？曰："定体则无，大体须有。"

其二，强调"自得""真是"。

王若虚在《诗话》中指出："文章自得方为贵，衣钵相传岂是真。已觉祖师低一著，纷纷法嗣复何人。"同时在《文辨》中指出："夫文章唯求真是而已，须存古意何为哉！"可见学习古人，继承古人的文章也要有所发展。正如《诗话》中论述的：

古之诗人虽趣尚不同体制不一要皆出于自得至其辞达理顺皆足以名家何尝有以句法绳人者！鲁直开口论句法，此便是不及古人处。而门徒亲党，以衣钵相传，号称"法嗣"，岂诗之真理也哉！

王若虚的诗作，《中州集》选录其33首，《滹南遗老集》存40首。其诗歌创作体现了他的文论主张。与同时期的李纯甫一派诗歌相比，其诗歌风格是"典实过于浮华，平易多于奇险"，读来如朋友之间唠嗑，平易近人。如《慵夫自号》：

身世飘然一瞬间，更将辛苦送朱颜。时人莫笑慵夫拙，差比时人得少闲。

《生日自祝》：

空囊无一钱，羸躯兼百疾。况味何萧条，生意浑欲失。清晨闻喧呼，亲旧作生日。我初未免俗，随分略修饰。举觞聊自祝，醉语尽情实。神仙恐无从，富贵安可必。修短卒同归，何足喜与戚。一祈粗康强，二愿早闲适。衣食无大望，但愿了晨夕。万事不我撄，一心常自得。优游终吾身，志愿从此毕。

王若虚的散文具有论辩色彩，如《五经辨惑》《论语辨惑》等，写得明白晓畅。记叙杂文如《门山县吏隐堂记》等，其用辞平易自然，颇有欧阳修和苏轼风格。

四　宋元文学咏石家庄

石家庄西部为太行山中段，东部为滹沱河冲积平原。其自然山川，伟丽多姿。翻检《全宋诗》《全金元词》，发现有很多有名气的诗人都涉足过石家庄这块土地，并留下了诗篇，有的还是传世之作。如欧阳修、苏轼、范成大、文天祥、韩琦、蔡松年、元好问、王若虚、刘因、陈孚、赵孟頫等，他们用生花妙笔歌唱了这块土地：他们描太行山、封龙山之险，写滹沱河之历史，绘真定、赵州、栾城之风土人情。石家庄的一草一木，在宋元诗人笔下，谱入诗篇都是情。

太行山位于山西高原和河北平原之间，东北西南走向，北起拒马河谷，南至山西河南交界黄河沿岸，海拔 1200—2000 米。山势西缓东陡，受河流切割影响，山中多横谷，俗称陉，为东西交通要道，古有太行八陉之说，即军都陉、蒲阴陉、飞狐陉、井陉、滏口陉、白陉、太行陉、轵关陉。其中井陉关在石家庄辖区内，也是当年韩信背水一战的发生地。

山之雄伟、可亲：着眼于写太行山绵延南北，峰峦叠嶂的雄伟博大气势。如：徐范的《过太行山》："举头日月中天近，极目乾坤五岳低。"洪适的《次韵初望太行山》："层峦逾碣石，形胜镇神州。"但太行并不拒人千里之外，稍不留神又忽然到了马前，突出了太行之可亲。如：许及之的《过陈桥见太行》："驱车夜半出都城，策马陈桥已半程。回首白云南阙下，太行何事马前迎。"一个迎字把自然山川人格化了。元代刘因的《重渡滹沱河》中写到土门关是太行八陉之一。"遥临滹水岸，回望土门关。秋色巉岩上，川行拱报间。分疆人自隘，涉险地谁悭。欲问前朝渡，江鸥故意闲。"①

山之险阻、冷峻：与扪参历井的蜀道和黄河的禹门相比，运用夸张的修辞描绘太行之高。如吴则礼的《登太行》："君看太行高，历井安足道。回头看禹门，砥柱一何小。歇鞍坐苍崖，九地俯飞鸟。"苏舜钦的《太行道》："行行太行道，一步三太息。念厥造化初，夫何险此极。左右

① 刘章、吴世元、孙国良选注：《古人咏石家庄》，河北人民出版社 1997 年版，第 7 页。

无底壑，前后至顽石。高者欲作天朋党，深者疑断地血脉。夜中岩下埋斗杓，日什阴壁风雪号。攀缘有路到绝仞，四望群峰合沍如波涛。忽至逼侧处，咫尺颠坠恐莫逃。嗟乎古昔未开时，隔绝往来人不思。"这些诗歌专注写太行的高与险，自然突出道路的险阻。接着苏舜钦的《太行道》写道人在山上行，随时有坠落粉身脆骨的危险。"淳源一破山岳碎，巧心遂去缘险巇。险巇不穷甚可畏，悼此二者亡其宜。天地不自险，险由人为之。彼车摧轮马伤足，中路勿叹勿恸哭。世上安涂故有焉，孰使汝行此道驱高轩，丧坠不收宜尔然。"高处不胜寒，到了冬季太行山河冰山雪自然是异常寒冷。如：司马光的《去岁与东郡幕府君同游河亭望太行雪饮酒赋诗》："河冰塞津口，山雪照林端。"汪梦斗的《晓入涿州界看太行山》："晓风刮骨似严寒，漠漠吹沙塞鼻关。卧入范阳元不觉，醒来忽见太行山。"写出了太行山冬季河冰山雪，晓风刮骨的寒冷气候。

山之青、花之绚：太行山植被丰富，峰峦叠翠。如：曹勋的《过太行》："太行庆助往还程，一带峰峦日日青。"另一首《望太行》："临老复兹游，喜见太行壁。"范成大的《太行》："横峰侧岭知多少，行到燕山翠未休。"同时太行山间又生长着广袤的草甸和山花。如宋无名氏的《题太行山石壁》："太行千里连芳草，独酌衣被天地小。醉卧花间人不知，黄莺啼破春山晓。"[1] 让人沉醉于太行山春景无限怡人的情趣之中。

在金代词人蔡松年笔下，太行山更是充满着人情味、生活味，成为他向往的隐居之地。如《水龙吟》："太行之麓清辉，地和气秀名天下。共山沐涧，济源盘谷，端如倒蔗。风物宜人，绿橙霜晓，紫兰清夏。望青帝尽是，长腰玉粒，君莫问、香醪价。我已山前问舍。种溪梅、千株缟夜。风琴月笛，松窗竹径，须君命驾。住世还丹，坐禅方丈，草堂莲社。拣云泉，巧与余心会处，托龙眠画。"[2]

蔡珪从小长在真定，封龙山、东垣是他记忆深处的故乡，他将故乡的山、故乡的城写入自己的诗中。如：《医巫闾》中将美丽雄伟的"幽州北镇高且雄，倚天万仞蟠天东"的医巫闾山与自己的家乡封龙山相比，顿觉家乡之亲"封龙山边生处乐"，进而觉得医巫闾山"此山之间亦不

---

① （宋）马纯：《陶朱新录》，影印文渊阁四库全书 1986 年版。

② 《全金元词》上《明秀集注》，第 12 页。

恶"也不过如此吧。又如《江城子·王温季自北都归,过余三河坐中赋此》中"归报东垣诗社友,曾念我,醉狂无?"这首诗写在蔡珪三河主簿的任上,在他乡遇到王温季,他和蔡珪同是当年东垣诗社的社友,更觉得家乡的亲切和温暖。

宋代诗人涉笔石家庄河水川流的作品,与写太行山的自然景象不同,诗人不写滹沱河水的本身的水势特征,而是侧重写发生在滹沱河边的历史事件,借写水以咏怀。

滹沱河源于山西五台山东北的泰戏山,穿过太行山,经过石家庄市城北而东流,于献县和滏阳河汇合为子牙河。宋人写滹沱河的作品有五首,都与光武帝刘秀伐王郎,建立东汉有关。据《后汉书·光武帝纪上》记载:西汉末年光武帝刘秀起兵,及更始至洛阳,乃遣光武以破虏将军行大司马事。十月,持节北度河,镇慰州郡。所到部县,辄见二千石、长吏、三老、官属,下至佐史,考察黜陟,如州牧行部事。辄平遣囚徒,除王莽苛政,复汉官名。吏人喜悦,争持牛、酒迎劳。

进至邯郸,故赵缪王子刘林说光武曰:"赤眉今在河东,但决水灌之,百万之众可使为鱼。"光武不答,去之真定。林于是乃诈以卜者王郎为成帝子子舆,十二月,立郎为天子,都邯郸,遂遣使者降下郡国。

……(光武逃至饶阳)晨夜兼行,蒙犯霜雪,天时寒,面皆破裂。至滹沱河,无船,适遇冰合,得过,未毕数车而陷。……

更始遣侍御史持节立光武为萧王,悉令罢兵诣行在所。光武辞以河北未平,不就征。自是始贰于更始。①

其中石延年的《真定怀古》:"光武经营业未兴,王郎兵革暂凭陵。须知后汉功臣力,不及滹沱一片冰。"刘秀在后有王郎追兵时凭借滹沱结冰得以脱险的事件。许及之的《滹沱河》:"遘诛狂寇釜中鱼,未免真人驾六飞。"驾六飞而遘诛狂寇,就是针对赵缪王子刘林游说光武而写,而真人正是光武帝刘秀式的人物,结束混战,一统天下的真命天子。范成

---

① (南朝宋)范晔:《后汉书》卷一《光武帝纪》,中华书局1965年版,第10、11、12页。

大的《滹沱河》："闻道河神解造冰，曾扶阳九见中兴。"其中河神解造冰正是当年光武帝刘秀渡滹沱河时结冰的历史典故，可是"如今烂被胡膻涴，不似沧浪可濯缨"，如今河水是浊的，因此只有隐居。而文天祥的《滹沱河二首》之一："过了长江与大河，横流数仞绝滹沱。萧王麦饭曾仓卒，回首中天感兴多。"将长江、黄河与滹沱河并列，显示它的雄长壮伟和历史的厚重。其中萧王正是指刘秀，文天祥在被押解元大都途中，借滹沱河怀古，发出"始信滹沱冰合事，世间兴废不由人"的无奈感慨，寓意文天祥在起兵勤王后，仍回天无力。元代理学家刘因曾写下《渡滹沱河》："河水正流渐，无舟可济时。诡言冰已合，遂使渡无危。自是由天助，真非假力为。昭昭明史册，千载慰人思。"来感慨当年发生在滹沱河上的传说。

光武帝渡滹沱河处的村庄"凌透"和登岸处的村庄"太平庄"，一直沿用至今。文天祥的《滹沱河》现雕刻在石头上立在石家庄城北滹沱河南岸的107国道滹沱河大桥头。2016年5月15日，正定县隆重举行"刘秀渡河处""麦饭亭"两处人文景观落成典礼，使正定又添两处人文景观。

滹沱河流经的正定地界，有个中渡桥，有十里长堤和柳树，景色非常美丽。欧阳修的《过中渡二首》："中渡桥边十里堤，寒蝉落尽柳条衰。年年塞下春风晚，谁见轻黄弄色时。"

宋代诗人咏石家庄，不仅着眼于山川河流这些自然景观，而且关注历史传说、古城名胜、标志性建筑物等人文景观，经过他们的诗笔，写景抒怀，怀古寓意，使石家庄文化更添新的内涵。

真定即今天正定，历史悠久，文化积淀深厚。宋代诗人作品多写真定的风土人情和富庶。如：写真定的任侠民风，如刘祁的《真定述事》："王藩故社经除国，侠窟馀风解报仇。四十年来民缓带，使君何事不轻裘。"写真定的富庶，如曹勋的《过真定》："南北东西本一家，从来河朔富桑麻。枣梨阴翳忽如雪，漠漠一川荞麦花。"写真定的舞蹈。如范成大的《真定舞》："紫袖当棚雪鬓凋，曾随广乐奏云韶。老来未忍耆婆舞，犹倚黄钟衮六幺。"写真定的馆驿，勾起诗人思乡的情怀。如汪元量的《真定官舍》："使君数间夜如何，灯烛高张照绮罗。白酒千杯浇客醉，红妆一面恼人多。"

金代蔡松年在其诗词中多次提及，"东垣""镇阳"即是真定。如《水调歌头》中"东垣步秋水，几曲冷玻璃。沙鸥一点晴雪，知我老无机。共约经营五亩，卧看西山烟雨，窗户舞涟漪。雅志易华发，岁晚羡君归。月边梅，湖底石，入新诗。飘然东晋奇韵，此道赏音稀。我有一峰明秀，尚恋三升春酒，辜负绿蓑衣。为写倦游兴，说与水云知"①。其诗《师还求归镇阳》："春风卷甲有欢声，渐识天公欲讳兵。节物无情新岁换，男儿易老壮心惊。落身世网痴仍绝，挂眼山光计未成。闻道恒阳似江国，一官漫学阮东平。"②

还有一首词《水调歌头》，专门写镇阳北潭，追和老坡韵："玻璃北潭面，十丈藕花秋。西楼爽气千仞，山障夕阳愁。谁谓弓刀塞北，忽有冷泉高竹，坐我泽南州。准备黄尘眼，管领白苹洲。老生涯，向何处，觅蒐裘。倦游岁晚一笑，端为野梅留。但得白衣青眼，不要问囚推按，此外百无忧。醉墨蔷薇露，洒遍酒家楼。"③

尤其是真定龙兴寺的大佛为元代诗人萨都刺咏吟。《登镇阳龙兴寺阁观铜铸观音像》："眼中楼阁见应稀，铁凤楼檐势欲飞。天半宝花飘阁道，月中桂子落僧衣。高擎雨露仙人掌，上碍银河织女机。全赵堂堂遗物在，山川良是昔人非。"④

赵州即今赵县，历史悠久，见于史书记载的已有两千五百年历史。宋人描写赵州的诗篇很多，主要集中在两个主题上。一是赵县的名胜古迹赵州桥。赵州桥又名安济桥，俗称大石桥。在赵县城南2.5公里处，横跨洨河，是隋代开皇大业年间由李春设计建造。安济桥是目前我国现存最早的敞肩式大型石拱桥。宋人杜德源的《安济桥》诗对桥的形状、造桥技术和桥的功能都有描述：

驾石飞梁尽一虹，苍龙惊蛰背磨空。坦途箭直千人过，驿使驰驱万国通。

① 《全金元词》上《明秀集注》，第7页。
② 《中州集》，第28页。
③ 《全金元词》上《明秀集注》，第8页。
④ 刘章、吴世元、孙国良选注：《古人咏石家庄》，第47页。

云吐月轮高拱北，雨添春色去朝东。休夸世俗遗仙迹，自古神丁役此工。

南宋时期，赵州沦陷金朝，南宋使金的使者怀古抒情，盼望收复故土。如李及之的《过赵州石桥》："桥梁显刻认中朝，仙迹遗风不可招。唤作沃州人不识，今朝只过赵州桥。"赵州在金朝改沃州。范成大的《赵州石桥》："石色如霜铁色新，洨河南北尚通津。不因再度皇华使，谁洗奚车塞马尘？"诗人故土重来，心情不佳，连看石头的颜色都是冷如霜的。元代刘百熙的《安济桥》中的石桥在神人之间充满了人间的暖意："谁知千古娲皇石，解补人间地不平。半夜移来山鬼泣，一矼横绝海神惊。水从碧玉环中过，人在苍龙背上行。日暮凭栏望河朔，不须击楫壮心生。"①

宋人写赵州的另一个主题是对临济宗赵州从谂禅师悟禅公案的参悟。为了参悟从谂禅师的公案，宋代僧人写了许多偈颂诗，如释慧空《览赵州语》："赵州借得空生口，便自纵横师子吼。问其佛性狗子无，问其甲子苏州有。而今此口还空生，古佛依前成漏逗。掀翻海岳觅知音，个个看来日中斗。"说明北宋时期柏林禅寺还是很出名的，但是到范成大使金时，柏林禅寺已经衰落了。如范成大《柏林院》："边尘一起劫灰深，风鼓三灾海印沉。急过当年无佛处，庭前空有柏森森。"

栾城，春秋时，晋中军元帅、正卿栾书封于此，置栾城之肇始。也是历史悠久的名城。宋朝诗人路过栾城，写下栾城在金统治下萧条景象。如范成大的《栾城》："颓垣破屋古城边，客传萧寒爨不烟。明府牙绯危受杖，栾城风物一凄然。"这种窘迫的局面令诗人心中不平。如：许及之的《栾城县》："寂寞栾城顿食迟，寂寞栾城顿食迟。固非鸾绶身栖棘，可忍鸥巾首告答。"表达了诗人对栾城县小吏遭遇金朝的欺负而愤愤不平。

通过以上梳理可见，宋元诗人咏石家庄的诗作无论是描绘自然山川，还是人文景观，无论是写景抒情，还是咏史抒意，都源于对石家庄文化的无限赏爱，他们为石家庄文化层积增加了新的内涵，构成石家庄地域

---

① 刘章、吴世元、孙国良选注：《古人咏石家庄》，第189页。

文化发展链条上闪光的一环。

五　真定路元代杂剧活动中心的形成

据乾隆《正定府志》记载：真定，宋初为镇州，庆历八年（1048）升真定府，治所在今正定县，属河北西路；金代仍沿袭府志，属河北西路；元代改府为路，治在今正定县，属中书省。① 这个在文学史上很少有人提及的地方，在元代曾经是一个繁盛的杂剧活动中心，对元代的杂剧艺术的发展，起了不容忽视的促进作用。

（一）杂剧发展的基础

元代杂剧的发展，分为两个时期：前期（元贞、大德以前），以大都为中心，形成北方杂剧极为繁盛的局面；后期，杂剧南移，形成以杭州为中心的南方杂剧的繁盛局面。而北杂剧是沿水路和陆路便利的交通而南移的②，当时在由大都到杭州的交通线上形成一个个杂剧活动中心：大都、真定、东平、平阳等。而其中之一即真定路。真定路能够成为元杂剧中心，是具备杂剧繁荣的土壤的。

首先，交通的便利。

元代真定路是京师大都的南大门，是出入大都的重要门户，因临近全国的政治中心而成为南北交通要冲。如此评价史籍中很多，如："真定居燕南孔道，使者旁午。"③ "（真定）直南北大逵，饩迢往来略无虚日。"④ 栾城县"当南北之冲，地阨事殷"⑤。新乐县"地居冲要，迎送供给，倍于他县"⑥，"南北要冲，馆谷将迎，日不暇给"⑦。获鹿县"当关辅、汾晋驿传之冲，供亿倍于他邑"⑧。

---

① （清）乾隆：《正定府志》卷二《沿革》，第 5 页。

② 张庚、郭汉城：《中国戏曲史》，中国戏剧出版社 1980 年版，第 85 页。

③ （元）苏天爵：《滋溪文稿》卷十八《元故承德郎真定路总管府判官赵公墓碑铭》。

④ 《常山贞石志》卷一九《真定府增修庙学记》。

⑤ 《常山贞石志》卷十六《栾城县重修庙学记》。

⑥ 《元史》卷一百五十一《王善传》。

⑦ 《常山贞石志》卷十五《王善神道碑铭》。

⑧ （金）元好问：《遗山先生文集》卷三十《西宁州同知张公之碑》，载《全元文》卷四一。

　　真定路其大部分辖地是宽阔的平原，陆路交通极为便利。有学者考察当时驿道，从大都（今北京）南道由大都在西南七十里至良乡（今北京良乡），六十里至涿州（今河北涿州），七十里至定兴（今河北定兴），六十里至白塔（今河北徐水县北白塔铺），六十五里至保定（今河北保定），至此分为两路：一路西南行九十里至庆都（今河北望都），六十里至中山，五十五里至新乐，然后到达真定，至此又分为二路：一路由真定向正西行八十里至获鹿、井陉（今河北井陉）、柏井（在今山西阳曲县东），七十五里至平潭（今山西阳泉附近），七十里至芹泉（今山西寿阳附近），七十五里至太安（今山西寿阳附近），八十里至鸣谦（今山西榆次县西北）到达冀宁（今山西太原），这是由真定分出的西路。由真定正南七十五里到栾城，四十五里至赵州，七十五里至柏乡，七十里至内丘（今河北内丘），正南偏西五十五里至顺德（今河北邢台），七十五里到临洺（今河北永年），七十里至邯郸（今河北邯郸），七十里至磁州（今河北磁县），七十里至彰德（今河南安阳），七十里至宜沟（今河南汤阴县南宜沟），七十里至淇州（今河南淇县），六十里至卫辉（今河南汲县），正西至获嘉（今河南获嘉），九十里至承恩（今河南焦作附近），再九十里至怀孟（今河南沁阳）。这是经由真定的南道。① 驿道是元代交通的主要道路。

　　经由真定路，还可以通往国外。如去往安南，至顺三年（1332），傅若金以朝廷之命出使安南，他"受命即行，至真定驿"②，并写下一首诗《使至真定赴都计事遇大雹伤谷时逆臣唐其势诛》。从西域来的僧人去往大都，经由真定。如：至元十五年（1279），忽必烈派遣通事脱虎脱护送西僧"往作佛事，还过真定，棰驿吏几死"③。由于繁重的驿路交通，真定路的驿站负担是很重的，"真定驿传之需，多为民害"④。

　　滹沱河也是重要的水上运输通道。据《马可·波罗行纪》记载，"有一条大河绕（真定）城而过。大量的商品，由这条水路运往汗八里。由

<hr>

① 白少双、冯瑞建、刘春燕：《元代真定路浅探》，载《青海师专学报》2008年第2期，第50页。
② （元）苏天爵：《滋溪文稿》卷十三《元故广州路儒学教授傅君墓志铭》。
③ 《元史》卷一百三十《不忽木传》，第3163页。
④ 《元史》卷一百六十八《姚天福传》，第3960页。

于挖掘了许多运河,这座城和京都河川相连,交通方便"①。所说的大河指的是滹沱河,在武强县一带汇入漳水,然后汇入御河与大都相连,成为一条水上运输的重要路线。

其次,相当规模的都市和商业繁荣。

金末元初,战乱频仍,但真定却在史天泽家族的相继统治下,保持了相对的稳定和繁荣。如真定史氏家族:史秉直,受木华黎之命,"管领降人家属屯霸州,秉直抚循有方,远近闻而附者十余万家"。史天倪在1220年就向木华黎进言:"今中原粗定,而所过犹纵抄掠,非王者吊民伐罪意也,且王奉天子命为天下除暴,岂复效其所为乎?"② 史天泽在平定真定武仙叛乱后,蒙将笑乃台"怒忿民之从贼,驱万余人将杀之,天泽曰:'彼皆吾民,但为贼所胁耳,杀之何罪?'力争得释"③。1229年,窝阔台继蒙古大汗位,朝廷议立设三万户统帅汉族军队,遂封史天泽为"真定、河间、大名、东平、济南五路万户"④,辖地二三千里,三四十个州县,真定遂成为百万之兵守之的重镇。此后,史氏家族以仁德的政治风范和拯救人才为历史责任感,大力发展经济,使真定出现繁荣局面。元代诗人陈孚在《真定怀古》诗中写到"千里桑麻绿荫城,万家灯火管弦清",以此来描绘真定城的繁华。

另据纳新的《河朔访古记》卷上记载,也可证明真定路的繁华。其南门为阳和门,其门颇为完固,城门上建有楼橹,是真定帑藏之巨盈库。城楼下有双门而无门框的门扇,仅仅用于车马人流通过而已。南门左右设有两个瓦市,优肆、娼门、酒炉、茶灶,应有尽有,"豪商大贾并集于此。"大概真定路如此繁丽的原因,是蒙古与南宋当年约定共同灭金,按照约定河南之地归宋,其人民则由蒙古人尽迁于此,"故汴梁、郑州之人多居真定,于是有故都之遗风"⑤。今天阳和门已经重建完工,成为正定县的一个旅游标志(图4—1)。

---

① 马可·波罗撰:《马可·波罗行纪》卷2第59章"钦提基、成都府、涿州和哈寒府"。
② 《元史》卷一百四十七《史天倪传》,第3478页。
③ 《元史》卷一百五十五《史天泽传》,第3659页。
④ 同上书,第3658页。
⑤ (元)纳新:《河朔访古记》卷上,四部丛刊本上海书店1985年版。

图4—1　真定南门阳和楼（吴勇拍摄）

　　蒙元统治政权的进一步巩固和发展，至元二十六年（1290），元世祖下诏开凿会通河，"以便公私漕贩"①，并于当年竣工。这一年正是元灭南宋后十年，至此，宋王朝南渡后，中断一百多年的南北水运得以恢复。更加推动了真定商业经济的繁荣。元人还称赞真定"燕南赵北之雄藩，东鲁西秦之都会"②。

　　《马可·波罗行纪》记载：真定城居民依靠"商业和制造业维持生计"，"有一条大河绕（真定）城而过。大量的商品，由这条水路运往汗八里"。③可见真定城是重要的商品集散地，并和大都有水路贸易联系。

　　据《元史·食货志》记载，真定路的商税额为17406锭3两9钱，仅次于大都，可见商业繁荣状况。早在中统元年间，布鲁海牙的幕僚邢泽就说："真定南北冲要之地，居民商贾甚多。"④

　　综上所述，元代真定路具备了杂剧繁荣的社会基础，即交通便利、商业繁荣、具有相当大规模的都市，否则，大量的书会、行院不会产生，作家、演员也会饿肚子。

---

① 《元史》卷六十四《河渠志一·会通河》，第1608页。
② 《常山贞石志》卷十七《龙兴寺重修大觉六师殿记》。
③ 马可·波罗撰：《马可·波罗行纪》卷2第59章"钦提基、成都府、涿州和哈寒府"。
④ 《元史》卷一百二十五《布鲁海牙传》，第3070页。

（二）发达的府学教育

早在金代，真定的府学就相当发达。金大定十六年（1176），真定府学即设立。

此后，大定二十七年（1187）重修，元好问作《令旨重修真定庙学记》，明昌元年（1190），良乡令周昂为记。金元之交，史天泽家族统治真定，敬贤礼士，大量延请人才。那些在兵荒马乱中无处栖身的文人学者，蜂拥而至。史氏家族中从史天泽祖父史伦开始即"乃建家塾，招徕学者，所藏活豪士甚重"。①

史天泽本人以纳士出名。有名士投奔而来的，如："北渡后，名士多流寓失所，知公好贤乐善，偕来游依。"② 可见当时投奔史天泽幕府的都是金代的名士大儒，还有河南王显之来谒公，一见留至门下，署万户参谋，"由是真定治效高于他郡"③。

也有在战乱中挽救或赎回而收为幕僚的。如："公之取卫也，获卫士富察辅之。公问：'金朝才干之人，汝识者谁？'辅之以近侍局副使李正臣对。及破归德缚数人，将杀之。公问一缚者谁？曰'我李正臣也。'公救免，遣人护送至真定，后任为参谋，一路事悉听其施为措注焉。每南征北觐，公必署空名委札数十通，有可用者即书界之，或谗间之，公一不听。"④ 此外，还有张德辉和杨果也史天泽在战乱中收为幕僚的。

史天泽侄子史楫在真定"所举州县佐史有文学者三十余人，后皆知名"⑤。可见真定府当时人才聚集的情况，在这些文人学者的推动下，史天泽家族在真定大兴府学教育。并聘请名流做教授。如：常仲明，"真定幕府以君承平学舍旧人，文行兼备，任师宾之位，辟本路府学教授，在职数年，士论归之"⑥。后来世祖命张德辉，提调真定学校。⑦ 大力发展

---

① 《元史》卷卷一百四十七《史天倪传》，第3468页。

② 王恽：《开府仪同三司中书丞相忠武史公家传》，《秋涧先生大全集》卷48，四部丛刊本。

③ 王磐：《史丞相神道碑》，《畿辅通志》卷一百七。

④ 苏天爵：《元朝名臣事略》卷七《丞相史忠武王》，新文丰出版公司1985年版。

⑤ 《元史》卷一百四十七《史天倪传附史楫传》，第3482页。

⑥ 元好问：《遗山集》卷二五《真定府学教授常君墓铭》，四部丛刊本。

⑦ 《元史》卷一百六十三《张德辉传》，第3825页。

教育，广招生徒。张德辉曾在封龙书院教书，与元好问、李冶，被当时人称"封龙三老"，为真定教育做出巨大贡献。如：余谦在《遗山先生全集序》中描述了元好问当日讲学的情况，"金亡，晦道林莽，执羔雁无虚日"。① 再如：李冶，在封龙山教学，史天泽的后人都师从他而成了才。"其从公而显者，曰史忠武公诸子：曰杠曰阙曰杞曰辉。"②

　　"封龙三老"与真定的元杂剧创作者还有很大关系。封龙山地处真定路所辖的元氏和获鹿两县交界，"封龙三老"彼此关系密切，常以诗歌形式互相问候，或向对方表达自己对人生的理解，在元好问的诗歌作品就有多首记录了他们之间的交往和友情，如《桐川与仁卿饮》《和仁卿演太白诗意二首》等，封龙"三老"具有较高的社会地位，他们与元朝统治阶级中的某些高层人物如真定史氏、东平严氏、藁城董氏、保定张氏等有广泛而密切的交往，这为他们身边的学生及文人学士的成长与发展提供了机遇。特别是真定元曲作家群中的白朴（1226—1291）、李文蔚（约1251 年前后在世）、侯克中（1252—1321）、尚中贤（约 1260 年前后在世）、戴善夫（约 1260 年前后在世）等，便是由"封龙三老"与北方军政大员之间所建立起来的"关系网"中的受益者。

　　真定作家群中的白朴见知于史天泽，中统初，王思廉步入了仕途都与汉人世侯有关。李文蔚为江州瑞昌县尹，史料中虽然没有留下他与四大家族的具体交往记录，但是，从他为官的地域看，或许与董氏子侄不无关系。董文炳的儿子董士选曾拜江西行省左垂，江州瑞昌正在其治下。士选本人以求贤荐士著称，在江西，他与文章大家，河北大名人元明善为宾友，又以高官身份拜经学大师吴澄为师。这些迹象表明，他极有可能与文蔚的任职有关。此外，白朴也曾"羁迟"江州，他与江西行省左承吕师夔相识，并与江州总管杨文卿交好，分别有词：《丙子冬寄隆兴吕道山左承》《九月四日为江州总管杨文卿寿》。看来，江州对于白朴、李文蔚来说决非寻常之地，他们为官或"羁迟"于此，决非偶然。王思廉的出仕经历史有记载，他先是被张德辉识拔做书记官，后经董文忠向元世祖忽必烈推荐，开始了一生的政治生涯，最后官至正奉大夫、太子宾

① （金）元好问：《遗山集》卷首，余谦：《遗山集序》。
② （元）袁桷：《清容居士集》卷十八《封龙山书院重修记》。

客。真定元曲作家群中的侯正卿，与白朴为总角交，自幼失明，虽不便进入仕途，但他天资过人，工诗能文；又精心研治《易经》，著《大易通义》，以其博学多才得交史天泽、胡祇遹、徐玫等人。侯正卿后随史天泽游历汴梁、苏杭等地，写下了不少咏景和与朋友的唱和之作。可以想见，如果没有史天泽及其在江南各地任职的众多子侄的帮助，侯正卿出游江南的愿望，恐怕是难以实现的。在史料中，也的确留下了侯正卿与史氏子侄交往的记录，如他的《良斋诗集》中有《史右承退居昊山读书》《同史右承游白石洞留别杜南谷》之诗，这里的"右承"便是指担任湖广行省右承的史杠，史杠为史天泽第四子。

白朴、李文蔚、侯正卿和史天泽的次子曾为真定顺天两路万户的史樟，是真定元曲作家的中坚。他们既为同学，又相友善，所创作的大量杂剧与散曲作品，奠定了真定在元初杂剧繁荣时期的重要地位。戴善夫和尚仲贤，同里同僚，二人均为江浙行省务官，他们与真定作家群中的另一作家汪泽民，虽同被《录鬼簿》列名于"前辈已死名公才人"中，与白朴等人生活年代相近，但有关他们之间的关系，尚有待进一步考证。

真定元曲作家具有较高的社会地位，活跃于真定路上流社会，如白朴曾应真定路总管之请，为忽必烈作诞辰颂词《春从天上来》；又相交于史天泽的子侄，时为亳州万户的史格和任四川夔州路总帅的史枢。此外，在他们所交往的军政大员中，还不乏富有文学才能者，同气相求，使这种交往具有了某种平等色彩和亲密感。如史天泽、严忠济、张弘范、董文炳、董文用等能诗会文，史氏父子及严、张二人兼能制曲，他们有的被《录鬼簿》视为"前辈名公"或"名公才人"。

没有"封龙三老"对他们的举荐、识拔和培养，没有四大家族营造的兴学养士的社会氛围，真定元曲作家群的脱颖而出，并为元杂剧艺术的成熟和繁荣做出突出贡献，将是不可能的。①

然而，元代是中国历史上一个由少数民族建立的政权。元代统治者把子民分为四个等级。其中蒙古人最为尊贵，而汉人则较为低贱，倍受歧视和压迫。元代还长期废除了科举制度，这对于有着强烈功名观念的文人来说无疑是个空前强大的打击，导致他们晋升机会的丧失和地位的

---

① 吴秀华：《"封山三老"与真定元曲作家群》，载《河北师范大学学报》2000 年第 4 期。

失落。余阙指出："夫士惟不得用于世，则多致力于文字之间，以为不朽。"① 政治上的失意促使文人去寻找一个适合自己的发泄方式。于是很多文人选择走向勾栏瓦肆，著书立说。

（三）众多的作家、作品的产生

宋代以来，出现瓦舍是演出、娱乐场所，元代真定府杂剧演出情况，应该也在城内瓦市中进行。如："左右挟二瓦市，优肆、娼门、酒炉、茶灶、豪商大贾并集于此。"② 当时大批的民间艺人也荟萃于真定。如："（天然秀）姓高氏，行第二，人以'二小姐'呼之。母刘，尝侍史开府，高丰神艳雅，殊有林下风致。才艺尤度越流辈，闺怨杂剧，为当时第一手。花旦驾头，亦臻其妙。始嫁行院王元俏。王死，再嫁焦太素治中。焦没后，复落乐部。人咸以国香深惜，然尚高洁凝重。尤为白仁甫、李溉之所爱赏云。"③ 其中史开府就是指真定的史天泽，白仁甫指白朴。

正是在真定这块杂剧艺术的肥沃土壤中，一代才华出众的戏曲作家脱颖而出，对整个元杂剧的发展，产生了举足轻重的作用。现将真定籍的元曲作家分列如下：

真定作家群（图4—2），据元钟嗣成《录鬼簿》上卷④，记载有九人：

史天泽（1202—1275），字润甫，《元史》卷一五五有传。其人身长八尺，声如洪钟，善骑射，勇力过人。为元代开国元勋。其出将入相五十余年。《录鬼簿》记载其名，可惜其曲作没有流传下来。但是他开府养士，为真定文坛的座主，也是元曲的中心人物。

白朴（1226—1313?），字仁甫，又字太素，号兰谷。是元曲四大家之一。祖籍祆州（今山西河曲县），后随父白华（《金史》卷一一四有传）徙居真定，白朴是元好问的通家侄子，元曾称赞曰："元白通家旧，

---

① （元）余阙：《青阳先生文集卷四贡泰父文集序》，影印文渊阁四库全书1986年版。

② 纳新：《河朔访古记》卷上。

③ （元）夏庭芝：《青楼集》，《中国古典戏曲论著集成》二，中国戏剧出版社1959年版，第23页。

④ （元）钟嗣成：《录鬼簿》，《中国古典戏剧论著集成》二，中国戏剧出版社1959年版，第103、146页。

图4—2　真定元曲作家群（王慧杰拍摄）

诸郎独妆贤。"元世祖中统二年（1261），命各路宣抚司"举文学才识可以从政及茂才异等，列名上闻，以听擢用"①。史天泽曾荐之于朝，但白朴无心名利，不仕。1280年，白朴曾南徙金陵，放情山水。在那里度过晚年。因子弟居官，死后获赠嘉议大夫，掌礼仪院太卿。

其一生与名公文士兼曲家史天泽、杨果、王恽、卢挚、胡紫山、侯正卿、曹公辅、奥敦周卿、李文蔚等相交。有《天籁集》词传世，又存散曲小令三十七首，套曲四首。其所作杂剧有十六本，今存三本。另有佚文存者两本。代表作为《梧桐雨》《墙头马上》，这些杂剧具体创作年代不可考，但大多是在真定时创作的。

侯正卿（1233—1330），名克中，号良斋，是白朴在真定时的另一相交，亦为史天泽所重。侯正卿是元代著名的盲人作家，除了曲作，又有

《良斋诗集》存世，还著有《大易通义》等书。其作杂剧《关盼盼春风燕子楼》，讲述唐名妓关盼盼的故事，深为时人所爱，可惜失传。侯正卿自幼失明，聆群儿诵书，不终日悉能记其所授，稍长，习辞章，遍交名公士夫。如：史天泽、徐玻、胡紫山、张孔孙、橄彦举、李寿卿等曲家。正是得力于朋友之助，侯正卿的足迹才远达河南汴梁、浙江杭州。尽管他"多病难堪父母忧"，但由于"不才每荷亲朋爱"，而常放达乐观，故而能"年逾九十，康色未艾"。他是元曲中少数高龄的作家之一。[①] 侯正卿以盲人身份在诗文曲作上都有成就，堪称文学史上的奇人。

李文蔚（约1230—1300），是白朴的好友，少时曾与白朴一起在真定从元好问等人游学。至元中，李文蔚官至江西行省江州路瑞昌县尹，与白朴仍保持良好的友谊。其剧作十二本，现存三本。即《同乐院燕青博鱼》《破苻坚蒋神灵应》和《张子房圯桥进履》。

史樟（约1240—1288），字敬先，以散仙自号，号"史九散人""史九散仙"，系史天泽之子。因史天泽之故，以荫袭及武功累封真定、顺天、武昌万户及金吾元帅等职。其人好庄子、列子之学，所作杂剧《花间四友庄周梦》，今存世。讲述了太白金星以幻相劝化庄周悟道的故事。剧情从庄子《逍遥游》《齐物论》《至乐篇》《山木篇》等演变而来，表现了他的出世思想。元末明初贾仲明为其写的悼词云："武昌万户散仙公，开国元勋荫祖宗，双虎符三颗明珠重，受金吾元帅封，碧油幢和气春风，编《蝴蝶庄周梦》，上麒麟图画中，千古英雄。"

尚仲贤和戴善夫，在真定元曲家中是同时、同里、同僚者。他们生活年代在中统初年至顺年间（1260—1330）。两人后来都南下，任江浙省务官。

尚仲贤作有杂剧十种，今存《洞庭湖柳毅传书》《汉高皇濯足气英布》《尉迟恭三夺槊》三种。另有三种仅存残篇。

戴善夫作有杂剧五种，现仅存《陶学士醉写风光好》一种。

汪泽民，名德润，真定人。其生平事迹不详。他以《糊涂包待制》剧而闻名于时，可惜未流传于世。元末明初贾仲明为其写悼词云："汪公德润字泽民，燕南赵北真定人，盛时人物多才俊，编《糊突包正臣》。上

《鬼簿》、可羡钟君。生前姓，死后身，名不沉沦。"推测可能与传统包拯的形象不大一致，有讥讽之义。

王嘉甫（约1225—1302），字国宾，一名利用，号恕斋。其先世乃通州潞县人，其祖上历仕金朝，后迁居真定定居。其与魏初曾为同窗而齐名。又历官真定路益州、赵州等地知州，后累官监察御史，翰林待制，出为提刑按察使、总管等职（《元史》卷一七〇有传）。所作散曲现仅存《仙吕·八声甘州》套曲一首，载于《阳春白雪》，曲辞通俗可爱。

综上所述，《录鬼簿》中记录的九位元曲的作家，他们或是入仕为官，或是文人墨客，他们都聚集在真定，恰好说明了真定元曲在当时的繁荣，真定以及真定元曲作家，成为中国戏曲史上重要的一页。

（四）真定杂剧创作对后世戏剧的影响

真定的杂剧创作按其内容主要分为三类：历史剧、爱情剧和神话剧。以下依次介绍：

历史剧：《梧桐雨》是中国戏曲史上最早的纯正的大悲剧。基本上是根据白居易的《长恨歌》及新旧《唐书》和《资治通鉴》中记载真实史料，兼采一些小说、野史材料，又吸收宋、金戏曲创作而成。

自天宝之乱以来，李、杨故事成为文人经常歌咏的题材，在唐宋间颇为盛行。在此影响下，有宋金杂剧《击梧桐》《洗儿会》《玉环》《梅妃》等，宋元间还有《马踏杨妃》的戏文。元代关汉卿《哭香囊》、岳伯川《梦断杨妃》。但这些杂剧作品都亡佚了，只有白朴的《梧桐雨》流传至今。

此剧情由一个楔子和四个折组成。剧本一开始的楔子就写唐明皇的晚年一心想做太平天子，倦于政事，贪图享乐，为得到天姿国色的杨玉环，煞费苦心，先度其为女道士，后册封为贵妃，又将其哥哥杨国忠加为丞相，姊妹三人封做夫人，使其一门荣显至极。对失误军机的安禄山，唐明皇不仅没有惩罚，反而赐给贵妃做义子，还任用为"渔阳节度使"，统领蕃汉兵马，这就为"安史之乱"和自己的爱情悲剧种下了祸根。

第一折写李、杨二人在长生殿设宴共赏七夕，他们携手并肩，既感慨牛郎、织女双星的离多合少，又羡慕他们的爱情地久天长。是白朴根据白居易《长恨歌》中"七月七日长生殿，夜半无人私语时"而创作。

［赚煞尾］长如一双钿盒盛，休似两股金钗另，愿世世姻缘注定。在天呵做鸳鸯比并，在地呵做连理枝生。月澄澄银汉无声，说尽千秋万古情。咱各办着志诚，你道谁为显证，有今夜度天河相见女牛星。①

此处虽写其欢乐庆幸，但也为日后李、杨悲剧埋下伏笔。

第二折写御园中小宴。唐明皇和杨贵妃的缠绵爱情已经到了沉迷程度。即使"渔阳鼙鼓动地来，惊破霓裳羽衣曲"的危急时刻，唐明皇仍然沉迷酒色，纵情享乐，同杨贵妃在御花园中饮酒作乐，直到叛军攻入潼关，长安不保：

［满庭芳］你文武两班，空更些乌靴象简，金紫罗襕。内中没个英雄汉，扫荡尘寰。惯纵的个无徒禄山，没揣的撞过潼关，先败了哥舒翰。疑怪昨宵向晚，不见烽火报平安。（云）卿等有何计策，可退贼兵？（李林甫云）安禄山部下，蕃汉兵马四十余万，皆是以一当百，怎与他拒敌？莫若陛下幸蜀，以避其锋，待天下兵至，再作计较。

应该说，唐明皇是这一悲剧的制造者也是承受者，不得已，仓皇出逃蜀地。

第三折是故事的转折点。安史叛军攻陷潼关，唐明皇凌晨率眷属及扈从官兵千人仓皇出逃。《旧唐书》记载："官吏骇散，无复储供，上憩于宫门之树下，亭午未进食。俄有父老献鋋，上谓之曰：'如何得饭？'于是百姓献食相继。俄又尚食持御膳至，上颁给从官而后食。"② 此时的唐明皇终于承认自己眼不识人导致这场叛乱。行至马嵬驿，六军哗变，诛杀了杨国忠，并要求杀死杨贵妃。明皇此时自己都自身难保，只得下令赐死，但是心中有万般不甘心：

---

① 徐征：《全元曲》，河北教育出版社 1988 年版，第 774 页，以下引文同此。

② （后晋）刘昫：《旧唐书》卷九《玄宗纪》，中华书局 2000 年版，第 155 页。

［殿前欢］他是朵娇滴滴海棠花，怎做得闹荒荒亡国祸根芽？再不将曲弯弯远山眉儿画，乱松松白鬓堆鸦。怎下的磣磕磕马蹄儿脸上踏，则将细袅袅咽喉搯，早把条长挽挽素白练安排下。他那里一身受死，我痛煞煞独力难加。（高力士云）娘娘去罢，误了军行。

第四折写"安史之乱"平定后，唐明皇又回到长安。此时太子李亨已经即位，他失去了爱情，又失去了权力，只能退居在西宫养老。白朴把梧桐与唐明皇和杨贵妃的悲欢离合联系起来，写下"秋夜梧桐雨"，渲染明皇心中的愁苦、凄凉的心情。梧桐，在中国诗文中，其本身代表孤独、寂寞和伤心的意蕴：

［黄钟煞］顺西风低把纱窗哨，送寒气频将绣户敲。莫不是天故半人愁闷搅？前度铃声响栈道。似花奴羯鼓调，如伯牙《水仙操》。洗黄花润篱落，渍苍苔倒墙角。渲湖山漱石窍，浸枯荷溢池沼。沾残蝶粉渐消，洒流萤焰不着。绿窗前促织叫，声相近雁影高。催邻砧处处捣，助新凉分外早。斟量来这一宵，雨和人紧厮熬。伴铜壶点点敲，雨更多泪不少。雨湿寒梢，泪染龙袍。不肯相饶。共隔着一树梧桐直滴到晓。

白朴让梧桐作为世事变幻的见证，让雨湿寒梢、敲愁助恨的景象，搅动观众意识中的凄怨的感受，从而使剧本获得了独特的艺术效果。作品打破了大团圆的结局，在哀婉的歌唱中结束。这种悲壮在元杂剧中是不多的，因此王国维曾赞其为"沉雄悲壮，为元曲冠冕"。

白朴的《梧桐雨》对洪升的《长生殿》产生很大的影响，《梧桐雨》中白朴通过对李、杨爱情的描写，更多地侧重于李、杨故事的历史性和政治性，继承了《长恨歌》的劝惩思想，以达到感慨兴亡，以示惩戒的目的。《长生殿》更多地继承了李、杨故事的爱情性内容，通过赞颂李、杨爱情，寄托自己的爱情理想，同时对古今爱情进行总结，是爱情的集大成之作，也使得李、杨爱情的诠释由长恨到长生。

李文蔚的《燕青博鱼》，剧本有一个楔子和四折戏组成。剧情写梁山将领燕青因误了假期期限，被宋江杖责六十，赶出了梁山。燕青一时气恼，气坏了双眼。宋江听后非常后悔，让他下山寻医治病。燕青下山后到汴梁，实在太缺银子，欠了店家债钱，被赶出旅店。雪天里只得在街上流浪乞讨，又被杨衙内的马头撞倒，此时幸好遇上燕顺救护，为他治好了双眼，二人遂结为兄弟。燕顺有个兄弟燕和，其妻王腊梅与杨衙内有染。清明佳节，燕和夫妇游同乐院，燕青也卖鱼至此。因与燕和博鱼，二人相识。恰巧杨衙内也来同乐院与王腊梅约会调情，强行夺鱼。燕青便将杨衙内痛打一顿。燕和爱其勇义，二人也结为兄弟，并把燕青带至家中居住。中秋时节，王腊梅约杨衙内幽会，被燕青发觉，燕青与燕和同来捉奸。结果杨衙内逃脱，燕青、燕和反被诬陷入狱，后两人越狱逃走，和已经做了梁山头领的燕顺会师，三人合力擒住两个通奸之人，同上梁山庆功。

该剧以燕青为主角，但该剧情不见于《水浒传》，可能当时的梁山故事尚未定型。但是《水浒传》中杨雄、石秀杀潘巧云的事，与本剧情节倒颇为相似，可见对丰富《水浒传》剧本有很大影响。

剧种博鱼又称"扑鱼"，是宋元"关扑"风俗的一种具体表现，而"关扑"是宋元时期流行的一种赌博与商品交易相结合的习俗。"关扑"又叫"博卖"，是以掷钱币定输赢决定商品归属的交易形式，其玩法是：以几枚铜钱在地上或瓦盆中掷出，然后根据铜钱落地后的正反面图案的不同组合分出双方的胜负。"关扑"可以说是一种极受城市市井大众欢迎的习俗，一般在节日里更盛行。

清明节是宋元时期十分重要的节日，每逢此节，北宋政府会"放关扑三日"，让百姓纵情"关扑"。一些生活贫困的小市民往往借机做些小生意谋利，而"关扑"是获利最快的一种。燕青离开梁山后，穷困潦倒，于是他借钱赊鱼，来到市场上博鱼，以赌一次运气，希望以此获利，改善自己的生活。

　　[混江龙] 可怜咱十分贫窘，恰才那打鱼人赊与俺这卖鱼人。凭着我六文家铜镘，博的是这三尺金鳞。鱼也你在荷叶盘中犹跌尾，怎不想桃花浪里一翻身。我去那新红盒子内，拿着这常占胜，不占输，只愁富，不愁穷，明丢丢的几个头钱问。钱那！若是告一场响豁，便是我半路里落的这殷勤。

燕青以一个市井小商贩的形象出现，在他的身上体现了宋元时期的市井小民对金钱和物质的渴望，以及他们试图以此改善生活的心理。

《圯桥进履》，剧本由四折戏组成。剧本写黄石公授张良天书的故事。张良击杀秦始皇不中，逃亡到下邳，寄居在李长者处，得到乔仙、太白金星点化，遇到黄石公。黄石公弃履桥下，命张良去取。张良听命为其拾取并为其穿好。黄石公约张良五日后为徒。五日后，张良如约而至但是黄石公已经在那里了，再约五日，张良这次先到，黄石公认为张良可教，于是传授他天书三卷。这一段依据《史记》卷五十五《留侯世家》中事迹而来。张良于是整日温习兵书，终于精通用兵之道。后来张良投奔刘邦，成为军师，因张良功高，萧何奉命设庆功宴，张良加官受赏。

剧种张良是元杂剧中"穷儒"形象，他在未得志时穷困潦倒，但是内心却怀有报国之志，希望能够建功立业：

> ［南吕·一枝花］我本是一个贤门将相才，逃难在他乡外。空学的满腹中锦绣文，天也，则我这腹内恨几时开？忧的我鬓发斑白，甘贫贱，权宁耐，兀的不屈沉杀年少客！不能够揭天关，稳坐在青霄怎生来，忧的这俊英杰容颜渐改。
>
> ［梁州］几时得居八位，封侯可便建节？几时能够列三公画戟门排？我如今孤身流落在天涯外，本是个守忠义贤臣良将，倒做了背恩宠逆子之才。见如今沿门乞化，抵多少日转他那千阶！也是我命里合该，大刚来天数安排。我、我、我，几时得受皇恩，为卿相，列朝班，奉君王，独步金阶？我、我、我，几时得承宣命，封重职，坐都堂，镇边关的那境界？我、我、我，可几时能够居帅府，悬金印，持虎符，气昂昂走上坛台？凭着我胸襟气概，则我这风云庆会何年再？暂时困，权宁奈，倚仗着我这冠世文章星斗才，胸卷江淮。

元代直到元仁宗延祐二年（1315）才恢复科举考试，这期间，北方有八十年，南方有四十年不开科考，这对广大读书人来说，政治上的出路被堵塞，元杂剧中借汉代历史，发出读书人内心的诉求。反映了元代普遍下层知识分子希望得到重用的心态。

尚仲贤的《汉高祖濯足气英布》，简称《气英布》。剧本由四折组成。

剧情大意是：楚汉相争时，汉高祖差典谒官随何招降项羽名将英布。时英布统兵四十万驻九江，与楚将龙且不和，随何以离间计迫使英布归汉。英布带兵来见刘邦，刘邦故意冷落他，在营中令宫中之人洗足，故意怠慢他。英布遂感到羞愧和后悔，先欲自杀，后欲重返鄱阳入山为盗。正在进退两难之时，刘邦设宴款待，亲自为之推车，又亲自跪着敬酒，并封英布为九江侯，官拜破楚大元帅，使英布真心归汉。后英布帮助彭越击败项羽，被封为淮南王。英布的事迹见于《史记》和《汉书》的《黥布传》记载。元杂剧的情节与史实基本符合。

剧中塑造了刘邦形象重武士、轻文臣，也是对元代以马上得天下又马上治之，不重视知识分子的现实的反映。第一折开始就做了介绍：

> 俺汉王自亭长出身，起兵丰沛，只重武士，不贵文臣。每每看见儒生，便取其儒冠掷地，溺尿其中，轭骂不已。以此小官随从数年，官不过典谒，粟不过一囊，甚不得意。但是他生得隆准龙颜，豁达大度，所居之处，常有五色祥云，笼罩于上。小官想来，这个是帝王气象，只得隐忍，权留麾下，替他掌百官之朝参，通各国之使命。

接着又对刘邦用人的权谋之术进行淋漓尽致的描述：

> 孤家汉王是也。前者遣随何下九江说得英布归降，孤家故意使两个宫女濯足，接见英布。闻他不胜大恼，几欲拔剑自刎。如今他还营去了，要引着大兵重向鄱阳落草，这是他的故智。孤家想来，人主制御枭将之术，如养鹰一般，饥则附人，饱则扬去，今英布初来归我，于楚已绝，于汉未固，正其饥则附人之日也。孤家待先遣光禄寺排设酒筵，教坊司选歌儿舞女，到他营中供用，看他喜也不喜。再遣子房领着曹参等一班儿将官同去陪侍，致孤家殷勤之意，料他必然欢悦。如若怒气未平，孤家另有理会，不怕他不死心榻地与孤家共破楚王。

为了让英布出征作战，刘邦不惜给他推车，跪着敬酒：

（卒推车上科）（汉王云）请元帅就车，寡人亲自推毂者。（正末做上车科）（汉王跪把毂科，云）从天以下，从地以上，苟利汉室，唯元帅制之。（做卒牌剑先行，汉王推车三转科）（正末做下车拜见汉王科）（汉王云）取酒过来。（妓女斟酒科，云）酒到。（汉王做跪送科，云）请元帅满饮此杯。（正末跪接饮起科）（唱）

最终英布被刘邦的虔诚感动，死心塌地地为刘邦卖命：

（正末做背科云）今日这一杯酒不打紧，使后代人知汉王几年几月几日在英布营里跪送一杯酒，自英布死便死，也死的着了也。（做回身拜谢，云）谢大王赐酒。（唱）

元杂剧中刘邦为了汉家利益，利欲熏心又知人善任的形象展现在舞台之上。

尚仲贤的《尉迟恭三夺槊》，简称《三夺槊》，由四折戏组成。尉迟恭即尉迟敬德，槊，古代指长矛这种作战工具。尉迟敬德擅长武器是长鞭，其擅长的作战绝技是能够躲避和夺过敌人的长矛。故事讲述唐代开国大将尉迟敬德遭诬陷后与齐王元吉比武，但与史实多数不符，为剧作者的虚构情节。剧情为：唐初，李建成和李元吉争夺王位，惧怕秦王李世民部将尉迟敬德之勇，遂阴谋诬陷，说尉迟敬德为反将。高祖听后，不问青红皂白就将尉迟拿下。大司马刘文静极力进谏，才使尉迟敬德免于一死。李渊又令尉迟敬德与李元吉比武，元吉不听秦叔宝的劝，扮成单雄信，于是再现了当年尉迟敬德在榆科园战败单雄信的场面。比武中，元吉持槊三番来刺，都被尉迟夺过，最后尉迟敬德当场打死李元吉。

［滚绣球］却受着帝王宣，要施展，显我那旧时英健。不索说在骏马之前，我身上不曾托铠甲，腰间不曾带弓箭，手中不曾将着绿沉枪捻，我则是赤手空拳。我坐下划骑着追风马，腕上只飈着打将鞭，我与你出马当先。

［滚绣球］我煞不待言，不近前。你也不分良善，又不是不知我抱虎而眠。这厮不纳贤，不可怜，不送俺一遍，教这厮落不的个尸

首完全。这厮不颭折脊梁也难消我这恨，把信厮不打碎人灵沙怎报我冤，怎不教我怨气冲天！

在元杂剧《三夺槊》中，尉迟恭被陷害的遭遇同元代文人怀才不遇有类似性，同时尉迟恭也是民间很多户人家过年必贴的门神画像之一。由此可见《三夺槊》创作不仅着眼于李氏兄弟的皇位争夺，更多的是回应百姓对尉迟恭的敬仰。后来尉迟恭和秦叔宝两位大将成为门神，给后人留下了深远的影响。

戴善夫的《陶学士醉写风光好》，简称《风光好》。剧本由四折戏组成。剧情大意为：宋太祖差翰林学士陶穀以索取图籍文书为名出使南唐，实则游说劝降。南唐王托疾不见，丞相宋齐丘把陶穀安排在馆驿中，并与升州太守韩熙载设美人计色诱陶穀。于是以金陵名妓秦弱兰陪侍陶穀宴饮。陶假装正人君子，正色拒绝。但暗中却题"独眠孤馆"的隐喻于壁上，被宋齐丘看破。于是又设计让秦弱兰假扮驿吏的孀妇，月下吟诗以勾引陶穀。陶果然中计并书《风光好》词相赠，答应将来必娶她为妻。次日，宋齐丘设宴款待陶，席上令秦弱兰唱《风光好》词，陶发现被识破后，无颜回大宋，只得投奔其故友吴越王钱俶。宋灭南唐，秦弱兰逃到杭州，经钱俶主持撮合，陶、秦两人终成夫妻。

陶穀，在《宋史》中确有其人。其传曰："陶穀，字秀实，邠州新平人。本姓唐，避晋祖讳改焉。十余岁，能属文，起家校书郎、单州军事判官。"初，太祖将受禅，未有禅文，（陶）穀在旁，出诸怀中而进之曰："已成矣。"太祖甚薄之。尝自曰："吾头骨法相非常，当戴貂蝉冠尔。"盖有意大用也，人多笑之。[①] 但是其出使南唐的事迹，见于宋郑文宝《南唐近事》、释文莹《玉壶清话》、洪迈的《小儿侍名录》等笔记中。《风光好》的结局纯属戴善夫虚构补充而成。

该剧中，陶穀的道貌岸然的假道学形象塑造极其生动：

[醉中天]（陶谷怒云）泼贱人靠后，小官一生不吃妇人手内饮食。（韩熙载云）学士饮一杯，怕做什么？岂不闻将酒劝人，终无恶

---

① 《宋史》卷二百六十九《陶穀传》，第 7577 页。

意。何怒之有？学士也与他接谈，略抬眼重他一看波。直恁般的，弱兰递酒。（正旦递酒科）（陶谷云）靠后！小官乃孔门弟子，放郑声，远佞人。郑声淫，佞人殆。小官平生目不视邪色，耳不听淫声。太守何故三回五次，侮弄小官，是何道理？（正旦唱）

而当晚在驿馆之内，陶毂再次见到秦弱兰，慨叹："小娘子勿罪。一个好女子也。"

　　［牧羊关］（陶谷云）小官乃是大宋使臣陶学士。若小娘子不弃，愿同衾枕。不知小娘子意下如何？（正旦云）妾身守服之妇，不堪陪奉尊官。（陶谷云）小娘子何发此言？若心肯时，小官有幸也。（正旦唱）

　　［隔尾］我则道他喜居苦志颜回巷，却元来爱近多情宋玉墙。这搭儿厮叙的言问那停当。想昨日在坐上，那些儿势况，苦眼铺眉尽都是谎。

在陶毂形象塑造上，尤其是大团圆结局，在钱俶主持下，陶谷与秦弱兰结为夫妻。这就将原本是表现政治阴谋的故事演化成了才子佳人的爱情故事，这一结局也许是出人意料的，但它却是符合当时民众的心理和愿望的。

由此可见，陶毂的形象离正史越来越远，虚构创作的成分则越来越浓，而在这一发展趋向后面，我们可以强烈地感到：迎合民众的趣味和审美取向的努力。

神话剧：史樟的杂剧《老庄周一枕蝴蝶梦》，又称《破莺燕蜂蝶庄周梦》《花间四友蝴蝶梦》，简称《庄周梦》。是一部写庄子被点化的神仙道化剧。剧情是：庄子本是大罗神仙，后升任玉京上清南华至德真君，但"因笑执宝盖幢旛簏仙女，贬在下方"，成了谪仙。为了不让他迷失正道，太白金星奉玉帝之命，派蓬壶仙子带着风、花、雪、月四位仙女，去杭州城南聚仙庄，从酒、色、财、气四个方面诱惑他，庄子没有觉醒。太白金星又从金母那里请得春、夏、秋、冬四仙女化作桃、柳、竹、石四美女，自己则化作李府尹，假装到洛阳赴任，以四美女相托，让他沉迷花酒，结果庄子在诱惑中与仙女们炼成大丹。最后写仙女炼丹泄漏天机，太白金星奉命将她们捉拿上天。李府尹回来，揭破庄子前身，"你是读书人，却这等负心"，使之不再思凡，回到仙界。

剧种庄周形象是作者按照元代读书人生活特征加以塑造的，反映了文人既玩世不恭又感时不遇，说明对功名还是不能忘怀：

> 窗前十载用殷勤，多少虚名枉误人。只为时乖心不遂，至今无路跳龙门。

于是纵情诗酒、放浪形骸：

> ［那吒令］你恋酒呵，多败少成；你恋色呵，色即是空；你恋财呵，那财中隐凶。都因气送了人，到底成何用？谁知你有眼无瞳！
>
> ［雁儿落］那里取笙歌夜月筵，那里取桃李春风面。这的是浮生梦一场，世态云千变。

此剧写庄子的觉悟不是由于历尽苦难，而是遍尝酒色财气之乐，从对人世欢乐短暂、虚幻的醒悟中觉解仙界的永恒与圆融。

尚仲贤的《洞庭湖柳毅传书》，简称《柳毅传书》。该故事来源唐代李朝威的《柳毅传》，宋代官本杂剧《柳毅大胜乐》。剧本由一个楔子和四折戏组成。剧情是：洞庭龙君之女三娘，嫁给泾河小龙为妻，这是一桩父母包办婚姻。在楔子中交待：

> 有我父老龙与我娶了个媳妇，是龙女三娘。我与他前世无缘，不知怎么说，但见了他影儿，煞是不快活。
>
> 妾身是洞庭湖龙女三娘。俺父亲母亲将我嫁与泾河小龙为妻。颇奈泾河小龙为婢仆所惑，日见厌薄，因此上俺两个琴瑟不和。

于是三娘被罚牧羊。淮阴书生柳毅落第还乡，路过此地遇见三娘，感三娘之遭遇，"气血俱动"，答应为她传书洞庭龙君。龙君之弟钱塘火龙，性情刚烈，率水卒打败了泾河小龙，救回三娘。洞庭龙君为报答柳毅，欲把三娘许配给他。柳毅道："只为一点义气，涉险寄书；若杀其夫而夺其妻，岂足为义士？"于是以老母无人奉养为由固辞。但见到三娘盛装之后美若天仙时，他后悔："这个是龙女三娘？比那牧羊时全别了也。早知这等，我就许了那亲事也罢。"后来柳母为柳毅娶妻卢氏，洞房之夜，方知卢氏即三娘化身。二人终于获得了纯真和幸福的爱情。

唐代《柳毅传》中更多神话渲染，而元杂剧《柳毅传书》中始终传递着缘分的观念，和善良战胜邪恶，得救不忘报恩的情感态度。宋元经济的繁荣，市民阶层逐渐形成和不断壮大，他们信奉的已不再是儒家正统的道德规范，而是热衷于追求世俗的享乐，追求功名利禄，行善积德、因果报应才是他们真正的信仰，姻缘说、宿命论恰恰迎合市民阶层的普遍心理。

《柳毅传书》在戏曲舞台上盛演不衰，影响很大。京剧、越剧等剧种都曾将其改编后演出，由梅兰芳演出的京剧《龙女牧羊》即是。在身为中国第二大剧种的越剧，早在1961年就拍摄制作了戏曲电影版搬上银幕，今天更是为了适应新时代新观众，对其进行不断改进，形成了《柳毅传书》2003年、2006年、2010年等多个版本。

爱情剧：《墙头马上》，是元代四大爱情戏剧作品之一。其故事来源于白居易的《井底引银瓶》诗。但是白诗写一对青年男女"墙头马上遥相顾，一见知君即断肠"，私奔后又分开，是个悲剧结局。宋金时期，曾有人将这个故事编成戏曲。白朴根据白诗，又借鉴宋金戏曲材料，凭着自己对爱情的理解、认知，创作了《墙头马上》。

此剧情由四折戏组成。李千金是皇室洛阳总管的千金小姐，作为大家闺秀，李千金自然逃不脱封建礼教规范的束缚和压迫，同其他贵族妇女一样，过着大门不出，二门不迈，与世隔绝的生活。但是这种束缚在李千金身上失效了。春天是美好的，"妾身李千金是也。今日是三月上巳，良辰佳节，是好春景也呵！"[①] 她幽闭的人性复苏了。她游园赏春，实际也是想找到自己的白马王子。正是在这样的基础上，她一见到裴少俊就立刻坠入情网，毫不掩饰自己的爱慕之情：

---

① 徐征：《全元曲》，河北教育出版社1988年版，第738页，以下引文同此。

［后庭花］休道是转星眸上下窥，恨不的倚香腮左右偎。便锦被翻红浪，罗裙作地席。（梅香云）小姐休看他，倘有人看见。（正旦唱）既待要暗偷期，咱先有意，爱别人可舍了自己。

当她接到裴少俊表示爱情的诗笺后，便约当夜幽会，毫不惧怕被李嬷嬷发现，表现得敢作敢当：

［菩萨梁州］是这墙头掷果裙钗，马上摇鞭狂客。说与你个聪明的奶奶，送春情是这眼去眉来。（嬷嬷云）好！可羞也那不羞？眼去眉来，倒与真奸真盗一般，教官司问去。（正旦唱）则这女娘家直恁性儿乖，我待舍残生还却鸳鸯债，也谋成不谋败。是今日且停嗔过后改，怎做的奸盗拿获？

李千金蔑视礼教规范，勇于向传统挑战的表现就是她和裴少俊私奔后在裴家后园隐居七年，并不透露自己身份，而是盼望裴少俊能够凭着科举平步青云，出人头地，自己也"合该得五花浩七香车"，取得当时社会所肯定所推崇的一切。可见她对爱情的执着。然而她还是被裴少俊的父亲裴尚书发现了，裴父骂她是"倡优酒肆之家""与人淫奔"。她并不惧怕，声称自己"妾是官宦人家，不是下贱之人"，仍不提自己的身份和之前婚约。只是软弱的丈夫听从父亲的意见将李千金休妻，赶出家门：

［折桂令］果然人生最苦是离别，方信道花发风筛，月满云遮。谁更敢倒凤颠鸾，撩蜂剔蝎，打草惊蛇？坏了咱墙头上传情柬帖，拆开咱柳阴中莺燕蜂蝶。儿也咨嗟，女又拦截，既瓶坠簪折，咱义断恩绝！（张千云）娘子，你去了罢！老相公便着我回话哩。（正旦云）少俊，你也须送我归家去来。

［鸳鸯煞］休把似残花败柳冤仇结，我与你生男长女填还彻。指望则生同衾，死则共穴。唱道题柱胸襟，当垆的志节，也是前世前缘，今生今业。少俊呵，与你干驾了会香车，把这个没气性的文君送了也！

后来裴尚书带着夫人和李千金的两个孩子，亲自到李千金家赔礼，祈求相认。

> ［小上楼］儿也，谁知道你是李世杰的女儿，我当初也曾议亲来，谁知道你暗合姻缘。你可怎生不说你是李世杰的女儿，我则道你是优人娼女。我如今和夫人、两个孩儿，牵羊担酒，一径的来替你陪话，可是我不是了。左右，将酒来，你满饮此一杯。

但是千金依然不依不饶，最后在儿女的苦苦哀求下，千金才认了下来。

白朴在《墙头马上》剧本中突出的成就即塑造了大胆追求爱情，敢于和礼教作斗争的少女李千金的形象。

白朴的《董秀英花月东墙记》，剧情写马文辅与董秀英的爱情故事。全剧一个楔子，五折戏。松江府尹董蓥之女董秀英，幼年许给三原县令马昂之的儿子马文辅。后来马父死后，家道衰落，文辅成年后到松江府打探亲事，就在董家的东墙下花木堂设馆学习，以便来年应试。时逢阳春三月，董秀英游园，与隔墙赏花的马文辅一见钟情，并互递书简以传情：

> ［上小楼］只因你青春后生，俺小姐心肠不硬。想前夜月下鸣琴，韵和新诗，福至心灵。音韵轻，声律清，精通理性，多管是暗中传两情相应。（云）俺姐姐与了这个柬帖儿，教送与先生，不知是什么言语？（生云）将来我看。（生看科，云）小娘子，这一首诗是谁写的？（梅云）俺姐姐亲笔写的，你试念与我听。（生云）"潇洒月明中，潜身墙角东。鸣琴离恨积，入夜绣帏空。梦绕三千界，云迷十二峰。仙郎休负我，我意若春浓。"好高才也！既小姐有顾恋小生之心，我如今备办礼物，使媒人说去，如何？（梅唱）

秀英得知文辅原是她的未婚夫，主动邀请文辅到海棠亭相会，不料被母亲撞见，怒斥秀英不守妇道。但家丑不可外扬，无奈只得许其成婚。然而董母不满文辅是个穷书生，立逼其进京应试。一年后，马文辅果然中了状元，点了翰林，又回来接秀英，有情人终成眷属：

> ［折桂令］喜今朝又得团圆，夫妇相逢，前世姻缘。携手相将，花前月下，笑语甜言。旧日的恩情不浅，还记得海棠亭誓对婵娟。你如今黄榜名悬，翰苑超迁，愿足平生，尽在神天。

《董秀英花月东墙记》的结构和曲词都打破元杂剧的规律，其剧情和文字风格与《西厢记》颇为相似。

白朴在剧中表现的男女情欲与金元少数民族入主中原有很大关系，金代男女关系要比汉族开放得多。经过长期民族融合，也是宋元时期女性自由意识觉醒的反映。

对于真定的元杂剧作家的创作，吴梅曾这样评价："真定一隅，作者至富，《天籁》一集，质有其文。《秋雨梧桐》，实驾碧云黄花之上。盖亲炙遗山謦欬，斯咳唾不同流俗也。文蔚《博鱼》，摹绘市井，声色俱肖，尤非寻常词人所及。尚仲贤《柳毅》《英布》二剧，状难状之境，亦非《蜃中楼》可比拟。戴善夫《风光好》，俊语翩翩，不亚实甫也。"①

综上所述，通过对他们的作品梳理，我们看到真定杂剧作品的特点：一是，我们在元杂剧作品中几乎看不到显得很普遍的怨世、愤世的作品，除了表现儿女私情外，他们把力量更多地放在了历史剧的创作上，如《梧桐雨》《气英布》《圯桥进履》等，以达到劝惩感慨兴亡，以示惩戒的目的。二是，文化世俗化。元杂剧可以说是百科全书，都贴近生活，使用民间俗语，塑造鲜明的人物，如李千金、董秀英、燕青、柳毅等，描述了宋元社会中追求爱情、追求财富、因果报应的心理，也是宋元时期市民意识增强，市民力量壮大的反映。这些对后来戏剧《西厢记》《水浒传》《柳毅传书》等都有重要的借鉴作用。

---

① 吴梅：《中国戏曲概论》（卷上），江苏文艺出版社 2008 年版，第 161 页。

第 五 章

宋元真定府赵州教育与人才培养

　　真定府赵州一带是我国传统教育的主要发源地。在石家庄文化的发展历程中，教育的昌盛与繁荣发挥着尤为重要的作用，也成为文化高涨的标志之一。宋元时期真定府赵州一带学校教育的进一步普及，极大丰富了传统教育文化的内涵，促进传统教育体系的更趋完备，尤其是书院教育形式的创立和兴起，使教育文化的发展提高到一个新的水平，达到新的高度。教育发展，在繁荣学术思想文化方面起着不可低估的作用。学校的发展，作为培养人才的主要载体，它使得人才培养与科举选士制度更加协调。金代真定府王若虚倡导朴实文风，与元好问号称金元时期文人的双璧，充分反映了教育文化突出的社会功能。因此，真定府赵州一带这一时期教育文化的昌盛，不仅使其继续保持着政治经济重心的地位，而且仍然成为发达的学术文化重心。

一　州县官学教育兴起

　　宋元时期石家庄地区的官学教育，从北宋初期起，经历了北宋时期的三次大规模兴学，在金元朝政府大力实施"汉法政治"、推行尊孔崇儒的文教政策之下，学校逐渐建立起来，学生人数逐年增加，官学教育体系开始完备起来。这一时期的真定府赵州的官学教育，无论是学校数量、设施规模，还是在人才培养、教育质量上，都超过了前代。现将《正定府志》（乾隆年）和《深泽县志》（咸丰）上记载，总结如下。

表 5—1　　　　　　　　　　　石家庄市辖区州县学

名称	建置始末
正定府文庙	在府治东金粟冈，熙宁三年，龙图阁学士知府吴中复创修（礼部郎中陆佃为学记），元祐三年蔡京守成德军始迁而大之，金明昌元年吴王宗宪撤徙改建，视旧有加庑及廊为间十六，先贤大儒像凡数十人皆改图之（良乡令周昂为记）。元至顺二年府尹张忙兀台增修规制乃备。延祐间教授苏梦麟益许鲁斋从祀，元末毁于兵
获鹿县文庙	县治东南隅金旧址不详始建，元至元十年知县何金改建，二十八年达鲁花赤忽都不花重修
井陉县文庙	在县治西北、金明昌二年建，元至正丙申知县崔克新增修（学士杨俊民为学记）
栾城县文庙	在县治东南元大德五年知县马彦文创建（翰林学士郝采麟为记），泰宁四年知县赵彦才天历三年知县赵匡弼重修，后废
行唐县文庙	在县治东、金大安已巳主簿张国纲创建，知县王若虚为记
灵寿县学	在县治东南，始建不详，元天历中知县萧承事同邑人宋秉善增修
平山县文庙	在县治西南、熙宁二年（应为崇宁元年）韩实建，武渐为记
元氏县文庙	在县治东南、宋皇祐间知县田照临建，江西曾宏为记。元祐庚午知县曹景移建东南，景自为记。元泰和中祭酒张德辉复撤新之，翰林学士李冶为之记，大德五年知县董继鼎重修，参政王思廉为记，元末毁于兵
赞皇县文庙	在县治东、宋嘉祐二年县令曹九章移建，后废县为镇，学几废。元至正十六年同签枢密院事赵良弼请复县重建广其制学士王磐为记
晋州文庙	在州治西，元中统间节度使王安仁建
无极县文庙	在县治东不详，始建元至正间，县尹完颜宣重建
藁城县文庙	在县西南隅，素有文宣王庙一所 在县治东南、宋元祐六年知县祝安上迁，饶孝先为学记
新乐县文庙	在县治东南唐末始建，宋大观中重修，元末毁于兵
深泽县文庙	徽宗时知深泽县张克敬《重修学记》（咸丰《深泽县志》卷九）
束鹿县	金天会年（《畿辅通志》卷二十八）
封龙书院	在元氏县封龙山下，相传汉李躬授业之所，唐郭元振宋李昉元李冶皆讲学于此，后废
西鸡书院	在元氏县龙首峰西，唐隐士姚敬栖遁于此
赵县文庙	大观圣作碑
太行书院	在获鹿县北二十里元学士高健归田立此

　　下面是学记，将《全宋文》《全辽金文》和元代文献记载，总结如下。

表5—2　　　　　　　　石家庄市辖区学记一览表

县域	时间	人物	学记	材料出处
真定府藁城县	大中祥符二年（1009）	徐晟	《大宋真定府藁城县重修文宣王庙堂记》	《全宋文》第13册第382—384页
	元祐六年（1091）	齐孝先	《大宋真定府藁城县新迁文宣王庙堂记》	《全宋文》第122册第122—124页
真定府元氏县	皇祐二年（1050）	曾宏	《元氏新建县学记》	《全宋文》第41册第318—320页
	元祐五年（1090）	曹景	《元氏县重修庙学记》	《全宋文》第108册第219—220页
真定府	熙宁三年（1070）	陆佃	礼部郎中陆佃为学记	真定府志（乾隆）卷八
真定府平山县	崇宁元年（1102）	武渐	《平山县学记》	《全宋文》第133册第114—115页
赵州赞皇县	嘉祐三年（1058）	曹九章	《赵州赞皇县移建夫子庙记》	《全宋文》第92册第428—429页
祁州	不详	晁补之	《祁州新修学记》	《全宋文》第127册第6—7页
祁州深泽县	徽宗时	张克敬	《重修学记》	《全宋文》第138册第321—323页
真定府	大定二十七（1187）	元好问	《令旨重修真定庙学记》	《全辽金文》第3140—3142页
真定府	明昌元年（1190）	周昂	良乡令周昂为记	真定府志（乾隆）卷八
赵州	天会后（1123）创建、贞祐后（1216）修建	元好问	《赵州学记》	《全辽金文》第3148—3149页
行唐县	大安元年（1209）	王若虚	《行唐县重修学记》	《全辽金文》第2514—2515页

县域	时间	人物	学记	材料出处
威州	不详	傅慎微	《威县建庙学碑》	《全辽金文》第1144—1147页
真定庙学	丁未年	元好问	《令旨重修真定庙学记》	《遗山先生文集》卷三二
赞皇	至正十六年（1356）	王磐	《重修赞皇县学记》	《全元文》卷六一或《赞皇县志》
元氏	泰和中	李冶	《真定府元氏县重修庙学记》	《元氏县志》
赵州		元好问	《赵州学记》	《遗山先生文集》卷十二
栾城	大德五年（1301）	郝采麟	郝采麟为记	《正定府志》卷八
井陉		杨俊民	杨俊民学记	《正定府志》卷八
元氏		袁桷	《封龙山书院重修记》	《清容居士集》卷十八卷《正定府志》（乾隆）四十五
元氏		王思廉	《重修元氏县学记》	《正定府志》（乾隆）卷四十五
正定	大德五年（1301）	王思廉	《增修正定府学记》	《正定府志》（乾隆）卷四十五
正定	至顺二年（1331）	孛木鲁中	《重修真定府学记》	《正定府志》（乾隆）卷四十五
正定		宋本	滋溪书堂记	《正定府志》（乾隆）卷四十五

宋初，承唐末五代长期战乱之后，加上宋太祖太宗忙于加强皇权，巩固统一的局面，在稳定新建的政权方面，宋太祖、太宗鉴于唐末五代武人专权的教训，逐渐用文官取代武臣。然而，文官的选拔在宋初很长一段时间内，主要通过科举来实行，学校仅被作为一种文治主张的点缀；在财政方面，宋初社会经济萧条，国家也没有更多的财力来兴办州县学校，致使各地方官方教育在相当长的时间内基本处于瘫痪状态。正如王

枺所说："国初凡事草创，学校教养未甚加意。"① 石家庄地区也不例外。

宋真宗时，社会安定，景德元年（1004），宋辽签订澶渊之盟。宋辽边境稳定，经济获得稳步增长。景德三年（1006），"诏天下诸郡咸修先圣之庙。又诏庙中起讲堂、聚学徒，择儒雅可为人师者以教焉"②。一些州县，纷纷应诏建学。此时地方官学它们依孔庙而建，因此也称庙学。孔庙是祭祀先圣孔子的地方，宋代称"夫子庙""文宣王庙""文庙""夫子祠"等。如大中祥符二年（1009），真定府藁城县重修文宣王庙，徐晟为记。这一时期的州县学比较简单，各种制度也不健全，但为仁宗兴学打下基础。

宋仁宗时，在景祐年间，"累诏州郡立学，赐田给书，学校相继而兴"。③ 这一时期，朝廷兴办学校的目的是想利用学校来弥补科举制的弊病。庆历四年（1044），宋朝廷颁行《颁贡举条制敕》，诏天下州县皆立学④，开始了北宋第一次兴学活动。皇祐二年（1050），真定府元氏县知县田照临建县学，曾宏作《元氏新建县学记》。当时真定府元氏县拆毁一些佛教寺院，用拆下的材料改建文庙，建成县学。如"堂、室、门、爨皆具，而器也备焉"。并且"时人州将邑长，人人以教育为己职"⑤，大力兴办学校。嘉祐三年（1058），赵州赞皇县知县曹九章移建县学，并自作《赵州赞皇县移建夫子庙记》，将原来"颓堵榛棘中，坏屋只三四"的夫子祠移建成"凡为屋大小只十四"的新县学⑥。

继仁宗之后，神宗时掀起第二次兴学活动。主要目的是建立完善、独立的学校取士制度。早在嘉祐间，王安石就曾在《上皇帝万言书》中指出如何选拔人才以解决当时困扰朝廷的政治、经济问题。科举以文辞取士，并不能够选拔真正德才兼备之士。鉴于这种情况，王安石提出通过学校培养人才的主张。如他提道："古者井天下之田，而党庠、遂序、国学之法立乎其中。……后世无井田之法，而学亦或存或废。大抵所以

---

① （宋）王林：《燕翼诒谋录》卷五，中华书局1981年版，第51页。
② 杨侃：《重修先圣庙并建讲堂记》，明正德《袁州府志》卷一三。
③ 《宋会要辑稿》崇儒二之三。
④ （元）马端临：《文献通考》卷三一《选举考》四。
⑤ 《全宋文》第41册，第318—320页。
⑥ 《全宋文》第92册，第428—429页。

治天下国家者，不复皆出于学。"① 熙宁二年（1069），神宗任王安石为参知政事，开始变法。以培育变法人才的熙丰兴学，被排上日程。熙宁三年（1070），龙图阁学士知府吴中复创修真定府文庙，礼部郎中陆佃为学记。元祐三年（1088）蔡京守成德军始迁而大之。元祐五年（1090）知县曹景移元氏县学，并自作《元氏县重修庙学记》。元祐六年（1091）知县祝安上迁县学，齐孝先作《大宋真定府藁城县新迁文宣王庙堂记》。

徽宗时期，崇宁元年（1102），宰相蔡京上书："请以学校为今日先务，乞天下并置学养士。"② 从而拉开了宋代声势浩大的兴学序幕。崇宁意思也是崇尚熙宁变法，通过粉饰太平来巩固统治。这是北宋规模最大的兴学，也北宋历史上是第三次兴学。崇宁元年（1102），武渐作真定府平山县《平山县学记》。徽宗时，张克敬作深泽县《重修学记》。新乐县文庙，唐末始建，宋大观中重修。这些都是此时石家庄地区兴校学办的例证。

北宋时期，石家庄州县官学修治于州县官衙附近或州县城中较好的位置，以此可见北宋石家庄州县官员对地方教育的重视程度。如：真定府学在府治东金粟冈上建，后来元祐三年（1088）蔡京守成德军始迁而大之，金代在此基础上重修。平山县学在县治西南。元氏县学原来在西北隅，后迁于县治东南。赞皇县学在县治东。藁城县学在县西南隅，后移至县治东南。新乐县学在县治东南。

北宋时期，石家庄州县官学经费来源为政府出资和民间捐助。宋代州县学办学经费大部分由政府承担。宋政府通过赐田来保证教育基本经费。此外还有民间捐助，主要是修建县学时。如：藁城县知县王文化"自减清俸，助建崇基"③。藁城县主簿"罗君首以菜圃献焉，其地在公宅之南望□方"④。元氏县邑人承议郎郑士宗、殿直裴士廉："以己之私钱助夫不足之用。"⑤ 平山县学"废县北林山道宫，尽得其材，鸠集工徒，

---

① 王安石：《临川先生文集》卷八三《慈溪县学记》。

② （明）杨仲良：《资治通鉴长编纪事本末》卷一二六《州县学》，黑龙江人民出版社2006年版。

③ 《全宋文》第13册，第383页。

④ 《全宋文》第122册，第123页。

⑤ 《全宋文》第108册，第20页。

徙建于县之西隅"①。祁州宫苑使董侯之为守，"郡贫，力不足以为，乃敛菜圃之课当入于守者，日二千钱，举而新之"②。

北宋时期，石家庄州县学的师资、教学内容。宋代，州县学师资力量主要由州县学教授和地方官吏组成。他们既是官学的教师和管理者，又是地方州县长官的属吏。如北宋庆历四年（1044），朝廷下令诸路州县立学，"始置教授，以经术行义训导诸生掌其课试之事，而纠正不如规者，委运司及长史于幕职、州县内荐，或本处举人有德艺者充"③。如祁州请"得前朝进士彭城赵君怀之以教授学者"④。由于真定地处宋辽边境，沿边军事活动冲击着学校事业。到神宗熙宁四年（1071）诏陆佃等人为京东、京西、河东、河北、陕西五路学官，令中书逐路采访有经术行谊者各三五人。陆佃是宋朝著名词人陆游的祖父，王安石的学生。可见当时对河北的教育事业的重视。崇宁二年（1103），徽宗诏令诸路皆置提举学事司，其长官为提举学事使，掌"岁巡所部以察师儒之优劣、生员之勤惰，而专举刺之事"⑤。徽宗朝提举河北西路学事的官员是丁�খ⑥和张绰⑦。教学内容主要有经、史、诸子、诗赋和时文。而以经为最主要，《九经》是最主要的教科书。宋朝真宗、仁宗时，州县学赐《九经》制度逐渐形成。如：真宗咸平四年（1001）诏，"诸路州县有学校据徒讲诵之所，并赐《九经》"⑧。熙宁以前这些经采用汉唐旧注，王安石《三经新义》出来后，除元祐短暂的几年之外，从中央太学到地方州县学，均改用王学。直到南宋中后期，随着学术流派的迭兴，才打破这一局面。宋代石家庄州县学也概莫能外。

学校建筑，一般有校舍、讲堂、厨房、储藏室、孔庙、藏书阁，晨兴，师生先到孔庙祭拜先师，之后再到教室讲诵，宋代石家庄市州县学内部修筑有各种堂、楼、阁，是地方官员为了学校生徒的教育教学活动

① 《全宋文》第 133 册，第 115 页。

② 《全宋文》第 127 册，第 7 页。

③ 《宋史》卷一百六十七《职官七》，第 3976 页。

④ （宋）晁补之：《鸡肋集》卷二十九《祁州新修学记》，文渊阁影印四库全书 1986 年版。

⑤ 《宋史》卷一百六十七《职官七》，第 3971 页。

⑥ 《宋会要辑稿》选举一九之二三。

⑦ 《宋会要辑稿》刑法二之七二。

⑧ 《长编》卷四十九，真宗咸平四年六月丁卯，第 1065 页。

和师生课余娱乐而修。尤其值得注意的是，当时县学的士是在学期间就开始领俸禄。

薹城县学，庙成，"□廉隅形貌既直且显，如翼如棘，如翚如革，其楹则直，其桷则梃，饰以圬墁，丽以丹漆，雕刻华藻，不为过也"，其庭除之余"足以设荐献之位，阶陛之上，足以行升降之节，神位之前，足以备边豆簠簋之属"。又"高其门墙，环以廊庑，分为斋馆，尚有余舍以待方领矩步之士。逶迤于其间讲诵呼其地也"。① 完整地记录了县学的建筑，及其祭拜、学习情形。

元氏县学，先是皇祐二年（1050）初建，半月而告成，"堂、室、门、馕皆具，而器也备焉。至圣南面衮冕，与王者等。自颜而下，列四科者十人，以公服侍其侧"。其后元祐五年（1090）重修"长廊复屋广殿重庐，广殿重庐，宏壮而不华，显敞而不丽，工不旬而告毕"②。

赞皇县学，"凡为屋大小只十四□，□之室以安像位，为□堂以肆经训，有斋以便退息，有门以限内外"③。

平山县学，"辟门于斋西，东序中建宣圣殿，后置讲堂，职掌之舍，宾客之位，与其祭器、什物，悉皆备焉"。平山县学在当时"宏伟壮观，甲于诸县"。④

尤其是深泽县学记载："尝闻古之士者，仕而后有其禄。今在下之士，未仕而以饮食赡之，以俸禄给之，优游以教养，坐待其贡，而上副国家之选：此前古未之有也。"⑤

通过对北宋石家庄辖区的州县学选址、师生与教学内容、内部建筑等方面分析，可以看出北宋时期，尽管地处宋辽边境，该地的州县官学也取得相当大的办学成绩。宋代石家庄州县学教育的发展，使得平民子弟接受教育的机会增加，呈现出教育日渐普及的倾向。宋代石家庄地方州县官学的发展与宋统治者的重视、经济的繁荣分不开，对培养国家人才，扩大统治基础和化育民俗都有重要的意义。

---

① 《常山贞石志》卷一二《大宋真定府薹城县新迁文宣王庙堂记》。
② 《常山贞石志》卷一二《元氏新建县学记》、《元氏县重修庙学记》。
③ 《全宋文》第 92 册，第 428—429 页。
④ 乾隆《真定府志》卷四五，乾隆二十七年刻本。
⑤ 咸丰《深泽县志》卷九，同治元年刻本。

　　宋金之际，真定府赵州一带的官办学校在兵燹之后，或毁坏，或衰落，其发展遭受重大挫折。入金以后，随着金统治者崇儒尊学政策的实施，如世宗大定十六年（1176）、大定二十九年（1189）和章宗泰和四年（1204）几次大兴学校，尤其是在一些热心教育的地方官员的努力下，石家庄赵县地区的官学教育逐渐恢复并有程度不同的发展。以下分府州县学三级分别介绍：

　　金大定十六年（1176）始创府学为"旧制京府十七所"①，未载其名。但是据《金史·地理志》记载，金朝将全国分为15个总管府和5京，共20个路府，它们是：上京会宁府、咸平府、东京辽阳府、北京大定府、西京大同府、中都大兴府、河东太原府、南京府、开封府、河间府、真定府、益都府、东平府、大名府、平阳府、京兆府、延安府、庆阳府、临洮府、凤翔府。可以肯定是上京会宁府和西京大同府未设，由此可见，金大定十六年（1176），真定府学即设立。此后，大定二十七（1187）重修，元好问作《令旨重修真定庙学记》，明昌元年（1190），良乡令周昂为记。赵州州学于金天会后（1123）创建、贞祐后（1216）修建，元好问作《赵州学记》。行唐县学于大安元年（1209），王若虚作《行唐县重修学记》。此外还有威州县学创建年代不详，傅慎微作《威县建庙学碑》等。

　　金代石家庄赵县学校学官和生员，按金政府规定各路府、节镇州、防御州的不同等级设教授和生员。如教授"于大定旧制，京府十七处千人之外，置节镇、防御州学六十处，增养千人，各设教授一员，选五举终场或进士年五十以上者为之"。其中金代真定府学生员为60人②，之所以作出如此限定，也是在于保证官学培养学生质量。此外还受当时社会经济和文化教育水平的限制。

　　金代石家庄赵县学校经费政府出资和由地方官吏多渠道民间筹资两种。如真定府学，（皇上）"令旨以振玉、德辉合力办集，所不足者具以状闻"③。赵州州学，真定路工匠总管赵侯，"发赍于家，雇工于民，躬自

---

①　《金史》卷五十一《选举一》，第1131页。

②　同上书，第1133页。

③　《全辽金文·元好问》，第3140页。

督视，不费寒暑"①。行唐县学张君达为主簿，"思完葺而谋诸县士之好事者"，"想与悉力而赴之，物不足而办，役不习而勤"。②

学校建筑，一般有庙殿、礼殿、厨房、储藏室、藏书室等，金代石家庄市州县学内部修筑有各种教授讲授堂、诸生结课之所，是地方官员为了学校生徒的教育教学活动和师生课余娱乐而修，校舍建筑规模全备。如史载：真定府学，"庙则为礼殿、为贤庑，为经籍、祭器之库，为斋居之所，为牲荐之厨"③。赵州州学恢复了原来的州学的"门、廊庑、讲堂"④。威县县学"为正殿、大门、东西序、讲堂等舍屋二十余间"⑤。行唐县学为屋总三十间，"讲习之堂，栖息之舍，庖厨库庑，以至井亭碑楼，莫不毕具"⑥。这些都体现了金代对儒家文化的继承和发展。此外金代还在真定府创建女真府学，教授女真族官吏和军户子弟。

元代地方的官学教育按路府州县的行政区划，建立起路学、府学、州学、县学，以及蒙古字学、医学、阴阳学等专门学校在内的教学系统。这些学校学职由朝廷统一选拔任命，其中路学学官设教授、学正和学录，府学、州学学馆设教授和学正，县学学官设教谕，蒙古字学、医学、阴阳学皆设教授。教授由朝廷统一任命，学正、学录和教谕则由礼部或宣慰司任命，这既表明了元代学校制度的统一化，也反映了和前代不同的特点。在这一统一化政策的推动下，真定路的府学、县学自元初逐渐建立起来，渐渐超过前代。除重修宋金的县学外，元代创建的县学有：灵寿县、晋州、无极县、栾城、赞皇县等。

元代学校建筑一般有正殿、讲堂、七十二贤廊，用来教师上课和学生学习之所。如赞皇县学"正殿三间七十二贤廊六间三门一座讲堂三间棂星门一座塑化像"⑦。真定府学"自殿之庑，自庑之门，新其屋楹三十有二"⑧，学校祭祀孔子和七十二大儒之外还加上宋儒和当代的鲁斋。如：

---

① 《全辽金文·元好问》，第 3149 页。
② 《全辽金文·王若虚》，第 2515 页。
③ 同上书，第 3140 页。
④ 同上书，第 3148 页。
⑤ 《全辽金文·傅慎微》，第 1146 页。
⑥ 《全辽金文·王若虚》，第 2515 页。
⑦ 王磐：《重修赞皇县学记》，《正定府志》（乾隆）。
⑧ 李术鲁中：《重修真定府学记》。

真定府学"七十子二十四大儒昔图于壁，剥落几半，绘以缣素为不朽计，宋九儒本朝许鲁斋附焉"①。

元政府更加注重学田的建设。此时，真定路各类官学都得到朝廷或地方政府官员筹措的学田用以办学经费的使用。如：赞皇县学，由赵良弼用"计费尽用家之所有"，"立赡学田五顷置守户掌洒扫供给"②。真定府学，"其赀盖宪司总府州县官吏俸金富室巨族见义而勇为之所助，不强取也"③。

二　私学教育

宋元时期石家庄地区的私学教育，包括家塾、村塾、乡学、乡校、学馆、经馆、精舍等。不同称呼、不同类型、不同层次的学校形式，共同组成宋元时期石家庄地区的私学教育系统。按照所讲授内容不同分初级阶段和高级阶段：

初级阶段的私学，其名称诸如小学、家塾、冬学、私塾。初级阶段又称蒙学阶段，是教授识字和基本知识阶段。一般由家庭中父母及长辈亲属承担，也有请教师的。教授内容结合识文认字，多层次、多侧面地向儿童传授社会文化知识，包括礼仪、道德、民俗、历史、人物、日常生活常识等各方面知识。④ 高级阶段的私学是专门研习儒家经典的经馆、书馆和精舍等，是程度较高的学生从事学问和学习科举文字之所，例如精舍常常是一些名儒大师以自己的学术专长教授弟子，故而吸引了大批的生徒。

私学教育应该说比官学教育起步要早。史载宋金之际的"未有州县之学，先有乡党之学"，"乡党之学，贤士大夫留意斯文者所建也，故前规后随，皆务兴起"⑤。宋金时期石家庄地区私学教育繁荣的根本原因在于：一是州县之学不能满足广大求学士子的就学机会。如史载"州县之

---

① 王思廉：《增修正定府学记》。
② 王磐：《重修赞皇县学记》，《正定府志记》（乾隆）。
③ 王思廉：《增修正定府学记》。
④ 上海古籍出版社编：《中国古代蒙书精粹》，上海古籍出版社1996年版，第1页。
⑤ 《文献通考》卷四十六《学校七》。

学，有司奉诏所建也，故或作或辍，不免具文"①。二是要求接受教育的人数激增。随着社会经济的较快发展，尤其是科举制度的完善，读书入仕道路的拓宽，这使大量想通过求学进入仕途的队伍扩大，即"乡学之士日蕃"者也。因此，具有更大适应性和灵活性的私学教育便因时因地而设立，以满足当时不同的社会需求，使这一时期的私学教育呈现出发达的趋势，在整个教育系统中占据重要地位。以下从宋、金元两个时期分别介绍私学教育发展的一般状况及历史特点。

（一）北宋真定府赵州私学教育

宋代人普遍重视家庭教育，认为"人生至乐无如读书，至要无如教子"②。许多家族延师蓄书教子，或由母教，或由父兄执教。

如：赵州人宋绶的父亲宋皋长年任职馆阁，是个饱读诗书的儒学之士，对宋绶有不小的影响。宋绶的母亲杨氏出身于书香门第，是当朝翰林侍读学士杨徽之的女儿，杨徽之以诗文闻名当世，杨氏知书达礼，杨氏"贤明通书，治家有法"③，可见承担着治家训子任务。宋绶最终能够博通经史百家，时人多把其成就归因于母教。宋敏求的母亲，是毕士安的孙女，毕士安是真宗朝宰相，史载其"美风采，善谈吐……年耆目眊，读书不辍，手自雠校，或亲缮写。又精意词翰，有文集三十卷"④。毕氏出身于这样书香门第，也有一定的文化。她去世后，蔡襄为她写挽词，称赞她的贤德："世阀推台路，嫔贤秉国钧。生缘随迹化，归处觉空真。训子清风在，传家令德新。"⑤ 宋敏求的成才与人格养成也同样离不开母亲的教化。

真定获鹿人贾昌朝，出身于一个仕宦之家，其先祖可以追溯到汉代长沙王太傅贾谊，至唐仆射魏国公贾耽，复以儒学相德宗。曾祖贾纬，为后晋中书舍人，追封为鲁国公，著《唐年谱》六十五卷。祖父贾珽，为太子左赞善大夫，追封齐国公。父亲贾注，为秘书省著作佐郎，追封

① 《文献通考》卷四十三《学校四》。
② （宋）刘清之：《戒子通录卷》六，影印文渊阁四库全书1986年版。
③ 《苏魏公文集》卷五一《文庄杨公神道碑铭》。
④ 《宋史》卷二八一《毕士安传》，第9517页。
⑤ （宋）蔡襄：《端明集》卷八《宋宣献公夫人毕氏哀词二首》，四库全书珍本四集。

晋国公，皆赠太师、中书令、尚书令。特殊的家世背景和浓厚的儒学氛围，使其受到了潜移默化的影响，因此从小便擅诵读经籍，贾昌朝自幼丧父，他的母亲每天对他进行教育，"自经、史、图纬、训诂之书，无所不学"①，涉猎甚广，为其日后侍奉内廷、讲解经书、编著校理经籍打下了良好的基础。

真定灵寿人曹彬，学识渊博，"每与朝士清谈终日，鸿儒硕生，自以为不及"②。在他的言传身教下，其子曹璨："习知韬略，好读《左氏春秋》"，曹玮"沉勇有谋，喜读书，通《春秋三传》，于左氏尤深"。③ 曹评"性喜文史，书有楷法"。④ 从好读书这一点看，曹彬家族俨然满门儒将。除了武将，慈圣曹皇后："善飞帛书"而且"颇涉经史，多援以决事"。⑤

或是大家族中延请名师大儒的师承私学。

如：真定灵寿韩亿家族中很多人都师从名师，学有所获。韩维为人有气度，讲风节，他和韩绛两兄弟都很敬重程颐、程颢，经常向他们请教，而二程也乐于相教。韩维于元丰四年（1081）镇守颍昌，经常邀请二程到家里做客，每一次都是精心准备，让家人预留房子，洒扫干净，自己亲自修理窗户。当他与二程一起游西湖，还要求自己的儿子随从侍奉，一旦他们的容貌、言行、举止不够庄重，程颐便会厉声斥责："你们这些人跟着长辈出行，竟然如此欢声笑语，不拘小节，可见韩氏家族的孝谨之风就要败落在你们身上了。"⑥ 韩维听到之后，马上把这些人通通赶走了。韩璪好学博雅，经常向刘安世请教，"官浙中久，其往来必维舟河梁，侍元城谈，录其系邪正得失者二十一条为《元城谈录》"⑦。因此韩璪被录入《元城学案》。韩璜在南渡以后定居衡山，跟随湖湘学派的创始人胡安国学习了一段时间，并与其子胡宏、胡寅私交非常好，"胡寅称

---

① （宋）王珪：《华阳集》卷五十六《贾昌朝墓志铭》，影印文渊阁四库全书1986年版。

② 《五朝名臣言行录》卷一之二《枢密使济阳曹武惠王》。

③ 《宋史》卷二五八《曹彬传附璨、玮传》，第8984页。

④ 《宋史》卷四六四《曹佾附子评传》，第13574页。

⑤ 《宋史》卷二四二《慈圣光献曹皇后传》，第8620页。

⑥ （宋）朱熹：《伊洛渊源录》卷四。

⑦ 《历代学案》卷二十，第413页。

许他在官广东时，壁立无所污染"①。因此韩璜后来被录入《武夷学案》。

真定灵寿曹彬家族中曹偕"少读书知义"，"尝从梅尧臣学诗，尧臣称之，为序其诗"。②梅尧臣是宋诗的"开山祖师"，与欧阳修为挚友，是唐诗转变为宋诗的关键人物。

以上所举事例是史籍中记载私学的情况，在宋人笔下形象地描述为这样一幅图画："孤村到晓犹灯火，知有人家夜读书"③，反映了当时宋代读书的浓郁气氛。

（二）金元真定府赵州的私学教育

自靖康之变（1126）到蒙古军取而代之，金朝在今石家庄地区统治近110年。金代统治者推行以汉人治汉人的政策，于是起用大量汉族地主知识分子，同时实行科举选官制度，这些都大大刺激了包括私学在内的学校教育的发展。

金代真定府的私学教育较前代更加形式多样，尤其是从事私学教育的情况更为复杂。有的是以宋朝遗民自居，不愿出仕金朝而以教授为业的。如：真定人褚承亮，天会六年（1128），斡离不既破真定，拘籍境内进士试安国寺，"承亮名亦在籍中，匿而不出"④。周昂从其学。

有的是一面入仕为官一面从事私学教育，一般是教授家族子弟。如：真定人周昂，"其甥王若虚尝学于昂"，而且周昂"学术纯正，文笔高雅，诸儒皆师尊之"⑤。著名医学家真定人李杲，"受《论语》、《孟子》于王内翰从之，受《春秋》于冯内翰叔献"⑥。其中王内翰为王若虚，冯内翰是冯璧，二者都是金代官员兼学者。

有的是名家寓居在真定授学。如：金元之际，元好问寓居真定鹿泉县，"王思廉从，受其学"⑦。赵秉文游学真定，收徒讲学，写有大量诗

---

① 《历代学案》卷三十四，第676页。
② 《宋史》卷四六四《曹偕传附偕传》，第13573页。
③ （宋）晁冲之：《晁具茨先生诗集》卷一二《夜行》，宋集珍本丛刊。
④ 《金史》卷一百二十七《褚承亮传》，第2748页。
⑤ 《金史》卷一百二十六《周昂传》，第2730页。
⑥ （明）李濂编：《医史》卷五《东垣老人传》，上海古籍出版社2002年版。
⑦ 《获鹿县志》（光绪）卷十二《人物·流寓》，第46页。

词，如《雪中登真定阁》："风月不如意，寺楼高处吟。城中十万户，一雪太平心。"①

有的是官宦世家，其家学源远流长。如：真定杨氏家族，其先辈在五代后唐以军功起家，历辽代，在辽末金初，通过科举复兴，在第九代杨伯雄、杨伯仁等时候，跻身金代政治权利中心，位至宰辅。杨伯仁"读书一过成诵"②，杨伯雄"登皇统二年进士"其族弟杨伯渊"喜收古书"，"天会初，以名家子补尚书省令史"。③杨瀛"幼而笃学，年十有三善属文，及□□工翰墨，缙绅之流一见者，皆以才冠许之，遂博及群书，驰声儒苑"④。其子杨济"早岁以文章动朝士，尤于诗律为工"⑤。从该家族的仕宦情况看，其家族内部存在良好的家庭教育传统和父兄熏染。真定蔡松年、蔡珪父子。蔡松年，金代著名词人，仕金三十年，官居宰辅。其子蔡珪，中天德三年（1151）进士第，官至礼部郎中。蔡珪承家学，蔡松年更是赋诗《一剪梅·送珪登第后还镇阳》："白璧雄文冠玉京。桂月名香，能继家声。年年社燕与秋鸿，明日燕南又远行。三径苍烟归未成，幅巾扶我醉谈玄，竹瘦溪寒，深寄余龄。"⑥作为父亲的蔡松年对儿子的喜悦与自豪之情溢于言表。蔡珪却也不负父望，当时贵族寺院金石文字咸出其笔，为时贤所称许。

以上所举事例，大体反映了金代真定府地区私学教育的一般状况。由于当时石家庄地区在女真贵族统治之下，广大汉族地主阶层成员，要跻身统治者行列，除了军功、荫补和举荐之外，走科举入仕之路是最好的途径，这就成为当时私学教育进一步繁盛的主要动力所在，促进了私学教育的较快恢复和发展。

元代真定的私学教育沿袭了金代以来私学教育的传统，在元朝统治者崇尚"汉法"、重儒尊孔的思路下，在大力发展官学教育、鼓励私学教育的背景下，元代真定的私学发展亦呈现出新的时代特点。

---

① （金）赵秉文：《滏水文集》卷六《雪中登真定阁》，影印文渊阁四库全书1986年版。
② 《金史》卷一百二十五《杨伯仁传》，第2723页。
③ 《金史》卷一百五《杨伯雄传》，第2319页。
④ 《金代石刻辑校》，第102页。
⑤ 同上书，第103页。
⑥ 《全金元词》之蔡松年：《明秀集注》卷一，第15页。

元宪宗时期，蒙古统治者即规定："凡业儒者试通一经，即不同编户。"① 也就是说一旦考上儒户的身份，就可以不用向编户一样承担租赋徭役。这个政策对社会上的求学者是个极大的鼓励。金元之际，北方士人群体他们一部分人出仕为官，成为统治阶级一员；大部分人选择退隐乡间，开馆授徒，化成民俗。这也是元初私学教育发达的原因所在。

真定史氏家族中从史天泽祖父史伦开始即"乃建家塾，招徕学者，所藏活豪士甚重"②。李冶，在封龙山教学，史天泽的后人都师从他而成了才。"其从公而显者，曰史忠武公诸子：曰杠曰阙曰杞曰煇。"③ 史元亨，曾祖父史天倪，祖父史权，父史烜，其藏书丰厚，兴办教育，乐学者皆可就读。史载"兴义塾，以训史氏之子姓群从及乡里之乐学者。筑堂贮书，号曰万卷。其经度皆有序"④。可见史元亨对图书管理有一套，既方便检索，又避免丢失。

藁城董氏虽不像史天泽那样在战乱中招揽保护文人，但是同样重视收集图书，重视家族教育。董俊，"少力田，长涉书史，善骑射"⑤。董俊非常重视子弟的教育问题。以自己为例"吾一农夫，遭天下多故，徒以忠义事人，仅立门户，深愿汝曹力田读书，勿求非望，为吾累也"，并告诫孩子说"射，百日事耳，《诗》、《书》非积学不通"⑥。董俊为教育子女还延请名师。"克汴时，以侍其轴为贤，延归教诸子。"此外还帮助其他学子学习。如张延，与董俊是同乡人，"幼常与群儿戏水滨，众泅于水，先生独不为动，俨然如成人。元帅董公、王公见而奇之，始令肄业侍其提学轴"⑦。经过董俊的努力，董氏后人多重视典籍，重视教育。如：董文炳与伯颜攻南宋，"伯颜命文炳入城，罢宋官府，散其诸军，封库藏，收礼乐器及诸户籍，文炳取宋诸玺符上于伯颜，伯颜以宋主入觐，

---

① 《元史》卷一百三十四《月合乃传》，第3244页。

② 《元史》卷一百四十七《史天倪传》，第3468页。

③ （元）袁桷：《清容居士集》卷十八《封龙山书院重修记》，影印文渊阁四库全书1986年版。

④ （元）邓文源：《巴西集》卷下《故朝散大夫同知饶州路总管府事史公墓铭》，影印文渊阁四库全书1986年版。

⑤ 《元史》卷一百四十八《董俊传》，第3491页。

⑥ 同上书，第3492页。

⑦ 同上。

有诏留事一委文炳，禁戢豪猾，抚慰士女，宋民不知易主"①。又如：董文用力学不倦，不惜财力买书，"俸禄之余，尽以买书，而家无饘粥之资，卒卖其京城之宅，以偿积贷，逮薨之日，惟有祭器书册而已"②。董文用如此用功，为日后参与国史修订奠定了基础。董守简藏书过万，"家居教子，必延硕师，里中寒家，亦使子弟执经就学，师之所需，皆公资之。藏书万余卷，以遗其子，子亦乡学有闻"③。

砚弥坚，着儒籍，安家真定县，以授徒教书为业，培养了不少优秀人才，刘因就是其中之一，如："故国子司业砚公弥坚教授真定，先生（刘因）从之游，同舍生皆莫能及，独中山滕公安上差可比。砚公皆异待之，谓先生父（指刘因父亲）曰：令子经学贯通，文词浩瀚，当为名儒。"④

安滔，太原离石人，世为儒家，金亡后迁居真定藁城，在金末战火中家族遭到重创，因儒学获得石抹陈奴的搭救，在真定做他家塾里的教授，元太宗戊戌试中选，占儒籍，在真定以教书为业。后来受到张德辉的延请，成为张德辉族学的教授。并自己教授三个儿子安芝、安松、安筠，后培养成进士。

安松在家教授两个儿子安熙和安煦，后来父子三人自为师友，研习以程朱为本的理学。尤其是安熙，幼年承袭家学，拜刘因的弟子乌冲为师，刘因去世后，写信给自己乌冲立誓说："今而后，惟有一意问学，亲贤取友，勉励孳孳，死而后已。"⑤ 他抄录刘因撰写的经书，并自称为其私淑弟子。其学及其教人自比尊朱熹，在家居数十年，以教授儒生为己任，他得到乡里富户李椿的资助，"以诗书教其乡人子弟"，并承担李椿宗族子弟的教育，实际上承担了儒家道统的传承任务。

安熙平日与名儒交谈，共同探讨《四书》旨趣，也与入仕的儒士交游，还为乡里儒士撰写祝文，为儒学晚辈起名。每当月中时分，安熙率

---

① 《元史》卷一百五十六《董文炳传》，第 3672 页。
② （元）苏天爵：《元朝名臣事略》卷十四《内翰董忠穆公》。
③ （元）苏天爵：《滋溪文稿》卷十二《冀国董忠肃公墓志铭》。
④ （元）苏天爵：《滋溪文稿》卷八《静修先生刘公墓表》，第 111 页。
⑤ （元）安熙：《默庵安先生文集》卷三《与乌叔备书》，影印文渊阁四库全书 1986 年版。

弟子"日望必率诸生谒拜先圣祠下"①。

赡思的祖父鲁坤，窝阔台时授"真定、济南等路监税课税使，因家真定"② 后回乡教书。王思廉，是元好问学生，赡思就学于王思廉，大后不热衷做官，专注于学术，后来成长为儒学造诣很深的学者。

赡思：阿拉伯人赡思，其祖父鲁坤，窝阔台时授"真定、济南等路监税课税使，因家真定"③ 后回乡教书，其子赡思就学于王思廉，长大后不仕，成长为儒学造诣很深的学者。

苏天爵，其家在真定"居久之，遂以资雄其乡"。曾祖苏诚继承家业，"时郡邑新立，无知学者，独能教其子，为乡人先"。祖苏荣祖，"家藏书数百卷，手录校雠孜孜不倦"。④ 藏书之名为滋溪堂。苏志道"既为循吏，又好读书"，对书堂加以修葺，且"渐市书益之，又尝因公事至江之南，获万余卷以归"。⑤ 苏氏家族是真定大族，两代出仕，又藏书丰富，苏氏家教甚严。从祖父到天爵，两代单传，乡里有人对其祖或曰"君才一子，盍少宽"。辄正色曰："可以一子故废教耶！"天爵父亲，"教伯修如父教己"⑥。严格的家庭教育使苏天爵从小便具备了较好的学术素养。

真定私学发达，表现在其培养了大批优秀的人才，如：刘因、安熙、苏天爵等都是出自真定私学教育。

三　书院教育的创立与发展

书院作为是中国古代特有的一种教育组织形式，唐末书院开始形成，两宋时期发展并兴盛，明清时期衰落，前后存在了一千多年。书院源于我国古代的私人讲学，因而可称为古代私学教育的最高形态，但又是一种全新的教育模式和学校制度，其办学形式、教学管理、组织结构和知识传授、人才培养以及文化传播等方面，都有自身独特之处。因而它既

---

① （元）《默庵安先生文集》卷二《寿李翁八十诗序》。

② 《元史》卷一百九十《赡思传》，第4351页。

③ 同上书，第4351页。

④ （元）虞集：《道园学古录》卷十四《真定苏氏先茔碑》。

⑤ 宋本：《滋溪书堂记》，《国朝文类》卷三十一，四部丛刊本。

⑥ 同上。

不同于官学教育，也不同于私学教育，是一种全新的教学载体，在普及文化知识，提高当时社会整体教育水平方面发挥了重要作用。

书院之名，始于唐代，最初是国家图书编校机构，不具备讲学功能。但"书院"这个名称逐渐流传到民间，为后世所沿用。真正具有教学性质的书院产生于唐末五代，如东佳书院，"聚书千卷以资学者，子弟弱冠悉令就学"①。该学堂不仅吸收陈氏本族子弟入学，而且接纳外地士子修业。这类书院其根源可以追溯到先秦时孔子创立的私学，同时中唐以后佛教传布佛经的僧讲和俗讲也为书院发展提供了借鉴。唐代在石家庄地区的西鸡书院最为著名。当时河北共 3 所，全国有 49 所。② 这也使得当时石家庄书院在河北社会文化史及教育史，乃至全国都占有一席之地，同时也反映了河北唐代书院的办学根基深厚，学术底蕴扎实。

北宋前期是书院的发展时期，这一时期民间建立了为数众多的书院进行教化，正如吕祖谦所说："国初斯民，新脱五季锋镝之厄，学者尚寡，海内向平，文风日起，儒先往往依山林、既闲旷以讲授。"③ 书院教育迎来第一次高峰，但是值得注意的是此时书院兴盛主要是官方教育系统还没有建立，书院暂时代替了地方官学的教育职能。等到北宋中期宋仁宗庆历兴学之后，随着国家太学、州县学教育体系逐渐完善、官方学校迅猛发展，书院的地方教育中心的地位被取代，书院教育也逐渐走向衰落。宋初著名的应天书院和石鼓书院被改建成府学，白鹿洞书院因缺少生源，逐渐荒芜，北宋末年毁于兵火。因此书院作为一种教育机构暂时退出了历史舞台。南宋时期，书院再次兴起，与理学士大夫的推动有很大关系。但是此时石家庄地区已经在金的统治之下。

西鸡（溪）书院。在封龙山龙首峰西面。相传是大禹在这里治水，把蛟龙封于此山，故名封龙山，是一座历史文化名山。封龙山自古是文化教育发达之区。最早见诸记载的，可远溯东汉建武十七年（41），著名学者伏恭迁常山（正定）太守，敦修学校，并亲临讲授经学。后来，学者李躬开始在封龙山收徒讲学。西谿书院为"唐隐士姚敬栖遁之所"。宋

---

①　雍正《江西通志》卷二二。

②　邓洪波：《中国书院史》，上海东方出版中心 2004 年版。

③　（宋）吕祖谦：《东莱集》卷六《白鹿洞书院记》，影印文渊阁四库全书 1986 年版。

代曾得到"九经"，张著任山长时，复加修葺。①

张著，工画，善山水，从郭熙学，知临江军，见此地人鲜服儒业，建学舍为文，以劝诱之，士固知学。郭熙，神宗熙宁初为御书院艺学翰林待诏。②《清明上河图》是中国古代艺术瑰宝，然而画卷上并没有题画名和作者落款。后人得知此画名《清明上河图》和画家叫张择端，完全源于画卷后第一个题跋。这个就是张著写的。现将题跋录其下：

> 翰林张择端，字正道，东武人也。幼读书游学于京师，后习绘事，本工其界画。尤嗜于舟、车、市、桥、郭、径，别成家数也。按向氏评论图画记云，《两湖争标图》、《清明上河图》撰入神品，藏者宜宝之。大定丙午清明后一日，燕山张著跋。

有这样的人任山长，可见当时西鸡（溪）书院的名气不小。

封龙书院（图5—1）。在石家庄元氏县境内封龙山南麓，宋初由李昉

图5—1　远观封龙书院远观（贾丽英拍摄）

---

① 乾隆《真定府志》卷四五，乾隆二十七年刻本。
② 张泓波：《北宋书院考》，陕西师范大学2002年硕士学位论文，第33页。

创建。李昉（925—996 年），字明远，深州饶阳人（今河北饶阳县人）五代至宋初著名的文学家、史学家。后汉乾祐年间（948—950 年）进士，为秘书郎，改右拾遗，集贤殿修撰。后周显德中（954—959 年），擢主客员外郎、知制诰、集贤殿直学士，加使馆修撰、判馆事，迁屯田郎中、翰林学士。宋初，加书舍人，协同薛居正纂修《五代史》。太宗即位，加户部侍郎，受诏与扈蒙、李穆、郭贽、宋白同修《太祖实录》。迁工部尚书兼承旨，改文明殿学士、参知政事。未几，拜平章事，兼修国史。① 李昉和厚多恕，不念旧恶，在位小心谨慎，太宗尝称为善人君子。另外在太宗的授意下，又主持编撰了《太平御览》《太平广记》《文苑英华》三部鸿篇巨著，宋初一共有四部，李昉编修了三部。其中：《太平御览》是一部综合性类书，纂集历代文献中记录天地万物的诗文、词赋、典章、故事等。《文苑英华》以收录文章为主，选梁末到唐近 2000 人作品近两万篇。《太平广记》以小说为主要内容和收录对象。李昉所编修三部类书几乎涵盖了当时文学的全部内容。他充分肯定了三教九流的存在价值："伏以六籍既分，九流并起。皆得圣人之道，以尽万物之情。足以启迪聪明，鉴照古今。"② 体现了他海纳百川、兼容并包的精神，也保存许多珍贵的文献资料。这样一位大学者所创建的书院，可以想见其教学水平和影响。由此可见，封龙山是在宋代是一座区域性历史文化名山，封龙书院在宋代属于著名书院（图5—2）。

中溪书院。"在龙首峰下，宋李昉、宋张璠叟、金李冶等相继授徒，学者甚众。"由此可以判断，其创办年代与封龙书院相近。北宋时"山长张璠叟诸人相继聚徒常百人"③，学者众，生徒也不会少，由此可见当时中溪书院盛极一时的状况，名流大师在此宣讲授徒，远近向学之士诚心向学，可见其办学规模较大。

作为教育机构的书院（图5—3），其教学管理活动呈现出时代的特点。

---

① 《宋史》卷二六五《李昉传》，第 9135—9140 页。

② （宋）李昉编：《太平广记·太平广记表》，中华书局 1961 年版。

③ 李林奎、王自尊编：《中国地方志丛书·河北省·元氏县志》，台北成文出版社有限公司出版，民国二十年（1931）铅印本，第 499 页。

图5—2 作者王慧杰在封龙书院（贾丽英拍摄）

图5—3 封龙书院（贾丽英拍摄）

宋代书院的主管者称为山长，在一些规模较大的书院，其下有负责教学工作的"堂长""讲书"和维持教学纪律的"堂正""学录"。① 如西

---

① 袁征：《宋代教育》，广东教育出版社1991年版，第234页。

溪书院张著为山长。

教学内容多依古制。如西鸡书院得赐九经。"九经"是九部儒家经典的合称："三礼"（《周礼》《仪礼》《礼记》）、"三传"（《左传》《公羊传》《穀梁传》）和《易》《尚书》《诗经》。是唐代官方修订的学校教科书，由此可以推断西鸡书院宋初仍沿袭唐代的经学版本和内容。

在教学形式上，宋代书院相对于州县学更为灵活。既有教师的讲说，也有师生间的质疑问难和门人之间的互相切磋。甚至如有闲暇的时候，还率领门人游于山石林泉之间，从而因时因地启发教导。如封龙书院，位于封龙山上，山上多奇峰怪石，碧溪清泉，密林繁花，书院原有讲堂、读书窑洞等，今已不存，但书院遗址尚存。院内有两眼清泉，一曰蒙泉，是书院饮炊之水源；另一曰墨池，又称洗笔池，池水墨黑，相传为古人洗笔之处。相传梁祝的传说就发生在这里。在封龙山向西大约几公里处的南佐镇，我们见到了这座县志中记载的，宋代地方官员为纪念梁祝所修建的古桥，也就是传说中梁祝十八里相送的地方，据说在桥的北面还有一座梁祝墓和石碑，可惜现已不存。

祭祀活动是宋代书院对学生进行的道德、信仰教育。通过这种教育，使受学者树立对先圣、先师的崇敬之心并确立自己的人生目标。如封龙书院："有孔颜曾三石像，盖即诸儒所建，朝夕敬事者。后书庐圮。"[1] 设祠祭祀这一活动对于促进书院教育，培育士人精神信仰发挥了积极作用。

据金进士赵时中《游龙山记》中写道："封龙山中有东、西、中三书院，其遗址存焉。当时皆名儒硕士专门传授，聚集学徒，恒及百人。置山长山录以领之。"金明昌三年（1192）立《封龙颂碑》是现存金代重要碑赐之一。碑阳刻《封龙颂》七绝诗一首，行书书写，每字七八寸，字体宽扁，行笔有飞舞之势。额篆"县宰昭勇南阳樊公题龙山记"12字；碑阴为元氏进士赵时中撰《游龙山记》，元氏王换灌书丹，东垣（今河北正定）进士鲁秉礼篆额。不过也可见金代封龙书院的低落。著名文学家元好问在金元之际曾"侨居鹿泉（今获鹿），王思廉从，受其学"[2]。金末栾城县人李冶在封龙山授徒讲学，研习数学。

---

[1]　李林奎、王自尊编：《中国地方志丛书·河北省·元氏县志》，第499页。
[2]　《获鹿县志》（光绪）卷十二《人物·流寓》，第46页。

金代书院还有自己出资建造的。如：真定人李杲，家财雄厚，史称"赀雄乡里"①，"宅有隙地，建书院，延待儒士，或不给者，尽周之"②。这个书院，明显是李杲利用自己家雄厚的财力，自己创办的。

元代真定的书院得到进一步发展，其原因元朝统治者对书院采取提倡鼓励政策，曾诏令："先儒过化之地，明贤经行之所，与好事之家出钱粟赡学者，并立为书院。"③ 早在元太宗八年（1236），行中书省事杨惟中征宋时，就收集大量宋儒所著书籍送到燕京，并建立宋儒周敦颐祠，设立太极书院。这是元代建立的第一所书院，也为全国书院的恢复和创建树立了信心。这进一步促进真定书院教育的发展，书院数量较之金代增加，共有 6 座，新乐的滋溪书院、获鹿的太行书院、新乐的壁里书院、深泽的乐善书院、元氏的封龙书院和中溪书院。

元政府不仅在政策上保护和鼓励创建书院，还采取措施扶植书院发展。或为书院赐名。如乐善书院"元至正五年（1345）乡人杜儒创建，元顺帝妥懽帖睦尔闻而义之，擢为教授，赐以兹名"④。或为书院设专门的官职，领官俸。如壁里书院"经始于至正四年三月，告成于七年五月。监察御史杨君俊民，表以书院之号，郡县之官既蠲除差役，复言于朝，请设学官，欲其规制永久而弗替也"⑤。

主持书院院务的山长，或由乡贤学者担任，或由地方官府聘任。如：封龙书院的李冶，著名数学家，著有《测圆海镜》一书，以及该书普及本《益古衍段》，"撰著成书"并"以九章为祖"，研究"术学"，讲授不辍，为金元时期硕儒。滋溪书院的苏天爵，参知政事，元代著名文学家、史学家。太行书院，元大学士高健退隐后建。他们是书院的学术灵魂，他们既要参加书院教学和管理，又要从事学术研究，因此其学术水平、管理能力及其知名度直接影响着书院的兴盛衰亡。如：封龙书院在李冶修葺一新后，"斯文远近之士咸秀出暨公下，世逾二十年，从公而显

---

① 《元史》卷二百三《李杲传》，第 4540 页。

② 《医史》卷五《东垣老人传》。

③ 《元史》卷八十一《选举一》，第 2032 页。

④ 李林奎、王自尊编：《中国地方志丛书·河北省·深泽县志》。

⑤ （元）苏天爵：《滋溪文稿》卷三《新乐县壁里书院》。

者"①。封龙书院之所以常盛不衰是因为还有张德辉和元好问这样的名儒在此讲学。滋溪书院为元参政苏天爵幼时读书之所，也是由苏荣创办。元代后期学者安熙，思想家、教育家虞集均在此讲学，尤其是虞集作为苏天爵之师，他钟情并极力推崇滋溪书院，由此所产生的教育影响明显增大。获鹿的太行书院，凭借大学士高健的名气，"以教授来学，不一二年从游者百余人"②。

从书院规模看，环境清净优雅，适合静心学习的地方。如滋溪书院虞集曾写下《赋苏伯修滋溪书堂诗》："滋源恒伏流，春雨川乃盈。林畴广敷润，草木俱繁荣。林深见游悠，仰乔有鸣莺。君子乐在斯，斋居托令名。积学抱沈默，时至有攸行。抽简鲁史存，采诗商颂并。禹穴追马公，湘江歌屈生。纫兰不盈握，伐木有余情。浩然欲浮海，归兴还濯清。方舟我为楫，白发愧垂缨。"③ 封龙山上更是风景优美，前文已述。有藏书，如字术鲁中《滋溪书堂记》还写到在新乐县作屋三楹藏有大量书籍。书院建筑设施齐备，壁里书院："中为礼殿，以祠夫子、颜、曾、孟，十哲列焉。前树仪门，翼以两庑，后为讲艺之堂，东西栖士之舍，合五十楹，坚完可久。"④

当然书院的发展离不开一定资金的支持。如新乐的壁里书院，"赵氏仅有中人之产，其父孝弟力田，兼通阴阳五行之说，母亦贤明，延师以教其子。久之，乡邻从学者众，簧舍至不能容，始捐家赀，修建书院"。还有学田："割侠神里田三百亩，以禀师生。"⑤

书院教育功能注重培养学生的道德修养。在元初社会变动初定，科举制度还没有恢复，学生在书院中教育是为了修身和道德的圆满。如：安熙在《封龙书院释菜先圣文》中写道："究前业洒扫应对，谨行信言，余力学文，穷理尽性，循循有序，发轫圣途，以存诸心，以行诸已，以

---

① （元）袁桷：《清容居士集》卷十八《封龙山书院重修记》。四库本。
② 乾隆《正定府志》卷八书院。
③ （清）顾嗣立编选：《元初诗选集》卷二十五《赋苏伯修滋溪书堂诗》，中华书局 1987 年版。
④ （元）苏天爵：《滋溪文稿》卷三《新乐县壁里书院》。
⑤ 同上。

及于物，以化于乡。"① 安熙是元代理学家刘因的私塾弟子，可推测当时封龙书院讲授的内容不外"近本程朱"的理学。等到元代理学官方化后，能够科举入仕也成为书院教学目标之一。如："新乐虽曰小邑近在邦畿之中，山川清淑之气，朝廷治化之隆，岂无豪杰出而为世用者耶？书院之设，岂苟云乎哉！盖善风教而淑人心，明礼义以厚乡党，莫大于斯。""方今朝廷开设贡举，三年大比，旁求硕彦，聿修治平。他时壁里之士，将有经明行修以应有司之选。则中国文明之盛，人材长育之多，而远近皆有所则效焉。"②

另外，这一时期的书院祭祀活动仍是整个书院的教育的一个重要组成部分。书院的祭祀对象，首列孔子，其次是孔子的弟子及其历代的圣贤。如壁里书院，"中为礼殿，以祠夫子、颜、曾、孟，十哲列焉"③。有的书院还以书院的创始人，如封龙山书院，"真定之学者，升公之堂，拜公之像，未尝不肃容以增远想也"④。其实，书院祭祀并非简单的朔望参拜，烧香供奉，而是寓教于其中的。通过祭祀活动，使学生在虔诚肃穆的祭拜活动中，耳濡目染，培养起学生对先贤的景仰和礼敬，进而以先贤为榜样，虽不能至而心向往之，道德修养在路上，提高了学生的素养。

四　科举取士与人才选拔

科举制度是朝廷开设科目，士人自由报考，主要以考试成绩决定取舍的一种选官制度。自隋唐科举制度确立以后，它就成为选官的重要途径。科举选官一方面为有才干的人提供了更多的机会；另一方面取士资格更加扩大，"如工商杂类人内有奇才异行、卓然不群者，亦许解送"⑤，国家取士范围扩大，有利于选拔经国安民之才。因而通过科举而做官，也就有力地促成了"万般皆下品，唯有读书高"的社会风尚，于是百姓之家"人人尊孔孟，家家诵诗书"，在一定程度上促进了社会文化的繁

---

① （元）安熙：《默庵集》卷四《封龙书院释菜先圣文》。
② （元）苏天爵：《滋溪文稿》卷三《新乐县壁里书院》。
③ 同上。
④ （元）袁桷：《清容居士集》卷十八《封龙山书院重修记》。
⑤ 《宋会要辑稿·选举》一四之一五。

荣。如石家庄地区元氏县"士重科目";灵寿县"士勤诵读";赞皇县"好尚儒学";晋州"士重科名喜骑射,甲乙二榜无脱科,文风亦视他邑为优"等。又如"祁州又之郡,而求举于有司者,率常百人"①。可见即使是祁州这样的支郡,每年应举的人都在百人左右,像真定府和赵州应比这个要多。

宋代科举考试,大体沿袭唐制,设贡举、制举、武举和童子举等。贡举又称常科,考试科目分进士、明经和诸科。诸科有:九经、五经、三史、三礼、三传、开元礼、学究、明法、名算等。贡举开始是一年一考,嘉祐二年(1057)定间岁一考,治平二年(1065)又定三年一考。北宋统治的166年间,共开科69次,每年平均录取超200人,为唐代两三倍还多,反映了宋朝科举取士的发展。根据乾隆《真定府志》记载,石家庄地区的考中进士不少,而且呈现出家族性特色。如:真定府的王化基家族。王化基和其子王举正、王举元都是进士。真定灵寿的韩亿家族。韩亿和其子韩维、韩缜、韩绛、韩综,其孙韩宗武、韩宗师、韩宗彦都是进士。真定获鹿县的贾昌朝家族。贾昌朝、贾昌龄和贾昌衡都是进士。

宋代明经科,是在诸科之外,于仁宗嘉祐二年(1057),为革除"诸科徒专诵数之学,无补于时。请自今新人毋得应诸科,皆令习明经"②。的弊病,特设的一种科目。《宋会要辑稿·选举》三之三四上记载这条诏令:

> 其明经科并试三经,谓大经、中经、小经各一也。……每经试墨义、大义各十道,仍帖《论语》、《孝经》,分八场以六通为合格。又试时务策三道,以文词典雅者为通。其出身与进士同。

由此可见,宋代的明经考试重点由帖经、墨义改为大义,提高了及第者的地位,其待遇和进士相同。由于经书大义难通,所以明经科取士每榜不过三五人。真定人刘绚在宋元祐中举明经,后官至太常博士。

宋代贡举考试分三级,即解试、省试和殿试。解试包括州府试、国子监试和诸路转运司的漕试。是各州级举行的选拔合格考生以解送礼部

----

① 《鸡肋集》卷二九《祁州新修学记》。
② 《华阳集》卷八《议贡举庠序奏状》。

的考试。省试也称礼部试，是由尚书省和礼部共同主持的考试。宋太祖开宝六年（973）以前，省试为贡举最高级考试。宋代与唐代最大不同，是在省试之上创设殿试。殿试是在由皇帝亲自主持的对省试合格奏名举人的复试。是三级考试中最高的一级。这和祖籍赵郡的李昉有关。当时，"会进士徐士廉等击登闻鼓，诉昉用情，取舍非当"，指新及第进士吴济川是李昉同乡，宋太祖很不高兴"黜去之"。然后重新考试，"乙亥，上御讲武殿亲阁之，得进士二十六人"①。从此殿试遂为常式。殿试制度创立，使分级考试逐层选拔臻于完善。

殿试第一名称状元。宋初称榜首。获此称号无疑是科举考试中最大的荣誉。如祖籍赵郡的李迪，为景德二年（1017）状元，其家后来迁居山东，后官至参知政事。

同时，科举考试的各项具体制度在宋代也更加完备，对后代产生深远影响。如由于学校教育的发展，虽然录取名额比唐代增加二三倍，但是应举人数和录取人数比例仍是相当低。由于宋代石家庄地区处于宋辽边境，宋政府采取种种措施，扩大在河北的录取名额，以拉拢稳定政治时局。宋真宗朝最为突出，史称真宗"尤重儒学，今科场条例皆当时所定"②。一是增加录取人数，对河北考生予以照顾。如咸平三年（1000）贡举中，除正式考试录取外，宋真宗又亲自单独考试河北和青、齐等地贡举人，录取进士 13 人，诸科 345 人。另外有落第的，许诺"若能悍寇，即赏以官秩"③。二是特奏名。即允许那些曾经历过省试 15 次而没有被录取的士子以特奏名名义参加殿试，并大量录取。石家庄地区由于地处宋辽边境，考生的学习时间保证不了，就用特奏名的名义参加考试。史载：景德二年（1005），"诏礼部贡院别试河北贡举人，其曾援城者，进士虽不合格，特许奏名。诸科例进二场至三场者，许终场。五举及经御试并年五十者，并以名闻。虽不更城守，应七举、年六十及瀛州有劳效者，亦如之。庚申，上御崇政殿亲试，凡七日，得进士范昭等五十一人赐及第，四十五人出身，诸科赐及第、同出身并试秩署州助教者六百

① 《长编》卷一四，开宝六年三月辛酉，第 297 页。
② （宋）欧阳修：《归田录》卷二，中华书局 1981 年版，第 22 页。
③ 《长编》卷四七，咸平三年五月庚子，第 1018 页。

九十八人，特奏名进士、诸科，赐及第、出身至摄助教隶殿侍者六百六十二人"①。这是宋真宗专门为河北御辽的考生发明的制度。

神宗熙丰变法，熙宁四年（1071）正式出台的新贡举法："明经及诸科欲行废罢，取元解明经人数增解进士，及更俟一次科场，不许诸科新人应举，渐令改习进士。仍于京东、陕西、河东、河北、京西五路先置学官，使之教导。其礼部所增进士奏名，止取五路进士充数，所贵合格者多，可以诱诸科向习进士。今定贡举新制，进士罢诗赋、帖经、墨义，各占治诗、书、易、周礼、礼记一经，兼以论语、孟子。"② 新贡举改革原来的考试内容，增加西北五路进士录取人数，进一步加强北方官学教育，提高其文化水平，改变其文化结构，使之尽快适应新的进士科。但是这同样反映宋代进士科地域差异，正如王明清所说："国初每岁放榜，取士极少。如安德裕作魁目，九人而已。盖天下未混一也。至太宗朝浸多，所得率江南之秀。"③ 可见照顾归照顾，科举也毕竟是科举，北方进士录取人数处于下降趋势，南方士子大举进军京师。北方士人处于劣势。但是河北是宋朝统治基地和政治、军事重心，要维护朝廷的稳固，就必须维护北方安定，就要让北方人占据统治集团的一定比例，从而更好地控制北方。

入金以后，石家庄地区是金朝的政治经济重心地区，科举选士仍占重要地位。金代科举开始于金太宗天会元年（1123），两年后，金军占领山东、河北、河南、陕西等地，为了抚辑新附，从汉人士大夫中选拔官吏，便在这些地区实行科举制度。金代科举考试制度，因袭辽宋之制，有词赋、经义、策试、律科、经童诸科。从词赋、经义、策论中选拔出来的，称进士，从律科、经童中选出来的，称举人。凡进士、举人都要经过乡试、府试、省试、殿试四级合格，才能中选，以便授官。比宋朝三级考试多一级。

金天会四年（1126）冬，金占领黄河以北大片土地后，刘彦宗劝斡离不（宗望）"试真定儒士，取七十二人"④。真定科试题带有极强的政治色彩，如题目为"上皇无道，少帝失信"⑤。这次科试在北宋境内举行，

① 《长编》卷六十，景德二年五月己未，第1340页。
② 《长编》卷二百二十，神宗熙宁四年二月丁巳，第5334页。
③ （宋）王明清：《挥麈录前录》卷三，上海古籍出版社2001年版，第3591页。
④ 《大金国志》卷四《太宗纪》，第60页。
⑤ 《金史》卷一百二十七《褚承亮传》，第2748页。

参加者少，中举率大，是金吸收北宋士人加入其统治的尝试，在金代科举制度发展史上称具有重要开创意义。真定府作为科举考试的考点，也反映了金代真定科举的重要地位。

入元以后，仕途庞杂，选官多侧重荐举、荫补、学校、叙功等而科举废弛，直到元仁宗延祐初年才开始恢复科举选士的制度。元代科举考试制度因袭前代，也设有贡举、制举、童子以及医学诸科。其中贡举是主要形式，分乡试、会试和御试三级。延祐元年（1314）的乡试在真定路真定路录取汉人 11 人，蒙古人 5 人，色目人 5 人。① 从这里也可反映元代真定路科举在腹里的重要地位。

通过科举制，宋元时期真定赵州一带向中央政府输送了大批人才，反映了真定府赵州教育科学文化的昌盛见表5—3。

表5—3　　　　　　　乾隆《真定府志》选举

籍贯	姓名	举试时间	科目出身	最后官职
正定县	王举善	宋嘉祐中	荐辟	奉议大夫
	刘绚	宋元祐中	举明经	为太学博士
	赵咸一	宋天圣年	进士	虞部员外郎
	褚承亮	宋宣和间	进士	户曹
	杨埙	宋	进士	都官郎中
	王举元	宋	进士	河北转运使
	杨坦	宋	进士	盐铁副使判官
	李至	宋	进士	谏议大夫参知政事
	王化基	宋至道三年	进士	参知政事
	王举正	宋	进士及第	谏议大夫参知政事
	蔡璋	金正隆	进士	
	周伯禄	金大定	进士	沁南军节度使
	女希烈守愚	金明昌	进士	临沂令
	纥石烈德	金明昌	进士	工部尚书
	冯璧	金永安二年	经义进士	节度使

① 《通制条格》卷五《学令·科举》。

籍贯	姓名	举试时间	科目出身	最后官职
正定县	周昂	金大定	进士	翰林
	周嗣明	金	进士	涞水簿
	李着	金贞祐中	进士第一	彰德治中
	李必①	不详	状元	不详
	刘遇	不详	状元	不详
	蔡珪	金贞元中	进士	礼部
	高鸣	元世祖时	荐举	吏部尚书
	杨湜	中统初	辟举	中书掾户部侍郎
	张在	延祐	举明经	真定学正
	何体仁	至正	举茂才	
	杨俊民	至正间	进士	国子祭酒
	张周干	至正间	进士	安平令
栾城县	李遹	金	进士	东平治中
	赵鼎	金大定	进士	
	赵中立	金	进士	
	李冶	金	进士	世祖时翰林学士
	苏天爵	元	进士	参知政事
灵寿县	韩亿	宋	进士	尚书左丞加太子少傅
	韩缜	宋	进士	尚书右仆射兼中书侍郎
	韩综	宋	进士	刑部员外郎知制诰
	韩绛	宋	进士	枢密副使同中书门下平章事
	韩维	宋	进士奏名	太子少傅少师
	韩宗武	宋	进士	大中大夫
	韩宗师	宋	进士	知河南府
	韩宗彦	宋	进士	判三司盐铁勾院
元氏县	智夹	宋		
	岳礼	金		
	赵时中	金		
	鲁秉礼②	金	进士	

① 转自裴兴荣《金代状元与文学》,《民族文学研究》2015 年第 3 期,第 154 页。

② 元氏进士赵时中《游封龙山》,东垣进士鲁秉礼篆额。

续表

籍贯	姓名	举试时间	科目出身	最后官职
元氏县	程永知	元	进士	郎中
	刘昱	元	进士	归德知府
获鹿县	贾昌朝	宋天禧初	赐同进士出身	参知政事兼枢密使
	贾昌龄	宋仁宗时	进士	屯田员外郎
	贾昌衡	宋	进士	谏议大夫集贤殿修撰
赞皇县	王和	元		兵部尚书
	赵良弼	元		同签书枢密院事
	杨润	元		工部侍郎
无极县	王宗哲	元顺帝	状元及第	
藁城县	杨伯渊	金天会时	进士	吏礼二部主事知平定军
	杨伯雄	金皇统二年	进士	翰林直学士承旨
	杨伯仁	金皇统九年	进士	谏议大夫太常寺卿
	王若虚	金承安初	状元	翰林直学士
	安芝	世祖时	辟举	河东转运司从事
	安松	世祖时	征辟	建宁合司从事
	安笃	至元中	征辟	锦州同知
	安壑	顺帝时	征辟	广宁路教授
	董思诚	至正中		

纵观宋、金时期石家庄地区科举，宋代由于地处宋辽边境，战事为主，科举渐渐处于劣势，到金元两代河北科举又再度崛起。这种高低起伏的态势，究其原因有以下三点：

其一，北方人性格所致。进士科考试内容是诗赋文辞，较量的是文学水平的高下。也正是北方人弱点。正如赵州人宋敏求所说："河北、陕西、河东举子，性朴茂，而辞藻不工，故等第者少。"① 而且燕赵间多慷慨悲歌之士，他们也不屑于把时间和精力花在文辞上。如苏轼曾提出：

昔者以诗赋取士，今陛下以经术用人，名虽不同，然皆以文词

① 《宋史》卷二九一《宋绶附敏求传》，第 9737 页。

进耳。考其所得，多是吴楚闽蜀之人。至于京东、西，河北，河东，陕西五路，盖自古豪杰之场，其人沈鸷勇悍，可任以事；然欲使治声律、读经义，以与吴楚闽蜀之人争得失于毫厘之间，则彼有不仕而已。故其得人常少。①

宋人李清臣就曾提及十名大臣，在文武两方面高层次、有重大历史作用的人物都是河北人，并进一步指出河北依太行山和黄河流经，土风淳厚，人性质朴，可谓地杰人灵。尤其真定府和赵州籍占三分之一。如：

考诸《国史》，则累朝将相，颇多河北人，若赵韩王普，实保塞人；曹冀王彬，灵寿人，潘太师美魏人，李文正公昉及窦尚书仪之昆弟真定人也，太尉，旦莘人；张尚书咏清，丰人；柳公开，元城人；李文靖公沆，肥乡人；张文节公知白，清平人；宋宣献公绶，平棘人；讳忠献公琦，安阳人，余有名公卿相望而立朝者，不可悉数。窃尝原其故矣，夫河北方二千里，太行横亘中国，号为天下脊，而大河自积石行万里砥柱，旁缘太行至大伾，斗折而东，下走大海。长冈巨阜，纤余盘屈，以相拱揖抱负。小则绵一州，大则连数郡，其气象如此。而土风浑厚，人性质朴，则慷慨忠义之士，固宜出于其中。虽或有不遇，不及自用其才，亦必淹郁渟滀，声发益大，泽漫益远。以施于子孙，亦自然之理也。②

然而这是宋初三朝，宋仁宗以后，随着南方籍人才渐渐增多，北方人才渐渐减少。如陆游曾提道："天圣以前，选用人材多取北人，寇准持之尤力，故南方士大夫沉抑者多。仁宗皇帝照知其弊，公听并观，兼收博采，无南北之异。……及绍圣、崇宁间，取南人更多，而北方士大夫复有沉抑之叹。"③

其二，地利所限。北宋京城为开封，很多举子出于京城。虽然不排

---

① （宋）苏轼：《东坡全集·奏议集》卷二《上皇帝书》，影印文渊阁四库全书 1986 年版。
② （宋）庄绰：《鸡肋编》卷中，中华书局 1983 年版，第 61 页。
③ （宋）陆游：《渭南文集》卷三《论选用西北士大夫札子》，四部丛刊初编本。

除其中有冒籍者，但是近水楼台先得月的事在所难免。加之真定府赵州经历了接踵而至的"安史之乱"、藩镇割据和五代的战乱之后，尤其赵州的著姓势力衰落，他们原本占据科举及第的优势也丧失了。真定赵州一带衣冠出走，士人南迁，经济、文化重心南移。到宋代，石家庄地区元气尚未恢复，又成为宋辽对峙第二道防线和主战场，石家庄的经济、文化、教育事业再遭重创。

其三，金代占据真定府赵州，急需人才。金天会元年，河北初降，为安抚广大和汉族士子，补充吏员，于是开科举士。《金史》列传是研究人才分布的唯一比较系统的资料，其中记载的真定赵州籍人士有：杨伯雄、杨伯仁、贾益谦、冯璧、蔡松年、蔡珪、王若虚、褚承亮等都是科举出仕的文臣，仅有武仙一人是武臣。正如《续文献通考》卷四十三《选举》记载："急欲得汉士，抚辑新附，故设科取士。"金代科举取士的重心在河北、山西、北京、山东一带，真定府正处于这一带。

应该说，金代真定府赵州成为科举盛地之一，与金朝对这一地区的政治统治是一脉相承的。

第 六 章

宋元真定府赵州建筑、碑碣、绘画艺术

一 建筑艺术

建筑，是人类文明的产物。随着人类文明的发展，各种建筑不仅为人类的生活提供重要空间，而且成为人类从事各种生产的基本场所。中国建筑也随着文明的发展不断拓展空间，不断丰富着我们民族的文化和艺术宝库。

隆兴寺总体占地面积 8.25 万平方米，平面呈长方形，六进院落，有八大殿，其中五座都是宋代建筑，这在全国现有的古建筑群中是少有的。它最南面迎门是一字琉璃照壁，北面三路单孔石桥，其次是天王殿、大觉六师殿（遗址）、摩尼殿、戒坛、慈氏阁、大悲阁、康熙御碑亭、乾隆御碑亭、弥陀殿、中轴线末端为毗卢殿。从总体上看，整个寺院南北纵深，重叠有序，殿阁高低错落，主次分明，是研究宋代佛教寺院建筑的实例。以下将宋代的六个佛教建筑依次介绍：

天王殿为始建于北宋时期单檐歇山顶台梁式建筑，该殿四大天王分别是：东方持国天王，意为护持国土；南方增长天王，意为增长善根；西方广目天王，意为以净眼随时观察世界，护持众生；北方多闻天王，意为福德传于四方。据佛经上讲，须弥山腰上有一座犍陀罗山，此山有四峰，四天王分居一山。后来四天王被百姓赋予风调雨顺的寓意。

大觉六师殿遗址建于北宋神宗元丰年间（1078—1085），为单檐歇山顶建筑，原是大佛寺内最大佛殿。据说建筑物高达近 17 米，大殿内有五彩罗汉一百零八尊，还有高一丈六尺的金装佛三尊，高丈六尺的金装菩萨四尊，还有其他各种五彩泥塑罗汉、菩萨……加起来约有十尊，相当壮观。大觉意思是佛的另一种解释，即"觉者"，佛经中说凡是"觉行圆满者"都可以称佛。六师指迦叶佛、拘楼孙佛、尸弃佛、毗婆尸佛、毗舍婆佛、拘那舍佛和释迦牟尼佛。是与释迦牟尼相对立的六派代表人物，因与释迦牟尼佛教主张不同，被称为"六师外道"。而大觉六师殿与供奉释迦牟尼的摩尼殿仅有几十米之遥。可见当年隆兴寺内是何等的宽松、和谐。金、元、清都重修过，民国初年坍塌。但是它们究竟为何片瓦无存，至今成为一个无解的谜。

摩尼殿（图6—1）建于北宋皇祐四年（1052），其建筑结构与宋代《营造法式》所记载的建筑结构相似，梁思成对隆兴寺摩尼殿十字形平面建筑格局、四面各出一歇山式抱厦惊叹不已，称"只在宋画里见过"。"梁架的结构较为清式轻巧，而各架之叠处的结构、叉手、驼峰、襻间等等的分配，多与《营造法式》符合。"① 摩尼殿独特的建筑为海内孤例。摩尼殿的楼阁顶檐上有鸡、马、狗、麒麟等禽兽，还有一个骑着狮子的义觉和尚，传说为楼顶佛，带领飞禽走兽护寺保民。殿内供奉三尊宋代的原塑，他们分别是释迦牟尼、迦叶和阿难。正中为释迦牟尼说法坐像，左侧为弟子迦叶，像一位严谨持重、饱经风霜的老僧；右侧为弟子阿难，文静恭顺，宛若一位虔诚的小和尚。这三尊佛像前面是文殊和普贤菩萨，是明代塑造的。摩尼殿内槽背壁的北面，正中的观音像，鲁迅称"中国最美观音像"（图6—2）。

转轮藏阁（图6—3），始建于北宋，为重檐歇山顶二层楼阁。阁内安放着直径7.8米的木制转轮藏，即转动的藏经阁，边转动法轮边念经，意为"法轮常转、自动不息"。转轮藏也意寓着由佛统治大千世界，据说释迦牟尼出生时在空中就显现了法轮。

慈氏阁在转轮藏阁对面，建筑外观与转轮藏阁相似，为单檐歇山顶，青瓦覆盖，绿琉璃瓦剪边，二层楼阁式建筑。慈氏即弥勒，所以慈氏佛也称弥勒佛。该阁内供奉的是独木雕成的弥勒佛，高达7米。据说是在宋代用五台山上灵验树上木头雕刻而成。民间传说建造慈氏阁与赵匡胤

---

① 梁思成：《正定调查纪略》，《梁思成文集》，中国建筑工业出版社1982年版，第178页。

图6—1   隆兴寺摩尼殿（武志伟拍摄）

图6—2   隆兴寺摩尼殿的倒坐观音（武志伟拍摄）

有关，开宝二年（969）赵匡胤围攻太原，久攻不下，因此驻跸真定，得知城西有个大悲寺，寺内有尊大铜佛非常灵验，寺僧可俦向赵匡胤讲述了铜佛被毁的经过，并说遇宋则兴的事，赵匡胤听后非常高兴，发誓如果能够得胜，定还其真身。后来赵匡胤当上皇帝后，准备修龙兴寺的时

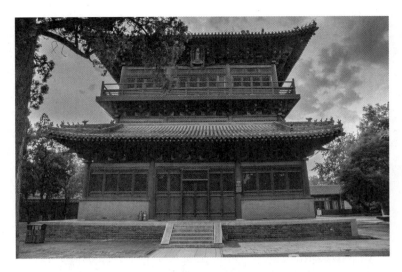

图6—3　隆兴寺转轮藏阁（武志伟拍摄）

候，正巧遇到滹沱河发大水，从五台山冲下许多木头，其中最大的一颗冲到正定城南，挡住了其他木头。赵匡胤得知后认为是神灵帮助他修建龙兴寺来了，于是建起龙兴寺，其中最大的那颗木头就雕成了弥勒佛。它是宋代木雕佛造像中的经典之作。

　　大悲阁（图6—4）是隆兴寺的主体建筑，高33米，五檐三层，面阔七间，深五间，歇山顶，上盖绿琉璃瓦，外形庄严端正。据《隆兴寺志》记载："东西宽十三丈六尺五寸，南北长十一丈六尺五寸，高十三丈五尺，共297间，前抱厦南北长一丈六尺，东西宽十丈五寸，高二丈五尺。"[①] 大悲阁供奉观音菩萨，菩萨全称"大慈大悲救苦救难观世音菩萨"。佛经认为给予众生欢乐为慈，怜悯众生为悲。大悲阁内正中矗立着一尊高大铜佛像，为宋代开宝年间铸造的原物，称"大悲菩萨"。这尊菩萨有42臂，故又称千手千眼观音，通高22余米，下有2.2米高的石须弥座，是我国现存铜像中最高的一座。像体纤细颀长，比例匀称，衣饰流畅，腰部以下更佳，富有宋代艺术风格。须弥座的上枋，壸门内刻有纹饰图案、伎乐、飞天、盘龙等精美宋代雕刻，为研究当时社会的音乐、

<hr />

①　王发枝：《隆兴寺志》，清乾隆十三年抄本。

图6—4　隆兴寺大悲阁（武志伟拍摄）

舞蹈、服饰、雕刻艺术和佛教文化提供了珍贵的实物资料。^① 在河北中南部一带，流传着千手千眼佛与三皇姑妙善和南阳公主的故事，不管是谁，她们最后都到了井陉的苍岩山。

大中祥符七年（1014）宋真宗敕赐"福庆寺"，从此，苍岩山佛寺，正式定名为福庆寺（图6—5）。福庆寺倚山峰海拔983米处，凭苍岩之山势而建。据寺中现存最早的宋乾兴元年（1022）《井陉县大化乡新修苍岩山福庆寺碑铭并序》碑文记载了当地人中传说此寺"旧名兴善寺"，"昔有公主于此出家"。碑文中还记载了，宋咸平五年（1002），五台山华严宗僧人诠悦，由华严寺来此重修庙宇，与另一僧人智簧，到谯郡上疏真宗，要求批准重修苍岩山寺，于是大中祥符七年（1014）宋真宗敕赐

―――――――――――

① 刘友恒、樊子林：《浅谈隆兴寺大悲阁须弥座石刻》，《文物春秋》1991 年第 1 期。

"福庆寺"寺名。

图6—5　苍岩山（宋保平拍摄）

井陉苍岩山福庆寺桥楼殿（图6—6），由大小桥楼殿和天桥组成，三座建筑高低错落，浑然一体，相得益彰，似蓬莱仙境落苍岩。其中的小小桥楼殿始建于金大定年间，据山上现存的金泰和二年（1202）立《苍岩山福庆寺石桥记》碑记载："圣朝大定年间，平定州天宁寺衍公禅师到此游礼，观寺形势，乃言曰：'僧居此者，或游礼拜，往之涧南，来之涧北，道路险阻。如得一桥行立，善不可加。'"其目的很简单，就是架通涧南涧北，方便僧居游人，碑铭记为"行路功济"。后来僧鉴、陈宗"命工匠经之营之，不日成之"，所造桥"鱼鳞罩展，如长虹半月之状"，登临桥上"西眺平林无际，东望河朔超匆，信河北胜地一绝"。同时，

"桥上盖殿一座，以覆桥邪"。这就是最早的桥楼殿。此后明正德年间，又修建的大桥楼殿，金碧辉煌，令人叹为观止。后1936年，又修建天桥。由此形成"双崖断处造桥工，仿佛凌霄架彩虹。仰视弧高盈万丈，登临疑是到天宫"的境观。

图6—6　苍岩山（姚峰拍摄）

赵州陀罗尼经幢（图6—7），建于宋景祐五年（1038），系原开元寺内建筑之一，由礼宾副使、知赵州事王德成督办。因幢体刻有陀罗尼经文而得名。幢高18米，分七级，从建筑艺术看，这座经幢设计合理，比例匀称，自下而上逐级递减，层层向里紧缩。远望，高峻秀逸；近视，雕饰华丽，是学术界公认的石雕艺术佳作。我国石柱刻经始于六朝，在石柱上刻陀罗尼经始于唐初。当时，佛教密宗盛行，众信徒认为咒语——陀罗尼包含深奥的经义，倘若有人书写或反复诵念即会解脱他的罪孽，得到极乐。为了使陀罗尼经永存，善男信女将它刻于上有顶、下有座的八棱锥形石柱上。这就是当初较为简单的经幢。宋代以后，经幢造型逐渐复杂，日渐趋于华丽、考究，幢座建成须弥座，幢身开始分节。同时各节之间安置华盖，幢顶增设桃形宝珠。从此，宗教内容相对减少而雕刻内容却越来越讲究。① 赵县陀罗尼经幢作为我国现存最高大的一座陀罗尼经幢，它的雕刻内容极其丰富，工艺极其精细，是研究北宋佛教和雕刻艺术的难得实例。

图6—7　陀罗尼经幢（赵志勇拍摄）

正定隆兴寺有座金代广惠大师经幢（图6—8），刻立于金大定二十年（1180），由汉白玉雕刻摞叠而成，高613米。最下为边长135厘米×115厘米的长方形土衬石。其上的八角形须弥座之上雕宝装覆莲瓣一周，束

① 高英民、刘元树、王国华：《赵县文物与古迹》，《文物春秋》1991年第4期。

腰八面各雕一乘云坐像，但风蚀严重。二层幢座之八面，四面雕狮首，四面平素。狮首外探，前肢露出并用力撑地。三层幢座亦是八角形，每面浮雕一蹲坐式力士，上身袒露，下身着裙，双足外撇，双臂或撑于膝或托举向上，披帛绕臂上扬，一副剽悍威武之态。

图6—8　金代广惠大师经幢（武志伟拍摄）

正定广惠寺的华塔（图6—9），由主塔和附属小塔构成，全用砖砌成。坐在同一方形基台上，总平面呈八角形，四正面通宽6.2米，四斜面宽3.5米，中央为主塔，四斜面各建一附塔，主塔与附塔之间为宽1.36米的内回廊。附塔顶原饰有小嘛塔，现已不存。根据塔的结构形式和第一层内壁上正隆六年（1161）墨迹推断，该塔应为辽金时代遗物。

井陉彪村兴隆寺，又名鸿门寺。现存主要建筑有正殿、东西配殿和

图6—9　广惠寺华塔（武志伟拍摄）

千佛塔。其中的千佛塔为砖筑仿木楼阁式建筑，由塔基、塔身、塔刹三部分组成，中空，通高15米。塔身共有三层，皆为砖仿木结构，平面呈八角形，边长2.35米，底层塔砖厚1.3米。从形制上看，该塔为宋金时代建筑，具有较高的价值，是井陉现存最完好的砖仿木结构建筑。

另外，井陉天长镇的同济桥建于宋元丰八年（1085），桥身为青石砌成，中间为一大孔拱券，两侧各一小券。井陉矿区天户的重虹桥建于宋至和年间（1054—1056），全为青石所筑，系石券三孔桥。尤其是重虹桥至今仍在公路交通中发挥作用，反映了宋代真定府的桥梁建筑技术的高超。

赵州柏林寺真际禅师塔（图6—10），在赵县城东的柏林寺内，河北省重点文物保护单位。俗称赵州寺塔，是元代天历三年（1330）为纪念唐代赵州高僧从谂禅师而修建的。是一座八角七层密檐式砖塔。举高39.5米，坐落在高达2.5米的方形台基上。

台基分上下两层，下层石砌、上层砖砌。塔的下部为砖制须弥座（图6—11）。须弥座上部用砖仿木构，做出斗拱、平座。平座上浮雕围栏、格子栅栏和花卉等装饰图案。以四层仰莲承托塔身的第一层。塔第一层飞檐用木制，第二层至第七层改用砖雕。出檐长度逐层收敛，各层檐角均系木制；其脊上立一尊铁质罗汉像，下吊风铎。

图6—10　赵县柏林寺元代真际禅塔（陈淑荣拍摄）

图6—11　柏林寺塔基（陈淑荣拍摄）

二　碑碣艺术

北宋时期，石家庄境内的碑刻艺术精品丰富，许多作品在中国金石学中具有非常重要地位。

北宋徽宗大观二年（1108）的赵县大观圣作之碑（图6—12），原为赵州文庙遗物，现立于赵县生产资料公司院内。该碑碑体高大，通高 4.8 米、宽 1.8 米、厚 0.5 米。龟趺座，碑首方形，浮雕缠身双龙，精雕细镂，矫健雄浑。碑额上题行书"大观圣作之碑"六个大字。碑文共 20 行，满行 71 字，共 1200 多字，因风化剥蚀，其中 62 字残破。此碑是用废弃的《唐何功德政碑》改造而成，这也是它的一个特色。

图 6—12　大观圣作碑首（赵志勇拍摄）

大观碑又称"御制学校八行八刑之碑"，当时曾诏立此碑于天下学校，所以此碑应有许多块。如《金石萃编》记载："此碑今存者山左较多，河南次之。"① 山左指太行山东。但能保存至今完好的已寥寥无几，也可见赵县大观圣作碑的弥足珍贵。

大观碑文刻"通直郎书学博士臣李时雍奉敕摹写""太师尚书左仆射兼门下侍郎……臣蔡京奉旨题额"。大观碑碑文是由皇帝亲撰并书。宋徽宗赵佶自创的"瘦金体"。徽宗是有名的昏庸无能的皇帝，但他在书画方面取得的成就却很高，著名的《大观帖》就是他集前人书札所刻而成。

---

① （清）王昶：《金石萃编》卷一四六，上海古籍出版社 2002 年版。

他的书法初学黄庭坚、薛稷，后自成一家，自号瘦金书。大观碑碑文字体正是体现了瘦金书的挺拔、细瘦、硬直、劲朗特点，同时又不失飘逸的特点，加上精湛的刻式，使横、竖、撇、捺都显示着该书体独特的气质。李时雍，字致尧，早年曾以书画名于时，人称他的字"深有怀素气象"为书学博士。蔡京，字元长，为宋代"六贼"之首，但在书法上却很有成就。其笔法初学蔡襄，又学徐季海、沈传师等。"追绍圣间，天下号能书，无出鲁公之右。"① 宋徽宗很多画也多让他题字。大观碑上蔡京的六字行书题额，体现了蔡京书法既豪健又谄媚的风格。由此可见，大观碑从碑文、题额、摹写，聚集了皇帝、宰相、名臣的数位，作品极具名人价值。

另一方面，大观碑详细地阐明了八行取士诏旨及三舍之制，弥补了文献史料的不足。徽宗时代，倡言绍述，尊孔崇儒备至，因而提倡周礼中"八行"即孝、悌、睦、姻、任、恤、忠、和。善父母为孝，善兄弟为悌，善内亲为睦，善外亲为姻，信于朋友为任，仁于州里为恤，知君臣之义为忠，达义利之分为和。对于全备八行的人，随时奏明，免试直接进入太学，验证无误可释褐做官，优先提拔录用。与八行相对应则有八刑，用来惩戒生员的不良言行。徽宗崇宁元年（1102），命天下州县皆置学，州县学普及同时实行三舍升贡法，州学生每三年贡入太学。崇宁三年（1104），罢科举，专以学校取士，"三舍"升试全面推广，成为士人进入太学三舍、入仕做官的唯一途径。碑文中多次提及三舍法。因而，大观圣作碑除了艺术价值外，还有较高的史料价值，为我们研究宋代教育制度提供了实例。

为减轻该碑的自然风化，赵县人民政府于 1955 年修建硬山布瓦顶碑楼保护（图 6—13）；1982 年，河北省政府定为河北省重点文物保护单位；1995 年，河北省文物局为该碑修砌了防水池和护栏，使古碑得到妥善保护。

龙泉寺碑刻位于鹿泉市韩庄村村西 2.5 公里的龙泉山山腰处。龙泉寺始建于金代正隆二年（1157），金大定二年（1162）由礼部尚书准敕故牒，命名"龙泉院"。龙泉寺主体建筑有门殿、正殿、龙池和石桥，左右

---

① 　马宗霍辑：《书林藻鉴·书林纪事》，文物出版社 1984 年版，第 140 页。

图6—13　大观圣作碑（赵志勇拍摄）

有配殿，正殿后为后院，院中有龙井，井上建亭，亭东有碑。院西北角有石阶通向龙王堂。

龙泉寺山下现存金代五座经幢：一为深公和尚之塔，该经幢立于金泰和元年（1201），塔顶高0.5米，下面八面浮雕垂幔佛像狮首，上置仰莲圆石。二为进公寿塔之铭，幢总高2.65米，风化严重，唯"大金获鹿县韩家庄龙池山龙泉院……大定二年"清晰可辨。进公和尚为创建该寺功绩卓著的住持僧，因此在世时建寿塔颂其功德。另外三个经幢形式结构基本与上述两个相同，均分幢基、幢身、幢顶三部分，虽文字风化严重，但从造型上看是金代经幢。据当代百姓说原来有九个，现存五个。

此外，在鹿泉县西岗头村有一通金大定三年（1163）的《尚书礼部牒敕赐普净院碑》。青石质，高1.1米，宽0.6米。碑石整体为圭型。整通碑刻正面，完全按照金代尚书礼部牒的官文形制摹刻，甚至连相关的官印、官员的签名，都是比照官牒原文摹刻。此碑在古代碑碣中具有独特价值，对于研究金代官牒形式具有重要的实物价值。

在正定隆兴寺内，现寄放有一方宋徽宗时期刻制的《洪济禅院敕文札子碑》，该碑上部刻录有宋徽宗大观二年（1108）的尚书省向成德军洪济禅院传达圣旨的札子，下部刻录有宋徽宗大观二年（1108）成德军府照会洪济禅院执行敕命的帖子。该碑原样摹刻了这两件北宋后期的公文格式，因而对研究宋代相关政治制度具有极高的史料价值，堪称宋碑中的上品。

1994年7月，正定县政府办公楼工地出土一方金宣宗兴定四年（1220）"提控之印"，此出土地点即为金代真定府署所在地。此印为铜质，完整无损，字文清晰。印面近似正方形，印面阳刻九叠篆书"提控之印"，字体平直规整，转折多呈直角。印背钮右侧浅刻款"兴定四年八月"六字，左侧刻"恒山府造"四字，皆为楷书。钮顶端刻一"上"字，以示用印方向。正定，金代曾为河北西路与真定府治所，此印出土于当时府署所在地，故对研究正定及河北一带金代晚期的政治、军事等有一定的价值。

表6—1　　　　　　　　　　　石家庄现存的宋元碑刻①

时代	名称	刻立时间	原址	备注
北宋	井陉良河东陀罗尼经幢	开宝二年（969）	龙泉寺内	
	真定府龙兴寺铸铜像记	开宝四年（971）	龙兴寺内	惠演撰文并书丹
	镇州龙兴寺铸像修阁碑	端拱二年（989）	龙兴寺	隆兴寺大悲阁东
	新修苍岩山福庆寺碑	乾兴元年（1022）	福庆寺内	祁鹏举撰文
	抱犊寨陀罗尼经幢	淳化元年（990）	抱犊寨上	
	赵州开元寺陀罗尼经幢	景祐五年（1038）	赵州开元寺	今赵县石塔路口
	韩琦过淮阴侯庙题诗碑	皇祐五年（1053）	鹿泉西门淮阴庙前	
	赞皇坛山刻石	皇祐间（1049—1053）	赞皇文庙戟门西壁	已佚据南宋拓本翻印

---

① 参考石家庄市政协编《石家庄文物名胜》，中国对外翻译出版公司2001年版，第264页。

续表

时代	名称	刻立时间	原址	备注
北宋	仙台山护国院经幢	治平二年（1065）	井陉仙台山护国院	已残但部件齐全
	千佛碑	治平四年（1067）	井陉矿区凤山村	现存完好
	安济桥纪事刻石	熙宁五年（1072）	赵县安济桥	在大桥北券壁上
	孟良墓志	熙宁八年（1075）	赞皇县北马村	现存县文保所
	宋代苍岩山残碑	熙宁间（1068—1077）	井陉县苍岩山上	
	抱犊寨范澄祈雨刻石	元丰间（1078—1085）	鹿泉市抱犊寨上	获鹿县令范澄题
	宋天威军石桥记	元丰八年（1085）	井陉县石桥头村	已佚
	赵州永安院度僧记碑	元丰八年（1085）	赵州柏林寺内	现存赵州桥公园
	抱犊山天门洞刻石	绍圣元年（1094）	鹿泉市抱犊山	有元祐、绍圣、政和、宣和刻石
	石柱题名刻石	绍圣三年（1096）	赵县安济桥出土	存赵县文保所
	真定府龙兴寺铸铜像记	绍圣三年（1096）	正定隆兴寺慈氏阁后	
	龙兴寺大悲阁记	绍圣四年（1097）	正定隆兴寺慈氏阁后	
	龙兴寺铸像盖阁记	绍圣四年（1097）	正定隆兴寺慈氏阁后	碑已佚，有拓本传世
	大观圣作之碑	大观元年（1107）	赵县文庙	
	敕文箒子碑	大观二年（1108）	真定洪济禅院	正定隆兴寺存
	安济桥纪事刻石	大观三年（1109）	安济桥南券北壁上	
	封龙山修真观题记	宣和元年（1119）	元氏封龙山上	邓昂书
	金铜大悲像记残碑	宣和六年（1124）	正定隆兴寺内	
	石桥咏刻石	宣和七年（1125）	赵州安济桥出土	存赵县文保所
	重修大石桥记刻石	北宋	赵县安济桥出土	存赵县文保所
	职衔题名刻石	北宋	赵县安济桥出土	存赵县文保所
	东坡画竹石刻	北宋	正定府署内	碑佚，有拓本
	李昉吟台碑	北宋	赵州州学内	碑佚，有拓本

续表

时代	名称	刻立时间	原址	备注
金	安济桥纪事刻石	天会十四年（1136）	赵县安济桥北券	
	石柱题名刻石	天德元年（1149）	赵县州学内	
	进公寿塔之铭	大定二年（1162）	鹿泉韩庄龙泉寺内	
	布施勾兰柱石	大定二年（1162）	赵县安济桥	
	尚书礼部牒	大定二年（1162）	鹿泉龙泉寺内	现存县文保所
	敕特赐普净院碑	大定三年（1163）	石家庄西岗头村	
	"容膝"刻石（图6—14）	隆兴间（1163—1165）	正定城内阳和楼	存市地名办，有拓片
	王安石诗刻石	隆兴二年（1164）	赵县安济桥出土	现存正定隆兴寺内
	柏林禅院三千邑众碑记	大定七年（1167）	赵县柏林寺内	现存赵县文保所
	真定府署记	大定九年（1169）	正定府内	
	古铜矿题名刻石	大定二十年（1180）	鹿泉上寨东北山下	
	广惠大师经幢	大定二十年（1180）	正定隆兴寺东北角	
	安济桥纪事石刻	大定二十六年（1186）	赵县安济桥北券	
	元氏县宰南阳樊公题龙山记	明昌三年（1192）	元氏封龙山上	
	真定府龙兴寺大悲金铜像宝阁记碑	承安三年（1198）	正定隆兴寺大悲阁内	
	深公和尚塔	泰和元年（1201）	鹿泉龙泉寺内	
	赞桥刻石	泰和元年（1201）	赵州安济桥北券	
	开元寺塔字	泰和元年（1201）	辛集市回生村	《畿辅碑目》著录
	苍岩山福庆寺石桥记	泰和二年（1202）	井陉苍岩山	
	重修治平寺碑	金代	赞皇县治平寺内	
	龙泉寺陀罗尼经幢	金代	鹿泉韩庄龙泉寺内	共三座均有经文
	杨邦基画诗刻石	金代	真定府学	已佚，现有拓片

续表

时代	名称	刻立时间	原址	备注
元	甄世良碑	至元二年（1265）	正定县城内	碑佚有拓本，苏天爵撰
	襄阳郡公耿氏先世记	至元二年（1265）	辛集市耿村	碑佚
	赞皇县学记	至元八年（1271）	赞皇县学内	郑镐撰，碑佚有拓本
	天宁方寿禅寺从公舍利塔碑	至元十年（1273）	正定县南城基出土	现存正定隆兴寺内
	史天泽遗爱碑	至元十二年（1275）	鹿泉太保庄史天泽墓	碑佚失，见著录
	赵州石佛禅院题名刻石	至元二十一年（1284）	赵县宋村西林寺塔	第一层下刻石
	龙兴寺东律院德公舍利塔铭	至元二十四年（1287）	正定县城南城墙下	隆兴寺内
	赵州柏林寺圣旨碑	至元三十年（1293）	赵县柏林寺内	
	祁林禅院圣旨碑记	大德元年（1297）	灵寿县幽居寺内	
	释迦院经幢残石	至元二十二年（1285）	市区城角庄村民家	地名办有拓片
	获鹿县龙泉院营建记	大德四年（1300）	鹿泉龙泉寺内	王思廉撰书，王颙篆额
	重修大觉六师殿记碑	大德五年（1301）	隆兴寺六师殿东侧	僧密斋永住撰文
	祁林院圣旨碑	大德六年（1302）	灵寿县幽居寺	
	十王殿石柱题记	大德九年（1305）	新乐市伏羲台十王殿	殿门西侧石柱上
	苍岩山灯公寿塔经幢记	至大元年（1308）	井陉苍岩山福庆寺	
	广平路威州井陉苍岩山碑	皇庆元年（1312）	井陉苍岩山福庆寺	王思廉撰文，野素书丹
	大元历代圣旨恩惠抚护之碑	延祐元年（1314）	灵寿县幽居寺	
	元氏开化寺圣旨碑	延祐二年（1315）	元氏县开化寺	北京大学藏拓本

时代	名称	刻立时间	原址	备注
元	龙兴寺帝师胆巴碑	延祐三年（1316）	正定隆兴寺内	赵孟頫撰书并书
	耿虔寺石碑	延祐四年（1317）	辛集市内	碑佚，有拓本
	圣主本命长生祝延碑	延祐四年（1317）	隆兴寺转轮藏阁内	王思廉撰赵孟頫书
	圣旨特赐龙兴寺长明灯钱记	延祐五年（1318）	隆兴寺大悲阁月台西	僧永恩书并题篆
	重修大龙兴寺功德记碑	延祐六年（1319）	隆兴寺慈氏阁内	
	史天泽墓碑	延祐六年（1319）	鹿泉市太保庄村北	
	十方东天宁寺圆公之塔	延祐七年（1320）	正定县北城墙下	隆兴寺内
	赵州安济桥题名刻石	至治元年（1321）	赵县安济桥北券北壁	许子志题，戴坛刻石
	重修封龙山书院碑记	至治元年（1321）	元氏封龙山书院旧址	袁桷撰文
	真定路十方万岁禅院庄产碑	至顺元年（1330）	隆兴寺内	
	真际禅师塔塔名石刻	天历三年（1330）	赵县柏林寺塔正面	
	董文炳墓碑	元代	藁城市董氏墓地	王磐撰，平墓时失
	王思廉墓碑	元代	正定城南	王伟撰，碑佚
	史天安碑	元代	石家庄市大郭村北	修飞机厂时湮没
	史楫碑	元代	石家庄市大郭村北	修飞机厂时湮没
	真定府龙兴寺重修大悲阁记	至元元年（1335）	隆兴寺摩尼殿西	僧法洪撰，张国维书
	获鹿柿庄十方中隐禅师塔铭	至元二年（1336）	石家庄市柿庄村	地名办公室存拓片

续表

时代	名称	刻立时间	原址	备注
元	封龙山试剑石刻石	元代	封龙山修真观附近	中书左丞史彬书
	重修善众寺碑铭	元代	栾城县城东北	
	政公塔残石	元代	正定县北城墙出土	
	西谷信公之寿塔残石	元代	正定县北城墙出土	现存隆兴寺内
	寿星刻石	元代	真定府关帝庙内	隆兴寺内
	佛光弘教大师之碑	至正六年（1346）	隆兴寺内摩尼殿东北	赡思撰文安童行书
	赐紫沙门通照大师之碑	至正六年（1346）	隆兴寺内摩尼殿东北	赡思撰文
	太极观记	至正八年（1348）	栾城县太极观内	现县城隍庙旧址
	胜公和尚道行之碑	至正十三年（1353）	隆兴寺大悲阁月台东	答失蛮撰文书丹
	秦王夫人施长生钱记碑	至正十四年（1354）	隆兴寺大悲阁月台东	王坊撰文书丹

图6—14　朱熹书容膝刻石拓片（王慧杰拍摄）

此外，抱犊山上天门洞的东半部为穹隆顶，夏季凉爽如春，是历代避暑的好地方。至今石洞的东西两壁上刻有历代避暑人的刻记。有明确纪年的有元丰、元祐、宣和、绍圣等。书体有楷书、篆书、隶书等体，字体风化严重。题记的内容多为官员求雨、上香、避暑。如："邑令范澄祈雨是院，因游东门避暑，久之遂名焉，元丰六年，□亥六月十一日。""宝文阁待制和威德军府事高遵惠被铭祈雨元祐二年四月十七日祁抱犊山……"金将武仙镇戍此方，于山上建寨屯兵，恃险而居，军事地位与正定府、冀州、威州、平定州、栾城县、南宫县等并重，遂有抱犊寨之称（图6—15）。

图6—15　抱犊寨（王慧杰拍摄）

三　绘画艺术

宋代是壁画空前发展的重要时期。在真定、赵州许多宗教寺院、道观中，都有宋代精美的壁画。如真定隆兴寺摩尼殿中壁画初绘于宋朝，但是由于后世不断重修，保存下来的已经所剩无几。倒是宋代墓室中，保存了珍贵的壁画。尤其是在石家庄西部山区，如井陉柿庄壁画墓、天长镇壁画墓、平山两岔壁画墓。其中：井陉柿庄壁画分布于墓室四壁及顶部，采用砖雕和绘画相结合的手法，题材可分为两种：一种是反映以墓主人为中心的地主豪富的享乐生活，如宴饮图、伎乐图、供养图等；另一种是描写农村风光或反映劳动人民生产、生活的，如芦雁图、耕获图、捣练图、牧羊图和放牧图等，此外还有表现神像的门神、四神以及星象图。平山两岔宋墓壁画，以1号墓的中小壁画水平最高，它采用勾边填色画法，画有人物、动物，线条流畅，形象生动。宋代的墓葬壁画，线条流畅、色彩鲜艳。大都以墓主人生前生活场景为题材，通过生动画面，反映当时社会和民俗活动。尤其是有些壁画经过千年深埋，至今仍保留着鲜艳的色调，反映了宋代壁画艺术的很高成就。对于研究宋代的绘画艺术和民俗风情也具有十分重要的价值。

位于石家庄市西北的上京村有一座佛教寺院，名毗卢寺，始建于唐代天宝年间，后历代重修，元代、明代工程浩大。元至元初年，有高僧留居，乡民捐资布施，遂修缮一新，香火日盛。其后殿的毗卢殿，四壁精美画面，内容有佛教、道教的天神地祇和儒家贤人孝子的故事，还有反映社会风俗的人物画，上至仙风道骨的菩萨神仙、帝王将相，下至凡夫俗子的卖货郎、说唱艺人，皆栩栩如生。人物的衣着用舒展流畅自然的线条勾勒，显得轻盈飘逸。彩画以石绿、朱红为基色，配以沥粉贴金，整体效果凸显艳丽悦目又平凡而脱俗，技艺高超。

第 七 章

宋元真定府赵州科学技术的
发展及成就

宋元时期在中华文化发展的历程中，具有上承汉唐，下启明清的时代特征，是中国历史上各族人民共同发展中华文化的典型时期，同时也是历史上农耕文化和游牧文化冲突与融合的重要阶段。由北宋开启的这一时代的经济文化发展，处于先进和主导地位，代表了 10—13 世纪中国传统文化发展的水准，使汉文化和少数民族文化在不断地相互交流与交融中达到空前的繁荣。在这一背景下，这一时期的真定府的科技文化亦随着整个社会经济的恢复和发展，较前代呈现出较大的进步与发展。

尤其是金元时期，由于少数民族入主中原，不少有学识汉族文人失去或放弃了对仕途的追求，隐居治学，在自然科学和社会科学的许多领域取得了辉煌的科学技术成就，也留下了他们在生产实践和生活实践中对科学技术知识与实践经验的记述和总结，这体现了石家庄地区人民对中华科技文化的历史贡献。

一　农业科学技术的应用及其总结

（一）土地开垦技术的进步

北宋初期，宋辽争衡，战端屡开，以致"河北之民岁遭劫虏"。① 战争与自然灾害频发，其经济的发展产生严重阻碍。人口流徙，土地荒芜

---

① （宋）欧阳修：《归田录》卷一，第 8 页。

严重。针对这种情况，宋政府先后颁布了减免赋税、奖励垦耕的诏令，并把开垦土地的多少作为考核奖惩地方官的主要标准。如宋太祖"初即位诏许民辟土，州县毋得检拘，止以见佃为额"。① 当然包括今天石家庄辖区在内。对新开垦的土地，州县不检扩，不增加税收。还相继颁布一些减免租税的政策。如景德四年（1007），令除"河北镇州、赵州民田近年所增租税"。② 这些措施实行，极大地刺激了镇、赵一带（石家庄辖区）农民的生产积极性，荒田得以逐渐开发。

另外，宋政府还实行退牧还耕的措施，宋代重视战马饲养，当时大名、真定、赵州、邢州等地，都曾直接作为养马牧地，使原本一片沃野良田的地区，尽是棚基草地。宋仁宗时包拯曾上书"河北漳河淤地，名为沃壤，而广平监于邢、洺、赵三州共占民田约一万五千余顷，并是漳河左右良田。每牧马一匹，占草地一百一十五亩"③。把广平监牧地所辖的民田数千顷退还给农户耕种，后共退出草地七千五百余顷。后来，王安石变法时，推行保马法，又撤了一些牧马监，到宋神宗熙宁九年（1076），"诏河北已废诸监廨宇，草场等"④。牧马监的占地大大减少。

蒙元时期，政府规定令诸路"开垦田土，种植桑枣，不得擅兴不急之役，妨夺农时"⑤。同时限制畜牧业在农耕区的发展，规定凡军马营寨放牧官马"纵放食践田禾，损坏树木，以致农桑堕废"，各路府州县达鲁花赤长官，"常切禁，若有犯之人，断罪赔偿"⑥。

与此同时，土地资源的利用开垦技术也比前代有明显的进步，这主要表现在注重开发山岭荒地和淤灌改良土质技术的应用。

北宋时期，真定府边防作用放在首位，于是西部太行山区，开发种植茂密山林，"镇、定西山有谷口十余道，尽通北界山后之路"，于是

---

① 《宋史》卷一百七十四《食货上二》，第4203页。

② 河北省社科院地方史编写组：《河北古代历史编年》，河北教育出版社1988年版，第359页。

③ （宋）包拯：《包孝肃奏议》卷7《顷将邢洺州牧马地给与人户依旧耕佃》，影印文渊阁四库全书1986年版。

④ 《长编》卷二百七十三，熙宁九年三月壬戌，第6690页。

⑤ 《元史》卷五《世祖纪二》，第84页。

⑥ 《元典章》卷十三《户部九》。

"溪涧峻狭，林木壅遏"①。行唐的柏山、井陉的百花山和灵寿的楸山，都有稠密的森林和优良树种。熙宁八年（1075）四月，因真定路山民众多，沈括指出：入山居民渐多，易生奸伪事件，不利边防，主张山中禁止人居。② 宋金之际，蔡松年任真定府判官，平真定西山群盗，将"中山居民为贼所污者千余家"③ 不受连坐，成为编户齐民。田颢知真定府事，招降"齐博、游贵等贼众五千余人"④，山民多由此可推测山田开垦之广。

土地开垦技术进步的又一突出表现，是这一时期实行的引河淤灌、改良土质技术的应用。淤灌是在大河流域利用决水的方法，把河水挟带的黑淤泥漫浸到农田表层。这些淤泥很肥沃，从而使盐碱地土质得到改善，也大大提高了贫瘠土地的生产能力。熙宁七年（1074），诏引滹沱河水淤田，依照程昉建议，可惜"堤坏水溢，大为民害"⑤。熙宁九年（1076），深州静安令任迪"全放滹沱、胡卢两河，又引永静军双陵口河水，淤灌南北岸田两万七千余顷"⑥。经过淤灌，土壤肥力增加，宋神宗曾"取淤土亲尝，极为润腻"⑦；曾任河北西路察访使的沈括，驻真定，经过实地考察后说："深、冀、沧、瀛间，唯大河、滹沱、漳河所淤方为美田，淤淀不至处悉是斥卤，不可种艺。"⑧ 可见淤田确实可以提高土地的生产能力。

（二）农业生产技术的提高

真定、赵州一带属北方旱地农业区，宋金时期有关旱田土地耕翻、施肥、种植、病虫害防治等技术皆有不同程度的发展。

第一，在旱地耕翻技术和生产工具改进。北宋时期，石家庄地区早已是精耕细作的集约经营，比南方的耕作技术成熟。元代刊行的《农桑辑要》总结中国北方的秋耕技术，"秋耕之地，荒草自少，极省锄功。如

① 《长编》卷一百五十，仁宗庆历四年六月戊午，第3653页。
② 谢志诚：《河北通史》，河北人民出版社2000年版，第86页。
③ 《金史》卷一百二十五《蔡松年传》，第2715页。
④ 《金史》卷八十一《田颢传》，第1828页。
⑤ （光绪）《正定县志》卷五《山川》。
⑥ 《宋史》卷九五《河渠五》，第2372页。
⑦ 同上书，第2374页。
⑧ 《梦溪笔谈》卷一三，第118页。

牛力不及，不能尽秋耕者，除种粟地外，其余黍、豆等地，春耕亦可"①。对于北方旱作农业区而言，秋耕不但利于保墒，而且有利于利用冬季冻融作用提高土壤的熟化程度，从而利于消灭杂草和防治病虫害。宋真宗景德二年（1005），"内出踏犁式，诏河北转运使询于民间，如可用，则官造给之"②。其主要特点是用人力代替牛耕，"踏犁形如匙，长六尺许，末施横木一尺余，此两手所提处"③。王祯在《农书》中总结了北方旱地耕翻的经验："凡治田之法，犁耕既毕，则有耙劳。""耙功到则土细，而立根在细实土中，又碾过，根土相着，自然耐旱，不生诸病。"④ 可见耙耢主要作用还是在于为土壤保墒，为农作物的生产提供优良的条件。在今天石家庄市井陉县柿庄村出土的宋墓壁画《耕获图》，画面上一青年农民正执镰割谷，身后有黄牛拉耢，形象地显示了当时农业生产工具的情况。

　　为提高农业生产水平，宋太宗太平兴国中，令诸路推"练土地之宜，明树艺之法者一人"，县"补为农师"。⑤ 即聘请一位熟悉该地土地性质、具有五谷种植技术的人，传授农业生产技术，发展种植业。宋真宗时期，还依据臣僚建议，将《四时纂要》《齐民要术》"诏令校勘雕印，赐与诸处"⑥，使农业耕种技术获得推广。元代《农桑辑要》，由元代司农司编辑整理，刊行全国，该书共七卷，包括耕垦、播种、栽桑、养蚕、瓜菜、竹木、药材、孳畜等内容，比前代书增加栽植木棉、西瓜、橘橙、甘蔗等的新农技。对农业生产具有实践指导意义。

　　第二，土壤肥力观的深化和施肥技术的提高。在传统农业生产技术中，施肥是对土地能源损失进行补充的主要措施之一。南宋人陈旉在《农书》中写道："凡田土种三五年，其力已乏，斯语殆不然也，是未深思也。若能时加新沃之土壤，以粪治之，则益精熟肥美，其力当常新壮

　　① （元）司农司编纂：《农桑辑要》卷《耕垦·耕地》，影印文渊阁四库全书1986年版。

　　② 《宋史》卷一百七十三《食货上一》，第4162页。

　　③ （宋）周去非著，杨武泉校：《岭外代答校注》卷四《踏犁》，中华书局1999年版，第156页。

　　④ （元）王祯著，王毓瑚校，《农书》第五《耙劳篇》，农业出版社1981年版，第26页。

　　⑤ 《宋史》卷一百七十三《食货上一》，第4158页。

　　⑥ 《宋会要辑稿》食货一之一九。

矣，抑何敝何衰之有？"① 在当时北方地区，粪肥主要是人畜粪便与草木灰沤制而成的绿肥以及河泥，当然包括石家庄在内。王祯总结前代以来的肥源列出踏粪、苗粪、草粪、火粪、泥粪之类，并有诸多民谚，如"惜粪如惜金""粪田盛如买田"等，这充分说明这一时期施肥技术的提高。

第三，种植制度的创新。当时全国范围讲，是南方提倡种植粟、麦等旱地作物，北方则推广水稻种植。从北宋前期起，在宋政府的提倡下，水稻栽培就不断地向北方旱地农业区扩展，随着河北地区水利的兴修，稻田也多了起来。尤其是保州（今保定）到塘沽（今天津市附近）海口。到宋仁宗景祐年间，王沿为河北路转运使，"导相、卫、邢、赵水，下天平、景祐诸渠，溉田数万顷"②，发展水田。宋仁宗时遣尚书职方员外郎沈厚载到"镇、赵等州，教民种水田"。③ 从此石家庄有了水稻种植的历史。

为充分利用土地，最突出的还是轮作套种和桑麻间作等技术的推广。当时真定地区有两麦的轮作种植，还有桑与麻的间作。如：至正十五年（1355），获鹿县"二麦将槁，秋种未下"④，此处二麦指大麦、小麦。藁城人安熙提道："真定今年粟麦颇贱。"⑤ 说明粟和麦在当地是轮种的。金代大诗人元好问写下"农事奋兴，坐享其润，禾麻菽麦，郁郁弥望"⑥。元代著名诗人陈孚有"真定千里桑麻之地"⑦ 的诗句，都可以说明桑麻是间作的。

（三）农田水利工程技术

石家庄地区主要河流是滹沱河、洨河、冶河等。石家庄地区属旱地农业区，在各种自然灾害中，旱灾对农业生产影响最大，因此宋初统治

---

① （宋）陈尃：《农书》第七《粪田之宜》，文渊阁四库全书1986年版。
② 《宋史》卷三百《王沿传》，第9959页。
③ 《宋史》卷一百七十三《食货上一》，第4146页。
④ 《常山贞石志》卷二十四《重修鹿泉神应庙碑》。
⑤ （元）安熙：《安默庵先生全集》卷三《与叔父书》。
⑥ （金）元好问：《遗山文集》卷三十三《创开滹水渠堰记》。
⑦ （元）陈孚：《陈刚中诗集》卷二《真定怀古》诗。

者早就明确救旱灾，兴水利的治理方针。宋真宗咸平五年（1002），"河北转运使耿望开镇州常山镇南河水入洨河，至赵州"①，这条渠起于今石家庄长安区的东古城村东，向南沿东明渠，经长安区的北宋、方北，裕华区的尖岭、东王等村进入栾城，沿今冶河故道入赵县，经赵县城内的永安桥和安济桥，注入洨河。既沟通镇、赵两州之间漕运，又方便沿途农田的灌溉，受到政府奖励。

此后镇、赵二州不断兴修水利，如2008年4月22日，石家庄市西兆通乡店上村（原属正定县）村民在清理村西北的滹沱河河道时，于地下约8米深处发现了两通宋代古碑，一为刻于宋熙宁六年（1073）的《创修真定府中渡浮桥记碑》，一为刻于宋景祐二年（1035）的《永安堤诗并序碑》。现两碑已运至正定县文物保管所保存。《创修真定府中渡浮桥记碑》是宋程昉立，记载了创修滹沱河中渡浮桥的原因及过程。这在史书上也有记载："熙宁中，程昉于真定府中渡创系浮梁，增费数倍。"② 而《永安堤诗并序碑》字迹清秀，还有较高书法价值。为研究历史上滹沱河的水势、河面及桥梁建设等情况提供了翔实的文字资料，可补史料记载之不足，具有较高的文物价值。

金元时期，真定地区仍有不少水利工程的兴修。金章宗时期曾采纳言官的"开渠溉田"建议，下诏州郡"大兴水利"，提倡水田耕垦。大定二年（1162）设滹沱河巡河官二员。③ 大定八年（1168）和大定十年（1170）大修滹沱河堤岸。与金代相比，元代滹沱河经常泛滥，危害真定路百姓生产生活。于是修补堤岸的修治几乎年年进行，如：大德十年到皇庆元年（1306—1312）："节次修堤，用卷扫苇草二百余万，官给夫粮备佣直百万余锭。"直到泰定四年（1327）真定路仍言：滹水"连年泛滥为害"，"每年劳民筑堤，莫能除害"。其根源是上游的冶河在平山县与滹沱河汇合，水流急下真定西南，对真定路各县都构成极大的危害。唯有"浚冶河，障滹沱，而真定免决啮之患"。④ 早在至元十三年（1276）真

---

① 《宋史》卷九十五《河渠五》，第2365页。
② 同上书，第2353页。
③ 《金史》卷五十六《百官二》，第1277页。
④ 《元史》卷六十四《河渠一》，第1605页。

定路达鲁花赤哈珊就曾奏明朝廷，征发临境的四路丁夫各万人，疏浚冶河复归嘉阳堰故道，两水分流，滹沱河水十退三四，百姓"乐而安之"，"舟楫人通实镇之利也"。①

二　手工业技术的进一步发展

宋元时期，由于农业生产水平提高，国际、国内市场不断扩大，以及边防需求增加和水陆交通的畅通等，手工业如丝织、矿冶、陶瓷获得进一步繁荣，手工业制造技术因此获得与前代不同程度的进步与发展，是石家庄手工业史上重要的发展阶段。下面就这一时期主要手工业行业的科学技术发展作概略介绍。

（一）丝织技术

河北丝织业是传统手工业生产部门，有"河北衣被天下"之誉。丝织技术一直处于全国各地区的前列，今天石家庄辖区的真定、赵州丝织技术也很高。

据《元丰九域志·河北路》和《宋史·地理志二》记载，如真定府贡罗 30 两，定州贡罗、大花绫各 20 两，庆源府绢 10 绵 100 两，祁州花绸 20 两，深州绢 20 两。今石家庄地区所属州是贡丝的产地。这反映了石家庄地区相高的丝织技术水平。

另外真定府还是宋政府所设的官营丝织基地之一。朝廷在真定设立大的织锦院，其产品主要供皇室宫廷所用，质量相当高。如"西京、真定、青、益、梓州场院，主织锦、绮、鹿胎、透背"②。其纤丽之物，说明真定的织锦院拥有高超的纺织技术。金效法北宋，在真定、河间等地设绫锦院，掌"织造常课匹段之事"③，说明当时这里的丝织业还算得上中原中心。这和当地盛产蚕茧有关，丰收时节，野生蚕茧遍野。如：元

---

① 《常山贞石志》卷二十一《哈珊神道碑》。
② 《宋史》卷一百七十五《食货志上三》，第 4231 页。
③ 《金史》卷五十七《百官志三》，第 1322 页。

符元年（1098），藁城、行唐、深泽野蚕成茧，织绝成万匹。① 到金世宗时，河朔沿滹沱河一带"禾麻菽麦郁郁弥望"②。金文学家蔡松年也曾写词赞道："春风北卷燕赵，无处不桑麻。"③

不仅丝织技术发达，麻纺织技术同样有较高的水平，宋代丝是官员、富人上层社会使用的衣料，社会中、下层尤其普通乡村百姓穿用的主要是麻、布。据《太平寰宇记》记载，深州、赵州都有产布记载，同时也是官府主要征收的赋税产品之一。如三司言"河北积布甚多，请令京东西、河东北夏秋税并纳本色粮斛，罢折纳布，或须衣布，则于河北辇致之"④。曹勋的《过真定》曾写道："南北东西本一家，从来河朔多桑麻。"⑤ 从一个侧面反映了石家庄地区麻纺织业发展水平。

金元时期真定纺织业的发展曾因战乱的影响，呈现迟缓的趋势，但仍是纺织业的聚集区和全国丝织业中心之一。金政府很重视丝织业的发展，北方丝织技术很高，真定府是重要的丝产地。⑥ 金朝在真定、平阳、太原、河间等盛产丝的地方，设立凌锦院，掌"织造常课匹缎之事"⑦，其地位重要性可见一斑。而到了元代，丝织业尤为发达，公私纺织业作坊遍布各路府州县。真定路桑蚕业分布区域广泛，几乎遍及各州县，这可以从当时受灾情况反推。如：至元十七年（1280）真定七郡，"桑有虫食之"⑧。至元二十九（1292）五月，真定之中山、新乐、平山、获鹿、元氏、灵寿，"有虫食桑叶尽，无蚕"⑨ 等。民间家庭纺织业普遍。如：无极程氏："勤于蚕绩"⑩，栾城范节妇漫漫长夜，以织机为伴，"伤心唯有窗前月，长照寒机半夜声"⑪。官营丝织、织染业发达：有属于东宫的

① 《宋史》卷六十七《五行五》，第 1476 页。

② 《遗山文集》卷 33《创开滹水渠堰记》，第 334 页。

③ 《全金元词》上蔡松年：《水调歌头》，第 8 页。

④ 《长编》卷八一，大中祥符六年七月庚子，第 1841 页。

⑤ 《松隐文集》卷一七《过真定》。

⑥ （金）元好问：《续夷坚志》卷一《铁哥》。

⑦ 《金史》卷五十七《百官三》，第 1322 页。

⑧ 《元史》卷五十《五行一》，第 1067 页。

⑨ 《元史》卷十七《世祖十四》，第 363 页。

⑩ （元）苏天爵：《滋溪文稿》卷二十《元赠中顺大夫中山知府郭君墓表》。

⑪ （元）揭傒斯：《揭傒斯全集》诗集卷六《栾城范节妇郭氏诗》，上海古籍出版社 1985 年版。

管理的织染局，真定局，秩从七品，大使一员，中统元年（1260）置。①

元初，分封到真定路的五户丝户（五户丝分地即为分封给诸王、后妃、公主及功臣的份地食邑。受封者可向投下户征收丝料，每五户纳丝一斤，故称五户丝。）有106881户，所纳丝的数量也非常多，共12951斤，是全国最多的。由此可以窥见元代真定路民间丝织业的广泛和丝产量的提高。而在丝织技术上，各种丝织品：绢、纱罗、绵等，品种众多，质量优良。如至元八年（1271），真定路张增收到娶妇聘财中就有绢。②另外马可·波罗曾记：真定城出产的丝"用丝和金线织成布匹和很美丽的披肩"③。

（二）冶金铸造技术

北宋时期，欧阳修说河北"东负大海，西有高山，此财利之产，天地之藏"，"西山之长数百里，其产金、银、铜、铁、丹砂之类，无所不有，至宝久伏于下而光气苗矿往往溢发而出地"。④ 表明河北的煤铁铜矿藏丰富，矿冶业历史悠久。

真定隆兴寺铸造的大悲菩萨铜像，代表了石家庄地区冶金铸造技术的最高成就。景祐年间寺僧惠演详细记载铸像的程序"第一度先铸莲花座，第二度铸至脚膝已下，第三度至脐轮，第四度铸至胸臆已下，第五度至腋已下，第六度至肩膊，第七度铸至头顶"。⑤ 这尊铸金的观音菩萨铜像高"七十三尺，其臂四十有二"，威容煊赫，成为真定府寺院中标志性建筑物。大悲菩萨铜像除本身用几十吨铸铜外，佛像地基中还埋有七条熟铁地柱，铁柱之间用七条铁笋拴就，上面用铁虵与铜像固定一起。这项工程浩大，仅熔铜、铁的炉子就要几十个。所用的铜大部分来自获鹿县（今鹿泉）铜冶附近的铜矿。该铜矿位于上寨村东北凤凰山麓，至今尚存有竖坑和矿井，还有为外运矿石开采的通道。主井有两个口，行道长约五十米，支道有三个，蜿蜒曲折。相传此矿开于唐宋，至今矿井

---

① 《元史》卷八九《百官五》，第2284页。

② 《元典章》卷二十二《户部八·课程·杂课·聘财依例投税》。

③ 《马可·波罗行纪》卷2第59章"哈寒府"。

④ 《欧阳文忠公全集》卷百一十八《论河北财产上时相书》。

⑤ 《常山贞石志》卷十二惠演《真定龙兴寺铸金铜像菩萨并盖大悲阁序》。

壁上尚存"大定二十年二月二十七日县令定远监打司吏康盛"等字，说明直到金代仍是官营采矿基地。

矿冶业在真定历史悠久，河北西路蕴藏丰富的煤、铁、铜等资源，为采矿、冶金创造了条件。近年在获鹿县上寨村发现金大定十二年（1172）铜矿遗址。① 此外，原在获鹿一古庙前的一对铁狮子（图7—1），铸于金大定二十四年（1184），为金代雕塑家刁大哥所铸，现存于石家庄华北烈士陵园，具有极高的科学和艺术价值。

图7—1　金代铁狮子（王迎洁拍摄）

① 转引自谢志诚《金代河北经济的恢复和发展》，载《河北学刊》1990年第3期，第87页。

蒙元时期，真定路仍是重要的冶铁区，元政府在真定路设军器工匠提举司，设达鲁花赤、提举、同提举、副提举各一员。还有真定弓匠局、真定铁局①等。按照元制规定，凡工匠在五百户以上者称"提举"，可见真定提举司所控的军事作坊生产规模是比较大的。忽必烈和阿里不哥争位期间，就从真定征发大批军事物资。

（三）　陶瓷制作技术

陶瓷制造业是宋元时期石家庄地区发展起来的又一个重要手工业部门。据《金史·地理志》中记载真定府产瓷器，指井陉窑。在井陉县，随处可见制造瓷器用的矸子土，配料用的石英、长石和釉土。含金属釉土矿，如铜、铝、铅、锌矿石等，在当地均有出产，此外遍山的森林，厚厚的煤层，丰富的水源都使得井陉有得天独厚的制瓷条件。

井陉窑已发现东关、河东坡、东窑岭、梅庄、南秀林、冯家沟、南陉、北陉、南防口等十几处窑址。2015 年，河北省文物研究所与井陉县文物局联合组成井陉窑考古复查队，发现古采矸子井群、完整窑炉和作坊群组，提供了一个超过了此前国保单位磁州窑富田、盐店窑区的实例。② 井陉窑的始烧期起于隋代，到唐代，河北境内有邢窑、曲阳窑（定窑）、井陉窑三个中心。然而由于环境上的相对闭塞，井陉窑在盛唐与宋代，被名气更大的其余两窑的光辉所掩没。井陉窑最出名的年代在金代。其产品由绵蔓河及井陉驿路水陆两道东出井陉可达真定（正定），真定成为井陉窑最大的商品集散地，遂有"真定府产瓷器"③ 的记载，真定井陉窑产品运销全国，并远销国外。元代井陉窑开始衰落。

井陉窑烧制的瓷器以烧制白瓷为主，绛釉、黑褐釉、黑釉瓷次之，也有少量的天目釉、绿釉、黄釉器。白釉无论时代早晚，细瓷均为纯白，中粗瓷则白中泛青，到晚期（元代）则呈浅豆青色。装饰方面所见标本自晚唐开始使用点彩，宋代出现划花、刻花和印花，金代印花盛行。器形以各式的碗盘为主，其次为钵、盂、瓶、壶、尊、罐、盒、盆、炉、

---

① 《元史》卷九十《百官六》，第 2286 页。
② 孟繁森：《河北井陉窑复查再获新发现》，《中国文物报》2016 年 8 月 12 日第 8 版。
③ 《金史》卷二十五《地理中》，第 603 页。

灯、枕、建筑构件及人物、动物小塑玩具等。所见瓷枕最具特色，装饰有划花、印花、剔花等，以戳印加划花之奔鹿、奔牛、卧鹿、立鹿、对鹿及宫女图枕等为代表性产品。

井陉窑河东坡窑址出土 12 件精美完整的金代印花模子。这 12 件模子，均属覆碗（盘）式无柄内模，表面绘刻的图案主题无一雷同。按其品类，分别为碗模 4 件，盘模 4 件，碟模 3 件，盆模 1 件。分别为：四季花卉纹碗模、缠枝莲花纹碗模、菊心莲菱纹小碗模、菊心重瓣纹小碗模、鸳鸯戏水纹盘模、鹭凤穿花纹盘模、龟鹤图盘模、把莲纹时花盘模、开光双鹅游水园景图碟模、荔枝纹碟模、蜀锦心仰莲纹碟模、仰莲盆模。推测这些模具的制作时间：当在金大定到大安的三四十年间的范围之内。[①] 这些模子的发现，充分证明了金代井陉窑印花技术的高超和题材的丰富，其水平丝毫不让于邻近的定窑，据此可以认定金代的井陉窑同定窑一起共同发展了宋代的印花艺术。

（四）其他手工业制作技术

除上述三种主要手工业行业外，其他手工业制作技术在这一时期也有显著的发展，如煤炭开采技术、酿造技术、文具制作技术等。

煤炭开采技术。宋代以前，不管是生产还是生活，人们一直都以植物燃料为主。在一定的人口和生产模式之下，燃料的消耗与可再生速度基本是平衡的稳定的。入宋之后，人口，特别是城市人口，大幅增加。与此同时，宋代还开始了从农业到近代工业的产业转型。随着陶瓷、冶金、纺织等行业生产规模不断扩大，燃料消耗不断增加。这些需求增长的速度远远超过植物燃料再生的速度，因此一场燃料危机很快出现，但就在这时，一种新的燃料出现了——煤炭，一种不可再生但储量巨大的燃料。煤炭的广泛使用生产和生活中，标志着人类科学利用矿物燃料的开始，是科学发展史上的一项创举。煤在当时称"石炭"。煤炭开采在我国有悠久的历史，宋代达到新的水平，并且集中在"石炭自本朝河北、河东、陕西方出，遂及京师"[②]。在北方以河东路（山西）产煤最多，其

---

① 孟繁峰、杜桃洛：《井陉窑遗址出土金代印花模子》，载《文物春秋》1997 年增刊。

② 朱翌：《猗觉寮杂记》卷上。

次是河北。真定府地下也富产煤炭资源，如"掘地创基，至于黄泉，用一重礓砾，一重土石，一重石炭，一重土，至于地平"①。表明煤在宋初真定的储量丰富，居然还用来做地基。也设"真定石炭务"，但是在仁宗时期废，原因不详。②

酿造技术中如酿酒技术有较大发展。北宋时期，随着农业生产的进步，真定、赵州一带酿酒业也得到进一步发展。当时北方酒仍是黄酒，以谷物为原料酿造。北方多产黍米称黄米，如"秫系河北出产，号为造黄酒"。③ 这种黄酒要经过几十道工序，酿造时间因季节而不同约需半年时间，《宋史·食货七下》记载"自春至秋，酿成即鬻谓之小酒"；"腊酿蒸鬻，候夏而出，谓之大酒"。此时还有了酿造白酒的技术，开始生产蒸馏烧酒。

据朱弁的《曲洧旧闻》记载：宋代各地的名酒，河北有 29 种名牌，与开封、京东一起位居全国前列。真定府的"银光"、赵州的"瑶波"、深州的"玉醅"、定州的"中山堂、九酿、瓜曲、错著水"等都在其列。当时宋政府在石家庄地区设置酒务，掌管酒的生产和征收酒税。熙宁年间石家庄一带酒务分布情况为：真定府的真定县、天威军、获鹿县、井陉县、栾城县、藁城县、行唐县、元氏县；定州的无极县；深州的束鹿县；祁州的深泽镇；赵州的平棘县、高邑县、赞皇县、宁晋县。④ 由此可见当时产酒区的分布。就在金元时期虽为政府的禁榷之品，但是民间酿酒业仍普遍的发展起来。尤其蒙古人生性尚饮，因此真定很多州县都有酿酒业。如：王庆泽任晋州酒税提领⑤；藁城人王增"尝监本县酒税"⑥；苏彦远任"真定酒使司监"⑦。除了以粮食酿酒外，真定还出产如枣酒和椹子酒的果酒。枣酒："京南真定为之，仍用些少曲蘖，烧作哈拉吉，微烟气甚甘，能饱人。"椹子酒："微黑色，京南真定等处咸有之。大热有

---

① 《常山贞石志》卷十二惠演《真定龙兴寺铸金铜像菩萨并盖大悲宝阁序》。
② 《长编》卷一百一一，明道元年九月己丑，第 2589 页。
③ 《宋会要辑稿·礼》六之一八。
④ 《宋辽金时期的河北经济》，第 127 页。
⑤ 《常山贞石志》卷十五《王善神道碑铭》。
⑥ 《常山贞石志》卷十五《故知中山府事王公神道碑铭》。
⑦ （金）元好问：《遗山集》卷二十四《苏彦远墓碑》，《全元文》卷三十五。

毒，饮之后能令人腹内饱满。"①

文具制造业中主要是制墨业技术有特色。真定府一直有制墨的传统，据《宋稗类钞》记载："高平吕老，造墨常山。"到北宋中期，真定人陈赡掌握了独特的"和胶法"，其法为："就山中古松取煤，其用胶虽不及常和、沈珪，而置之湿润初不蒸。"② 所制墨非常受欢迎，北宋末年可值每斤五万钱。另一个真定人张滋，他"善和墨，色光黳。胶法精绝，举胜江南李廷珪"③。在大观皇室库内存有张滋墨大概数万斤。制墨业的发达与真定府西部太行山出松木有得天独厚的自然资源以及真定府是河北西路首府，文化事业发展繁荣都有密切关联。

三　医学、数学与机械制作技术的新成就

真定籍李杲，字明之，号东垣老人，约生于金大定二十年（1180），卒蒙古宪宗元年（1251），是金元四大名医之一，我国中医史上的补土派代表。

李杲幼年时，就表现出与众不同，长大后，忠信笃敬，慎交游，与人交往无戏言。有一次，作为乡豪代表做国使接待南宋使节，真定府府尹让妓女去强劝酒，结果出来后就全吐了，其自爱如此。其家族世居真定，"赀雄乡里"④。金大定初年，在真定、河间通检推排户口，李氏家族户冠两路。

李杲曾跟翰林王若虚学习《论语》《孟子》，跟从冯璧学习《春秋》。为他学习医学打下良好的文史基础。泰和年间，金发生蝗灾，百姓多流亡，李杲全力赈灾，救活了许多人。

李杲二十岁时，其母病重，命乡里许多医生诊治，尝遍百药，以寒药治寒病，其母最后也不知为何而死去了。李杲非常悲痛，于是发愤学医以补过失。听说易水的张元素医术名闻天下，便捐赠许多钱财，跟张

① 熊梦祥：《析津志辑佚·物产·异土产贡》。

② 《春渚纪闻》卷八《陈赡传异人胶法》，第121页。

③ 《铁围山丛谈》卷五，第95页。

④ 《元史》卷二百三《李杲传》，第4540页。

元素学医，几年以后，尽得张元素真传。他捐纳了山东济源的税官，当时济源的百姓流行大头瘟，医生们查遍药书，没有对症的，于是胡乱下药，引起大面积死亡事件。李杲对患者的死亡感到悲哀，他废寝忘食，寻流讨源，自己研制了一药方让病人服下，立即见效。李杲将此药方专门刻在木板上，放置在众人能看到的地方，使用此药方的人无不见效。当时人们都认为此方是神仙所传，将它刻在石碑上。

金朝末年，李杲为避蒙古兵戈之乱，避难汴梁（今河南开封），开始以医术游于公卿之间。此后他离开汴梁，到山东聊城、东平等地行医。看了很多疑难杂症，《元史·方技》中有记载。

李杲不仅医术精湛，而且医德高尚。尤其在医学教育上，言传身教，对有志于传道的学生，才肯收徒授学。如：罗天益，字谦父，生性淳朴，有志于学医。李杲一见罗天益就问："汝来学觅钱医人乎？学传道医人乎？"罗回答："亦传道耳。"于是收了这个学生，开始教授医学。

所谓觅钱医和传道医，就是指两种不同的学医目的、服务志向和医疗道德。觅钱医把医药知识和医疗技术视为赚钱的手段，把给人治病当成索取财礼报酬的机会。而传道医以解除患者疾苦和救死扶伤为己任，决心把自己的医药知识和医疗技术贡献给整个社会和后世子孙，绝不把这些视为奇货可居的私产。李杲就是这样一位伟大的医生。临终前，李杲将平日所著医书，校勘辑佚，全部交给罗天益，并嘱咐他说："此书付汝，非为李明知、罗谦甫，盖为天下后世，慎勿湮没，推而行知。"李杲的医学著作有：《内外伤辨惑论》《脾胃论》《兰室秘藏》《活法机要》《医学发明》《东垣试效方》《脉诀指掌》等。李杲去世后，由罗天益将李杲的医术发扬光大。①

罗天益（图7—2）是元代一位杰出的医学家，曾供奉宫廷，名震一时。《卫生宝鉴》是他的医学著作，在医学史上有不容忽视的地位，而且书中不少与元初历史有关的记载，甚为可贵。

罗天益的生平，史书记载缺乏，但从《卫生宝鉴》中大致可以了解，其曾受忽必烈之召。如：癸丑年（1253）罗天益"奉诏至六盘山，上命

---

① 《医史》卷五《东垣老人传》。

图7—2 子龙广场上的李杲和罗天益形象（王慧杰拍摄）

治火儿赤纽邻。久病疝气。复因七月间饥饱劳役，过饮乳所发"①。罗天益是真定藁城人，能够被忽必烈召见，跟藁城董氏兄弟有很大关系。金元之际的真定府归蒙古改为路后，藁城是真定路下的一县。董氏不过是小军阀，力量有限。但是蒙古灭金以后，将中原人口分封给宗王、驸马和功臣，"时以真定藁城奉庄圣太后汤沐"②。庄圣太后即唆鲁禾帖尼，是托雷的妻子，藁城成为她的汤沐邑之后，董氏家族便和托雷家族产生了密切的联系。庚戌年（1250），太后命择邑中子弟来，董文用便随从董文炳谒太后于和林城。从此董文用成为太后之子忽必烈的侍从。辛亥年（1251），在太后的精心策划下，托雷长子蒙哥成为蒙古国的第四代大汗。次年（1252），蒙哥命忽必烈征大理，忽必烈奉命出师，先在甘肃六盘山屯驻，集结军队，招徕人才。董文用和董文忠"从军，督粮械，赞军务"③。行军打仗，饮食寒暑不节，军中有流行病，罗天益正是此时被征召到六盘山的。

① （元）罗天益：《卫生宝鉴》卷十五《诸腰痛筋骨冷疼》，人民卫生出版社1963年版，第234页。

② 《元史》卷一百四十八《董文用传》，第3495页。

③ 同上。

《卫生宝鉴》是罗天益将自己的治疗经验编纂成的一部临床治疗著作。这部著作分为四个部分："曰《药误永鉴》者，知前车之覆，恐后人蹈之也。曰《名方类集》者，古今之方，择之已精，详而录之，使后人有所据依也。曰《药类法象》者，气味厚薄，各有所用，证治增损，欲后人信之也。曰《医验记述》者，遇如是病，用如是药，获如是效，使后人慎之也。"① 此书的一大特点实用性强。如："论病则本于《素》、《难》，必求其因，其为说也详而明。制方则随机应变，动不虚发，其为法也简而当。大抵皆采撷李氏平时之精确者，而间隐括以己意，旁及于诸家者也。"② 他阐发了李杲的医学思想，证以本人的临床经验，是真定学派的重要著作，在中国医学史上有其不容忽视的地位。

在罗天益行医四十年的过程中，他接触到各阶层中许多人物，对我们了解元初的史事，大有裨益。罗天益为不少达官贵人治过病，如：史天泽、姚枢、许衡、张仲谦、商挺、杨果、董文忠等。如史天泽，他是汉地世侯的代表，深得忽必烈的信任，先后任中书左右丞相，枢密副使，在蒙哥、忽必烈两朝地位显要，举足轻重。《卫生宝鉴》中记载其病史，"至元丁卯九月间，因内伤自利数行，觉肢体沉重，不思饮食，嗜卧懒言语，舌不知味，腹中疴痛，头亦痛而恶心"。后来有罗天益治疗，"至月余，其病乃得平复"③。从中可以了解史天泽的生活。

《卫生宝鉴》中还记载流行病，对于了解元初历史，资料很珍贵。如："中书左丞董公彦明，中统辛酉夏领军攻济南，时暑隆盛，军人饮冷，多成痢疾。又兼时气流行，左丞遣人求医于予，遂以数药付之。至秋，城陷矣。"④ 董彦明即董文炳，攻济南是指李璮之乱，蒙古军于四月围济南，七月攻克，军中多得痢疾，战斗力减退，以至于迟迟攻不下。

李冶，字敬斋，金真定府栾城（今河北栾城）人，是金末元初著名的学者，中国数学史上宋元四大家之一，他总结并完善了天元术，编著了两部天元术著作———《测圆海镜》和《益古演段》，为我国古代数学

---

① （元）砚坚：《卫生宝鉴序》，载《卫生宝鉴》卷首。
② （明）蒋用文：《重刊卫生宝鉴序》，载《卫生宝鉴》卷首。
③ 《卫生宝鉴》卷五《温中益气治验》，第50页。
④ 《卫生宝鉴》卷四《饮伤脾胃方》，第27页。

发展做出了重要贡献。

《测圆海镜》是我国现存最早的一部以天元术为主要内容的著作。天元术是一种用数学符号列方程的方法。书中"立天元一为某某"相当于现在的：设 x 为某某。《测圆海镜》的成书对我国古代数学发展具有深远的影响。《益古演段》与《测圆海镜》不同，它是李冶在封龙书院讲学过程中，发现《测圆海镜》中的内容不易被初学者掌握，为普及天元术而专门撰写的一部著作，是一部由浅入深、简明易懂、非常实用的数学教材。《益古演段》是在《益古集》的基础上，以天元术推演条段，利用新术和旧术对比的方法，加深人们对天元术的理解。

然而数学并没有给李冶带来功名利禄，在现存的史料和记载中也未能发现他的学生有从事数学研究的，其两本算书都是在他去世后才出版的。就李冶个人的数学研究成果来说，由于当时的社会环境所致，李冶数学成就在承上启下尤其是启下方面，又略显不足，这不能不令人感到惋惜。

真定籍高僧怀丙（图 7—3），生卒年月不详，聪明善思，精于建筑工程技术，宋史评价其"巧思出天性，非学所能至也"。[①] 根据同书记载，第一件事是修古塔：

> 真定构木为浮图十三级，势尤孤绝。既久而中级大柱坏，欲西北倾，他匠莫能为。怀丙度短长，别作柱，命众工维而上。已而却众工，以一介自从，闭户良久，易柱下，不闻斧凿声。

这段神秘的记述，令我们感受到怀丙高超的施工技术和严谨的科学态度。而该处古塔是指正定的天宁寺的灵霄塔。

第二件事捞铁牛：

> 赵州淡河凿石为桥，熔铁贯其中。自唐以来相传数百年，大水不能坏。岁久，乡民多盗凿铁，桥遂欹倒，计千夫不能正。怀丙不役众工，以术正之，使复故。河中府浮梁用铁牛八维之，一牛且数

---

① 《宋史》卷四六十二《怀丙传》，第 13519 页。

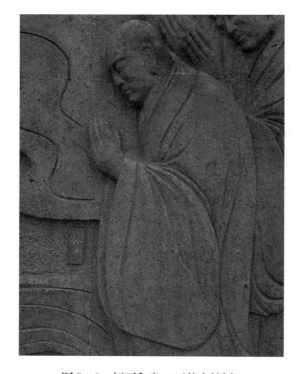

图 7—3　怀丙和尚（王慧杰拍摄）

万斤。后水暴涨绝梁，牵牛没于河，募能出之者。怀丙以二大舟实土，夹牛维之，用大木为权衡状钩牛，徐去其土，舟浮牛出。

可见，怀丙巧妙地利用浮力原理，靠两只大船去掉土之后，上浮，把重万斤的铁牛打捞上来，表现了一个科学家的才华。当时转运使张焘上奏朝廷，朝廷赐给他紫衣。

第 八 章

宋元真定府赵州社会变迁
和民风民俗

宋元时期是民族大融合、人文大同化的重要时期之一，为石家庄文化的发展产生了新的生机与持续发展的动力。这一时期北方地区的女真族和蒙古族相继进入石家庄地区，引起了石家庄社会结构的显著变迁。尤其是随着科举制度的实行，一批新型官僚士大夫阶层的崛起，加上宋代以来特别是金元时期一批军功地主阶层的形成，促成了石家庄社会结构的重新构建。这个新的官僚士大夫军功地主阶层，是王朝赖以依仗的新的地方势力和政治支柱，而且也成为这一地区文化的主要载体。成为这一时期石家庄地区主流文化的主要创造者和传承者。同时广大下层民众文化，也随着社会变革而嬗变。而且上层文化与下层文化之间相互交融、相互吸收，使当时整个区域文化呈现出平民化、世俗化与普及化的发展趋势。

一　新兴官僚军功地主阶层的
崛起和社会结构重建

区域文化形成和发展，与该时期该地区的社会精英的倡导和有权势的大家族的支持是分不开的。要研究石家庄地区的传统文化的时代发展，解释石家庄传统文化发展中一些深层次问题，就必须结合考察这一时期的石家庄地域内众多姓氏家族的历史发展及其时代特点，研究该社会群体的社会活动、文化心态等综合特征。

自隋唐以来，随着社会经济关系的发展与变化，随之社会各阶层的经济地位与政治地位也发生较大的变动。东汉魏晋南北朝时期鼎盛的士族地主阶级逐渐衰落，尤其是经历了唐末农民战争和五代十国时期连年战乱，曾经的门阀士族阶级更是一蹶不振。在河北一带的有崔、卢、李、郑。在石家庄地区有赵郡的李氏，从北魏开始入仕做官，从李灵、李顺、李孝伯开始，其子孙高官达数百人。到唐代，自称"关陇贵族"的李唐宗室据考是从河北赵县一带迁到西北关中地区的。① 到宋代，原来那些显赫数百年的大姓已不被世人所看重，正如王明清所言"唐朝崔、卢、李、郑以及城南韦、杜二家，蝉联珪组，世为显赫，至本朝绝无闻人"②。与士族地主势力衰落同时，是庶族地主势力急剧的发展。随着门阀宗族瓦解、谱牒衰绝，从而使这一时期社会结构随着家族制度的重建，使得社会结构要素有着新的增加，从而使社会结构进一步趋于复杂化。尤其是社会各阶层成员，由于女真、蒙古族政治文化渗透，对当时社会结构变化也有影响。因此到宋元时期新兴的官僚军功地主阶层出现，显示与前代不一样的社会结构特色。需要说明的，门阀士族到唐宋时期确实发展变化，但并不是完全衰落，而是发生分化。其中一部分凭借家传学问优势，通过科举考试，继续走着仕途。③

宋元时期石家庄地区的官僚军功地主阶级形成及政治势力增长，主要凭借两种途径：文的途径就是凭借其不断增长的经济势力和文化实力，通过科举、征辟、荐举、恩荫、捐纳等途径进入仕途。武的途径就是通过从军立功获得官爵，或先起兵自立，后投降官府而成为封建王朝的文武官吏。因此，一批官僚军功地主名门望族在这一时期形成。

（一）科举世家

科举世家是指家族起家科举，其后家族成员也致力于科举之业而保持家族事业兴旺发达的家族。

真定灵寿的韩亿家族是北宋显赫一时的大族。号称"门族之盛，为

---

① 陈寅恪：《唐代政治制度述论稿》，生活·读书·新知三联书店2001年版，第193页。
② 王明清：《挥麈录前录》卷二，上海古籍出版社2001年版，第3588页。
③ 邢铁：《唐宋时期家族组织的变化》，《河北师范大学学报》2008年第6期。

天下冠。在朝廷评其德，在士大夫语其学，在公卿之后论其世，咸多韩
氏"①。五代宋初韩氏家族本是一个十分贫寒的平民小族，进士出身的李
清臣在应邀撰写《韩太保惟忠墓表》时，除了叙述韩氏子孙的业绩之外，
对韩惟忠反而叙述很少。② 韩氏家族留下生平的共有七世。现就该家族科
举状况列举如下：韩氏家族起家于韩亿。韩亿，字宗魏，真宗咸平五年
（1002）考中进士。③ 他有四个儿子先后中进士，分别是次子韩综在天圣
八年（1030）进士及第④；三子韩绛在庆历二年（1042）举进士甲科⑤；
五子韩维以进士奏名礼部，方韩亿辅政，不肯试大廷，受荫入官；⑥ 六子
韩缜于庆历初登进士第⑦。韩亿的孙辈中也有五人登进士第，分别是韩纲
的儿子韩宗彦在庆历二年（1042）举进士甲科，韩综的儿子韩宗道于嘉
祐四年（1059）中进士第⑧，韩绛的儿子韩宗师于熙宁中登第，此外，韩
缜的儿子韩宗恕、韩宗武均考中进士，后三人究竟是哪年登第，史料不
详。后来，韩宗文的儿子韩瑨于绍圣元年（1094）中进士⑨，韩宗武的儿
子韩璜于建炎四年（1130）赐进士出身⑩。总计起来，韩亿祖孙四代中进
士12人。宋代实行重文抑武的国策，家族社会地位的升降与科举成败有
相当大的关系。进士人数的多少成为家族政治地位的重要指标。因此，韩
亿家族拥有如此众多的进士，不但为他们自己获得了很高的官品，还为家
族赢得了极大的荣誉，如前所述，韩亿中进士后官至参知政事，他的曾祖
父韩惟忠获封太保、祖父韩处均获赠太傅、父韩保枢获赠太师，都是从一
品之高职。韩绛登第后，于神宗朝拜同中书门下平章事，封康国公，他在
元祐三年（1088）去世后，被赠太傅，是从一品之职。韩缜在元丰四年

---

① 《名臣碑传琬琰之集》中卷第四一李清臣《韩太保惟忠墓表》。

② 王善军：《宋代世家大族：个案与综合之研究》，四川大学2003年博士后出站报告，第
76页。

③ （宋）曾巩：《隆平集》卷七《韩亿传》，影印文渊阁四库全书1986年版。

④ 《张方平集》卷三九《昌黎韩君墓志铭》。

⑤ （宋）范纯仁：《范忠宣集》卷十五《司空康国韩公墓志铭》，影印文渊阁四库全书
1986年版。

⑥ 《宋史》卷三百一十五《韩亿传附韩维传》，第10305页。

⑦ 《名臣碑传琬琰之集》卷二〇《韩太保缜传》。

⑧ 《金石萃编》卷一百四十二《韩宗道墓志铭》，第287页。

⑨ （宋）晁说之：《嵩山文集》卷二〇《宋故韩公墓志铭》，四部丛刊续编。

⑩ （明）黄宗羲：《宋元学案》卷三四《武夷学案》，文渊阁影印四库全书1986年版。

（1081），封同知枢密院事，是正二品之职。韩宗道，历知庐州，工部、户部、左司郎中、太府卿，后迁至刑部、户部侍郎，是从三品之职。韩宗师，元祐八年（1093）除兵部侍郎。绍圣中迁吏部侍郎，加集贤殿修撰、知河中府，是从三品之职。韩宗恕，在徽宗即位时迁秘书丞，后改开封府推官，官终太中大夫，是从四品之职。官职的品位是分析家族政治地位的具体坐标，从以上梳理不难看出，韩亿家族的成员，从韩亿释褐进入仕途开始就有不少子孙位极人臣，做到一品、二品的高官，做三品、四品官的人也不少，可见，韩亿家族确实称得上是簪缨世家了。

　　要想科举成功必须读书，因此以藏书起家，诗书见长的家族在宋代科举中会占有极大优势。

　　赵州平棘的宋绶家族是一个藏书世家的代表，以诗书传家。陆游曾说："本朝藏书之家，独称李邯郸公，宋常山公，所蓄皆不减三万卷。"[①]宋氏家族在五代时，祖父宋龟符曾任平棘令。父宋皋，真宗时做直集贤校理，为宋氏家族文化做了初步的积淀。宋氏家族真正发扬光大是宋绶，字公垂，咸平三年（1000）以外祖父杨徽之恩荫入仕，补太常寺太祝。宋代恩荫的官职升迁不如科举，大中祥符元年（1008），宋绶复试学士院，为集贤校理。[②]"上先赐绶同进士出身"[③]。从此仕途顺畅。两次做参知政事，一次做枢密院事。其子宋敏求、宋敏修还有一个从子宋昌言，他们兄弟三人勤学不倦，最终"昆弟三人同年登科，士大夫著位衣冠盛世"[④]。宋敏求主要在史学上成就很高，神宗时任史馆修撰后加龙图阁直学士。宋敏修两次为太常博士。宋昌言是治水能手，最后做到少府监。其孙宋庆曾，虽荫补为秘书省校书郎，但是能够继承家学，好学不倦，后官至朝请大夫。可惜的是宋氏家族藏书在毁于元符年间的一场大火，五百年间藏书化为灰烬，宋绶家族子弟要想继承家学就困难多了[⑤]，从宋庆曾之后，宋氏家族开始衰落，入仕者明显减少，更不要说显达了，孙辈大都是荫补入仕，任丞、郎、簿、尉等低级官吏。虽说是以儒学传家

---

①　《渭南文集》卷二八《跋京本家语》。

②　《宋史》卷二百九十一《宋绶传》，第9733页。

③　《名臣碑传琬琰之集》卷八《宋绶传》。

④　《苏魏公集》卷五一《龙图阁直学士修国史宋公神道碑》。

⑤　王德毅：《宋敏求的家世与史学》，载《台大历史学报》2003年第31期。

的世家，但并未出现代代中举之人，因此衰落也就不可避免。①

　　真定的王化基家族。王化基字永图，太平兴国二年（977）举进士。后官至参知政事。长子王举正，幼嗜学，先是荫补秘书省校书郎，后进士及第。后官至太子少傅。四子王举元，以上父章赐进士出身。后官至给事中。其孙王诏用荫补官，官至工部尚书②。

　　真定获鹿人贾昌朝家族。贾昌朝（998—1065），真定获鹿人，出身世宦之家，其先祖是汉长沙王太傅贾谊，至唐仆射贾耽，以儒学相德宗。受家庭浓厚的儒学背景影响，从小"总角遂晓群经，章解句达"③。其族中同辈：贾昌朝、贾昌龄和贾昌衡都是进士，并做官。

　　栾城的苏轼家族（图8—1、图8—2、图8—3）。其先族唐代苏味道，

图8—1　苏洵（陈淑荣拍摄）

---

　　①　尉艳芝：《宋代赵州宋氏家族研究》，四川大学2007年硕士学位论文。
　　②　《宋史》卷二百六十六《王化基传》，第9183页。
　　③　杜季芳：《群经音辨研究》，山东大学2007年博士学位论文。

图8—2　苏轼（陈淑荣拍摄）　　　图8—3　苏辙（陈淑荣拍摄）

赵州栾城人，在武则天时期曾三次拜相，后来被贬谪到四川眉山任刺史，不久病逝，归葬栾城。后留一子在眉，到苏序时，家教"以科举为旨归"①，苏序的儿子苏涣、苏洵，苏洵儿子苏轼、苏辙，"一旦拔在高第"②，苏轼兄弟同科及第，苏洵文章为士子争诵，出现宋代文坛上的"三苏"。他们对祖籍栾城念念不忘，苏辙还将自己文集命名为《栾城集》。

宋代自称赵郡李氏的家族有三支，当然都说是出广武君左车，其墓地分布在今天石家庄市元氏赞皇一带。一是北宋名相李昉，一是宋真宗朝名相李沆，一是李迪。三个李姓宰相之家曾不断迁徙，后来慢慢衰落了。正如洪迈所说："本朝三李相——文正公昉、文靖公沆、文定公迪，皆一时名宰，子孙亦相继达宦。然数世之后，益为萧条。"③

① 马斗成：《宋代眉山苏氏家族研究》，中国社会科学出版社2005年版，第124页。
② 欧阳发等：《先公事迹》，载《欧阳文忠公文集》附录。
③ （宋）洪迈：《容斋三笔》卷一二《大贤之后》，四部丛刊本。

金代真定蔡珪家族。真定蔡松年、蔡珪父子。蔡松年（图8—4），金代著名词人，官居宰辅。其子蔡珪，中天德三年（1151）进士第，官至礼部郎中。蔡珪承家学，蔡松年更是赋诗《一剪梅·送珪登第后还镇

图8—4　蔡松年（王慧杰拍摄）

阳》："白璧雄文冠玉京。桂月名香，能继家声。"① 作为父亲的蔡松年对儿子的喜悦与自豪之情溢于言表。蔡珪也不负父望，当时贵族寺院金石文字咸出其笔，为时贤所称许。

杨伯仁家族。杨丘行辽末科举，累官至"通奉大夫、太子左卫率府率"，海陵王为中京留守时，杨丘行、杨伯雄父子充其幕府，后来杨伯雄更是以海陵王潜邸旧臣身份进入金朝权力中心，并逐渐成为海陵、世宗两朝重臣，累历太兴少尹、平阳尹等职，"知河中府、谥庄献"。与杨伯雄同辈的第九世杨伯元、杨伯杰、杨伯仁、杨伯渊等人也同样在海陵、世宗两朝仕履顺达。如杨伯元，"少中大夫、知定国军节度使事"；杨伯杰，"中奉大夫、北京路都转运使"；杨伯仁，"翰林侍讲学士、中大夫、制诰兼太常卿、左谏议大夫、尚书礼部侍郎，谥文昭"②；杨伯渊"以名

① 《全金元词》之蔡松年：《明秀集注》卷一，第15页。
② 《金代石刻辑校》，第102页。

家子补尚书省令史……四迁山东东路转运使"①。杨伯雄长子杨瀛"积阶奉议大夫"，杨瀛堂弟杨沆"承务郎、绛州大平簿、武骑尉、赐绯鱼袋"，杨瀛长子杨济"太常寺检讨官"，杨瀛三子杨瀚"守枢密院译史"②。从杨瀛等人任职来看，其仕履不达，已经处于金朝权力中心的边缘。

　　元代安熙家族，既是一个文化世家又是科举世家。从安玠开始，以儒传家。在金末战火中家族遭到重创，其子安滔为童生，金亡后迁居真定藁城，在真定做石抹陈奴家塾里的教授。元太宗戊戌试时，安滔中选，占儒籍，在真定又成为张德辉族学的教授。安滔儿子安芝、安松、安筠均参加科举，中进士。安松，蒙元时期江东宣照磨，辞官后在家教授学生。文章以理为主，不尚浮夸，言之有物。安芝、安筠在元初为官为学，名重一时。其远枝族人中安好古在担任燕南宪府吏员时，曾拜安松为师。安松的儿子是安熙和安煦，安熙幼年承袭家学，又拜刘因的弟子乌冲为师，刘因去世后，他抄录刘因撰写的经书，并自称为其私淑弟子。宪司多次举荐安熙，但安熙都不入仕为官。安熙喜欢平日与名儒交谈，共同探讨《四书》旨趣，在真定讲学期间，其弟子多至百人，苏天爵是安熙的学生之一。安熙也与入仕的儒士交游，还为乡里儒士撰写祝文，为儒学晚辈起名等。安熙的学术及其教人比尊朱熹，在家居数十年，以教授儒生为己任，实际上承担了儒家道统的传承任务。他立誓说："今而后，惟有一意问学，亲贤取友，勉励孳孳，死而后已。"③ 于至大四年（1311）病逝，享年四十二岁。

　　元代苏天爵家族。其先世在金亡后，由河南迁回真定，其祖苏荣祖曾监真定税务，后辞官。父苏志道，以吏起家，又能名，官至岭北行省左右司郎中（从五品）。苏天爵在弱冠之年入读国子学，于延祐四年（1317）参加公试，被拔为第一，因此得列名岁贡，授大都路蓟州判官（从七品），时年24岁。苏天爵由国子学释褐出仕，是其政治生涯的起点，对他后来发展影响巨大。元代官员选拔，主要有怯薛、荫补、和吏员出职，而国子学出贡比例极小。其后他历任翰林修撰、监察御史、肃

---

① 《金史》卷一百五《杨伯雄传附伯渊传》，第 2320 页。
② 《金代石刻辑校》，第 103 页。
③ （元）《默庵安先生文集》卷三《与乌叔备书》，影印文渊阁四库全书 1986 年版。

政廉访使、湖广行省参知政事、集贤侍讲学士兼国子祭酒、江浙行省参知政事等二十职，为官三十余年。至正十一年（1351），全国农民战争爆发，红巾军起自湖北，沿江而下，攻取江东、江西、两浙之地，次年（1352），苏天爵任职江浙行省参知政事（从二品）不久兵卒军中，年五十九岁。

苏天爵及其家族之所以能够三世入仕，得益于其一，严格的家世教育和藏书。如史载其家在真定"居久之，遂以资雄其乡"。曾祖苏诚继承家业，"时郡邑新立，无知学者，独能教其子，为乡人先"。祖苏荣祖，"家藏书数百卷，手录校雠孜孜不倦"。① 藏书之名为滋溪堂。苏志道"既为循吏，又好读书"，对书堂加以修葺，且"渐市书益之，又尝因公事至江之南，获万余卷以归"。② 苏氏家族是真定大族，两代出仕，又藏书丰富，苏氏家教甚严。从祖父到天爵，两代单传，乡里有人对其祖或曰"君才一子，盍少宽"。辄正色曰："可以一子故废教耶！"天爵父亲，"教伯修如父教己"③。严格的教育使苏天爵从小便具备了较好的学术素养。

其二，苏天爵求学路上遇到名师，这对他日后人生道路的影响至关重要。他在国子学的老师是元代著名的文学家虞集；而他在入国子学之前，曾经跟安熙学习过，这位安熙是北方名气极大的理学家刘因的私塾弟子；入国子学之后，他又拜南方的理学家吴澄为师。而这几位都是中国学术史上有名的人物，苏天爵能跟他们学习，使自己更加刻苦，因此，元史上称赞他："故其清修笃志，足以潜心大业而不惑于他歧；深识博闻，足以折衷百代而非同于玩物。"④

其三，父亲苏志道廉洁奉公、勤政为民的为官品质，成为苏天爵的榜样。苏志道为官 20 多年中所表现出的"为天下先，死而后已"等高尚人文品质是得到公认的。好友虞集对他的评价是"介有所不与，赫奕者有所不趋，澹泊者有所不去，严于操持有所不为，谨于思虑有所不语，

---

① （宋）虞集：《道园学古录》卷十四《真定苏氏先茔碑》。
② 宋本：《滋溪书堂记》，《国朝文类》卷三十一，四部丛刊本。
③ 同上。
④ （元）苏天爵：《滋溪文稿》赵汸序卷首。

以诗书为业而不虚不疏，以法令为师而不深不固"①，淡泊名利而行有所守。尤其是，延祐三年（1316）冬，"关中猝有变，未两月遂及和林，守者不知计所从出"②。又逢和林天降大雪，雪至丈余，导致"畜僵死且尽人并走和林乞食，时仓储仅五万石米，八十万钱，强者相食弱者相枕藉死"③。情况万分紧急，急需朝廷派遣得力官员前往赈灾。但和林是北方苦寒高地，地处边塞而环境艰苦，朝中官员多无人愿往。面对这种情况，苏志道毫不犹豫，"毅然请往"④。后苏志道冒严寒险阻，经过三年操劳完成了赈济和林的重任。但当其凯旋归京后不到一个月，终因操劳过度而猝然离世。苏志道的这种品质不但是时吏学习的榜样，更为重要的是对儿子苏天爵产生最直接的影响和感染，后来苏天爵也和父亲一样因过度操劳而亡。

（二）外戚家族

杜宪太后家。杜太后家祖籍定州安喜，后居住在真定临济村，杜太后时杜家已经在此居住数世，"世居常山，以积善闻"⑤，宋人范镇记："宣祖初自河朔南来，至杜家庄院，雪甚，避于门下，久之，看庄院人私窃饭之。数日，见其状貌奇伟兼勤谨，乃白主人，主人出见，而亦爱之，遂留于庄院。累月，家人商议，欲以为四娘子舍居之婿。四娘子即昭宪皇太后也，其后生两天子，为天下之母。定宗庙大计，其兆盖发于避雪之时。圣人之生，必有其符，信哉！"⑥元代苏天爵记："杜家世家真定，故宋昭宪太后之族。"⑦昭宽太后的曾祖父和祖父分别获封平原王和西河王，"平原、西河两王葬真定东南临济原"后来由于临漳沱河，常遭淹，迁真定西北三家原。今正定县三角村、柏棠一带。柏棠的意思即这一带

---

① （宋）虞集：《道园学古录》卷四《苏君真像赞》。

② 苏天爵：《元文类》卷五十四虞集：《岭北行省郎中苏公墓志铭》，影印文渊阁四库全书1986年版。

③ （元）许有任：《至正集》卷四十七《岭北等处行中书省左右司郎中苏公神道碑铭》，影印文渊阁四库全书1986年版。

④ （元）许有任：《至正集》卷四十七《岭北等处行中书省左右司郎中苏公神道碑铭》。

⑤ 《宋史》卷四六三《杜审琦传》，第13536页。

⑥ （宋）范镇：《东斋记事》卷一，中华书局1980年版，第1页。

⑦ 《滋溪文稿》卷十六《真定杜氏先德碑铭》。

原是一片坟地，柏树林里成趟，俗称"伯趟"，后人在此定居于柏林中植海棠、牡丹花卉，遂取"柏棠"为名，可见宋太祖的姥姥家与真定有着密切的关系。

慈圣光献曹皇后，真定灵寿人，曹彬孙女。宋仁宗明道二年（1033）入宫，景祐元年（1034）九月册封为皇后。历仁宗、英宗和神宗三朝，曹皇后元丰二年（1079）卒。皇帝推恩曹氏，拜曹佾中书令，进官者40余人。①

（三）军功世家

军功世家是指那些从军武将，其后家族世代连任武职，累立军功，以显亲扬名的家族。

真定曹彬家族是北宋著名的军功世家。宋庠曾评："今天下言诸侯王世家者，以曹为首。"② 曹彬在后汉时即名列军籍，在后周时，由于后周开国皇帝郭威有个贵妃张氏是曹彬的从母，因而得隶柴荣帐下，此后便以军事才能跃居高级将领。宋王朝建立后，曹彬正值三十来岁，他的军事才能和忠心均得到赵匡胤的赏识，不断委以重任，在宋初统一战争中立下赫赫战功，如参与平定后蜀，率军平定南唐，参与平定北汉。但是也有一次败绩，雍熙北伐失败。太宗责授右骁卫上将军，不久真宗即位，复拜枢密使。他的儿子们也都继承父业，在疆场屡立战功，如曹璨，曹彬长子，在北面"契丹入寇，屡战有功"和在西北"出蕃兵邀继迁"俘获甚众。③ 曹玮驭兵严明，善用反间计，主要在西北抗夏，他一生"为将几四十年，用兵未尝败衄，尤有功于西方"④，后官至签书枢密院事。曹琮御军整严，在对待西夏问题上曾上"攻、守、御三策"，对生羌诸部"怀以恩信"⑤，后官至步、马军副都指挥使。到第三代曹仪任康州防御使，曹佾任殿前都虞侯，曹修任华州防御使，曹评任马军副都指挥使，曹诱任真定府定州路兵马钤辖等，直到北宋末年，曹氏家族中还拥有众

---

① 《宋史》卷二百四十二《慈圣光献曹皇后传》，第8621页。
② （宋）宋庠：《元宪集》卷三十三《赠侍中曹公行状》，影印文渊阁四库全书1986年版。
③ 《宋史》卷二百五十八《曹彬传附曹璨传》，第8983页。
④ 《临川先生文集》卷九〇《彰武军节度使侍中曹穆公行状》。
⑤ 《宋史》卷二百五十八《曹彬传附曹琮传》，第8989页。

多的武职人员，但是承平时期，武功大不如前。

赵州王德用家族在当时也是军功家族的佼佼者。其父王超，太宗时潜邸亲随成员，其军功主要是与西北李继迁作战和北御契丹。太宗即位后，官至殿前都指挥使。王超崛起为王氏家族子孙步入军旅开启方便之门。王德用在军事才能和军功上均超过其父，被契丹称"黑王相公"①，不战而退敌兵。后曾两次拜枢密使。王德基，官至延州观察使，王德恭官至蕲州刺史。都是北宋仁宗时中级武将。其子辈人丁不旺，对王德用家族的发展起了很大限制作用。②

真定高怀德家族（图8—5），史评其"将家子，练习戎事，不喜读书"③。其父高行周是后周天平节度使，高行周在与辽作战时，高怀德始

图8—5　高怀德（王慧杰拍摄）

① 《宋史》卷二百七十八《王超传附王德用传》，第9469页。
② 马运法：《北宋武将王德用家族研究》，西北大学2010年硕士学位论文。
③ 《宋史》卷二百五十《高怀德传》，第8823页。

冠，跟从其父北征，积累了很多作战经验。因其忠厚倜傥，有勇谋，深得周世宗的信任，太祖即位后，又效忠太祖，拜殿前副都点检，移镇滑州，充关南副都部署，娶宣祖女燕国长公主，加驸马都尉。可称得上是宋太祖开国的功臣。死后封冀国公。

元代真定史天泽家族。根据《元史·史天倪传》和《元史·史天泽传》记载，史氏家族自 1220 年入真定，到 1263 年元世祖剥夺世侯权力，共统治真定 43 年。史氏家族在真定任职情况依次为：史天倪为"河北西路兵马都元帅，知真定府事"。史天泽为"真定、河间、大名、东平、济南五路万户"，后官至中书左丞相。史权（史天倪次子）为"真定、河间、滨、棣、邢、络、卫、辉等州路木烈儿军兼屯田州城民户、沿边镇守诸军总管万户"。史枢（史天安三子）为"行北京元帅府事抚治真定"。史樟（史天泽次子）为"真定、顺天新军万户、棣、卫、辉转运使"。史氏解职后，史樟居于真定经常穿着麻布衣服和草鞋出入于市，以"散仙"自居。

行唐邸氏家族。1214 年蒙古大军压境，金主难以招架而迁汴。这一年，邸顺与邸常率乡民归降蒙古，邸顺被任命为行唐令。邸顺得赐蒙古名"察纳合儿"①。与邸顺同步归降蒙古的其家族成员有邸常、邸琼。邸常作为邸顺的同胞兄弟，早年一直追随邸顺，曾得赐蒙古名"金那合儿"。他曾在行唐置元帅府。邸琼是邸顺的族兄，他曾追随行唐元帅邸常多次对外作战，1232 年，邸琼随塔察儿围攻金，次年（1233）金亡。战毕，邸琼返回家乡被推为行唐长官。邸琼在任行唐长官期间平狱讼、均赋役，深受当地百姓爱戴。魏初评价其"以战则勇，以牧则惠"。②

藁城董氏家族。董氏四世为将，而三代皆披坚执锐，战功彪炳。世祖在潜邸，癸丑年（1253）秋，受命宪宗征南诏。董文炳率义士四十六骑从行，人马道死殆尽，及至吐番，止两人能从。"两人者挟董文炳徒行，踯躅道路，取死马肉续食，日行不能三二十里，然志益厉，期必至

① （元）魏初：《青崖集》卷五《总押七路兵马邸公神道碑铭》，影印文渊阁四库全书 1986 年版。

② （元）苏天爵：《元文类》下卷六十三姚燧《颍州万户邸公神道碑》，商务印书馆 1958 年版。

军。会使者过，遇文炳，还言其状。时文炳弟文忠先从世祖军，世祖即命文忠解尚厩五马载糗粮迎文炳。既至，世祖壮其忠，且闵其劳，赐赉甚厚。有任使皆称旨，由是日亲贵用事。"① 通过这件事，世祖对董氏家族更加信任。此后，董氏兄弟作为世祖的先锋之兵，协助忽必烈巩固政权。中统元年（1260）董文炳巡抚燕南诸道，第二年（1261）被封为山东东路巡抚使，进而又被重用为侍卫亲军都指挥使。董俊的二子董文蔚作为武卫军千户，跟随世祖驻扎上都。董俊的三子董文用持诏书在边疆地区，也在中书左丞张文谦手下从事巡抚工作。董俊的八子董文忠在新设置的符宝局就职，作为奉训大夫辅佐于忽必烈身边，经常被呼为"董八"，可见其被信任之程度。在众多兄弟中，尤其以董文炳的战功最大。即董文炳和伯颜的军队携手冲锋在前，在至元十三年（1276）参加了进攻南宋的首都临安之战，最终使南宋陷落。

以上这些家族，只是大致分类，其实许多世家大族既是科举世家、文化世家还是军功世家。在当时"贫富无定势"的社会环境下，许多世家大族要想保持门第不衰，往往要依靠子弟科举，而大的家族往往也有能力藏书，家学渊源，有时间参加科举。许多本是军功的世家，如宋代真定曹氏家族、元代真定史氏家族、藁城董氏家族，其后辈子孙中多喜爱读书，否则不会长久。

（四）世家大族作用和影响

宋元时期石家庄地区新兴的官僚军功家族的延续时间和家族规模，受当时社会环境的影响，延续上百年不衰的世家大族有真定韩氏和曹氏家族，更多的是持续二至三四代的普通宦族，传至五六代的也不多，如：王德用家族、葛霸家族、贾昌朝家族等。再从家族人口规模上看，据现有文献记载，家族成员聚族而居者，多在数十人或上百人。如：曹彬家族、杨伯雄家族、蒙元时期史氏家族、藁城董氏家族等。

此外在金朝，还有许多少数民族迁居真定而成为世家望族。真定、赵州一带是女真猛安谋克户迁居的主要地区，当时金朝政府的一项重要政策，便是大批迁徙女真族人入居，与汉人杂居，以巩固其地方统治。

---

① 《元史》卷一百五十六《董文炳传》，第3668页。

如：金朝初，女真人，赵良弼，"佐金祖平辽、宋有功，世千夫长，戍真定赞皇"①；蒲察元衡迁入河北西路真定（今正定）②。金朝中期，纥石烈德③、纥石烈鹤寿④、纥石烈□兰⑤；乌古论三合⑥也迁到真定。

元代重修龙兴寺的"重修大殿外护功德主"署名中，有甘肃行省平章政事阿散和其妻撒的斤。阿散又称哈散、哈珊，畏兀人，其祖父小云石脱忽怜曾为睿宗拖雷侍臣，后来为唆鲁禾贴尼分地真定路断事官。父八丹，为世祖宝儿赤、鹰房万户，亦曾受命守真定。叔父哈剌哈孙，官至行省右丞，也曾作为真定路栾城县善众寺的都功德主支持重修善众寺。阿散从至元二十四（1287）起为真定路总管府达鲁花赤兼管内诸军奥鲁劝农事，在任期间，曾组织民夫治理滹沱河水患，并取得一定成效。成宗即位后，调任甘肃行省平章政事，卒于大德八年（1304），死后归葬真定栾城台头寺左茔。⑦娘子撒的斤，又作别的斤，文宗至顺二年（1331）卒，与阿散合葬。阿散的儿子班祝是著名学者赡思的学生。赡思亦家真定。阿散神道碑就是赡思应班祝之请而作。由碑文及《元史·小云石脱忽怜传》可知，这个畏兀人官宦世家，连续三代为太后分地官员，他们已视真定为家乡故土，所以龙兴寺、善众寺的修缮，他们也贡献了自己的一分力量。

黑军是蒙元时期由契丹人组成的军队，南征后驻守在中原，分屯真定、固安等地。到成宗、武宗时，其部属"散落之余，多已他属"⑧。与当地汉人进一步融合。耶律忒末和耶律天祐父子是契丹人，木华黎任命耶律忒末为真定路安抚使，史天泽任命耶律天祐镇赵州，致仕后，居赵州。⑨

---

① （元）苏天爵：《元朝名臣事略》卷十一《枢密赵文正公》，中华书局1962年版，第185页。

② 阎凤梧编：《全辽金文》，山西古籍出版社2003年版，第2960页。

③ 《金史》卷一百二十七《纥石烈德传》，第2272页。

④ 《金史》卷一百二十二《纥石烈鹤寿传》，第2667页。

⑤ 郝素娟：《金代移民研究》，吉林大学2016年博士学位论文，第96页。

⑥ 《金史》卷八十二《乌古论三合传》，第1846页。

⑦ 赡思：《有元甘肃等处行中书省平章政事荣禄公神道碑铭并序》，《常山贞石志》卷二一。

⑧ 《元史》卷一百五十《石抹也先传》，第3541页。

⑨ （元）黄溍：《金华黄先生文集》卷二十九《沿海上副万户石抹公神道碑》。

宋元时期石家庄地区世家大族涌现，在政治、经济、文化上，对这一地区的发展产生着重大影响，对石家庄辖区内社会结构重建起了积极的作用，进而推动这一时期的石家庄地区社会民俗风情的变迁。这些世家大族中涌现出的一批封建官僚，最高官至宰辅大臣如韩亿、韩绛父子，王化基、王举正父子，曹彬、曹玮父子，宋绶、贾昌朝，真定史氏家族、藁城董氏家族等。下至基层官吏如贾昌朝、贾昌龄、贾昌衡兄弟，葛霸、葛怀敏、王超、王德用父子，王举元、孙冲等，在各级行政机构中都发挥重要的作用。应该说，除少数人之外，大部分人都具有较高的文化素质和良好的政治素养。这些大大小小的官吏中，涌现出为官清正、惠政为民的好官，因此不能低估他们在政治上的影响。同时这些名门望族虽然处不断变动当中，其经济实力也是大小不一，甚至有些名门之家由于治家严谨，出现家无余财的情形，如宋绶家族和曹彬家族。但是一般说来，一个家族一旦崛起，总会保持一定时间的兴盛不衰，其经济状况也是比较富裕的。因此在封建王朝对广大城乡基层社会的控制上，这些世家大族起了重要的媒介作用。尤其是这些世家大族通过大力提倡重建家族组织，完善宗法制度，倡导建设家庙、义庄、义田、义学、修家谱等手段，以建立和维护城乡基层社会秩序。

大力倡导重建家族组织，既是适应封建王朝统治的需要，也是这些世家大族保持家族绵延的自身要求。由于战乱，北方世家大族留下的宗庙和宗祠很少，但是今天仍能看到真定灵寿曹彬家族和韩亿家族祠堂。韩氏先祠位于灵寿县中倾井村，始建于乾隆五十二年（1787），是供奉韩氏宗祖以及祭奠、议事的处所，距今已有224年的历史。该祠堂门楼高悬"韩氏先祠"匾额，为乾隆五十八年（1793）郎应宿秀才书写；祠内因供奉着忠宪公韩亿以及儿子韩绛、韩纬和韩缜4位宰相的牌位，被村里人称作"宰相祠堂"。宋武惠王（后追封韩王）曹彬故里碑，位于河北省灵寿县岗头村，是岗头村曹氏后人分别于清康熙十七年（1678）和光绪二十二年（1896）为北宋开国元勋曹彬所立。

其中家庙即家族为祖先立的庙。庙中供奉神位等，依时祭祀。《礼记·王制》："天子七庙，诸侯五庙，大夫三庙，士一庙，庶人祭于寝。"宗祠，又称宗庙、祖祠、祖厝、祠堂。它是供设祖先的神主牌位、举行祭祖活动的场所，又是从事家族宣传、执行族规家法、议事宴饮的地方。

可见宋朝之前，士之下的百姓是没有资格建家庙的。而宋朝家族通过这种手段，加强了宗族的凝聚力。

尤其是在战乱灾荒中流民，家族出面组织迁移。如北宋中期，富弼上神宗奏："臣亲见而问得者，多是镇、赵、邢、洺、磁、相等州下等州下等人户。以十分为率，约四五分并是镇人，其余五六分即共是赵州与邢洺磁相之人。又十中约六七分是第五等人，三四分是第四等人及不济户与无土浮客，即绝无第三等已上之家。臣逐队遍问因甚如此离乡土远来他州，其间甚有垂泣告者曰：本不忍抛离坟墓骨肉及破坏家产，只为灾伤物贵，存济不得，忧虑饿杀老小，所以须至趁斛斗贱处逃命……臣每亲见有七八量大车者，约及四五十家，二百余口；四五量大车者，约及三四十家，一百余口；一两量大车者，约及五七家，七十口。其小车子及驴马担仗之类，大抵皆似大车，并是彼中漫乡村相近邻里或出车乘，或出驴牛或出绳索，或出搭盖之物，递相并合，各作一队起来。所以行李次第及大户也。"[1] 神宗年间真定府周围成群结队的流民出走他乡后仍不走散的原因，正是血缘起到凝聚的作用，他们是以家族为组织向外流动的。[2]

这些名门望族为代表的新兴缙绅官僚地主阶层，他们对石家庄地区传统文化发展所起的作用与影响，似乎比在政治上的作用更为突出。如宋元时期的石家庄文化名人，主要出自上述世家大族。一方面，正是这些世家大族经数代积存的文化优势直接造就一批文化精英，如赵州宋绶、宋敏求父子。另一方面，某一家族中文化精英的相继出现也使得这一家族由寒素之家而成为世家望族，如宋代真定韩氏家族、元代藁城董氏。无论是哪种情况，都极大带动和促进石家庄地区传统文化的发展。由于这些名门望族在文化上要比一般家族具有优势，因此他们家族成员更多的负载起文化传承的重任。文化传承有三个途径：一是前后辈人的口耳相传和言传身教，二是文化的物质遗存，三是文字与文献记载。其中最主要的媒介是第三种，因此这些世家大族成员往往著书立说，留下了大

---

① 《宋名臣奏议》卷一百六富弼《论河北流民到京西乞分给田土》，影印文渊阁四库全书1986 年版。

② 《宋辽金时期的河北经济》，第 66 页。

量的文化财富。如前所述，许多文化名人他们的文学创作、史籍编撰、哲学探讨等文化创作实践，构成了这一时期石家庄文化宝藏中的一部分。此外还表现在开馆受徒、兴建学校与书院、大办教育等方面，前已述，不再赘述。

二　社会变革中的民风民貌

随着宋元时期社会经济的发展、文化的繁荣以及社会环境、自然环境的变化，从而使石家庄社会风尚在变革中更具有时代特色。根据现有历史记载，虽然缺乏对这一时期石家庄人的精神风貌和群体性格的全面而详细的记载，但经过对现有资料爬疏，概括出以下几点风俗特点：

（一）质朴忠厚、尚儒知礼

自古以来，自然界、自然环境对人本身和人类社会历史文化发展，有重要影响。北方气候寒冷，宋代北方居民普遍具有质直忠厚这一共同特性。①《宋史·地理志》中记载河北路，"人性质厚少文（修饰），多专经术。"宋人记真定人韩亿时谈及真定府："土风淳厚，人性质朴，则慷慨忠义之士，固宜出于其中。"②元初马端临称："山东（太行恒山之东）人性缓尚儒。"③ 具体到各县，大都如此。据《乾隆正定府志》记载：平山人"民俗多尚淳朴从令如乡质任自然"；获鹿"性质朴，士夫彬彬多畏法"；井陉"俗尚气多真率有古者直道之存士"；元氏"地辟风淳"；晋州"土厚风淳"；藁城"颛朴而尚气节"。

不仅是质朴忠厚，尚儒知礼，也是真定府赵州一带积久民风，据《乾隆正定府志》：元氏县"士重科目"；无极县"风气攸萃，礼仪渐兴"；藁城县"崇礼让输纳不敢延期，服役如趋父事"；获鹿县"齐民也知尚廉耻"；灵寿县"士勤诵读"；赞皇县："好尚儒学"；晋州"士重科名喜骑射，甲乙二榜无脱科，文风亦视他邑为优"等。这种尚儒知仪之

---

① 程民生：《宋代地域文化》，河南人民出版社1993年版，第2页。
② 《鸡肋编》卷中《李邦直作韩太保墓表》，第61页。
③ 《文献通考》卷三百十六《舆地考二》。

风在正史中也有记载：曹彬征西蜀，伐江南返回时，橐中仅图籍衣被。其子曹璨"习知韬略，好读《左氏春秋》"，另一子曹玮"喜读书，通《春秋三传》，于左氏尤深"。① 赵州平棘的宋绶、宋敏求父子"家藏书万余卷，亲自校雠，博通经史百家，其笔札尤精妙"②。真定韩亿家族更是由于子弟爱读书，中进士，做高官，"非荫而得，由学而然云"③，成为一个科举型新兴家族。元代史秉直"读书尚义气"④。史天泽"年四十，始折节读书，尤熟于《资治通鉴》，立论多出人意表"⑤。

（二）崇尚忠义、尚武好战

《宋史·地理志》载：河北路"大率气勇尚义，号为强忮（固执）。土平而近边，习尚战斗。"元初马端临记太行恒山以东之人"仗气任侠"。宋辽时期，真定府的北寨大茂山正是宋辽界山。由于近边因此欧阳修曾作《边户》描述百姓生活："家世为边户，年年常备胡。儿童习鞍马，妇女能弯弧。"⑥ 这一特征具体表现在两个方面：

其一，体魄雄壮，好骑射。"西北地高而寒，气刚而志果。"⑦ 宋朝首都在开封，因此西北也包括河北路在内。在自然环境的作用下，北方人身材魁伟，性格刚毅坚韧。朱熹曾说："北方地气厚，人皆不病。"⑧ 北方人不闹病有些夸张，但是体质好是事实。在寒冷环境下，相较于南方潮热环境，病菌不容易繁殖。在正史中可见记载：真定人赵晁"身长七尺，仪貌雄伟"⑨；真定人葛霸："姿表雄毅，善击刺骑射"⑩；真定人刘昌祚："气貌雄伟，最善骑射，箭出百步之外。夏人得箭以为神，持归事之。所

---

① 《宋史》卷二百五十八《曹彬传附璨、玮传》，第 8984 页。
② 《宋史》卷二百九十一《宋绶传》，第 9735 页。
③ 《鸡肋编》卷下，第 91 页。
④ 《元史》卷一百四十七《史天倪传》，第 3478 页。
⑤ 《元史》卷一百五十五《史天泽传》，第 3662 页。
⑥ （宋）欧阳修：《边户》，《欧阳修全集·居士集卷三》。
⑦ （宋）李觏：《李觏集》卷一七《强兵策》，四部丛刊本。
⑧ 朱熹：《朱子语类》卷一百三十八《杂类》。
⑨ 《宋史》卷二百五十四《赵晁传》，第 8898 页。
⑩ 《宋史》卷二百八十九《葛霸传》，第 9699 页。

著《射法》行于世"①；获鹿人秦翰："偬傥有武力，以方略自任。"② 真
定人高化："少沉勇有力，不事耕稼，学击剑，善射。"③ 元代真定藁城人
赵迪："幼孤，事母孝，多力善骑射。"④ 王善，真定藁城人"多智略，
尤精骑射"⑤。史天泽："音如洪钟，善骑射，勇力绝人。"⑥

其二，忠义好战。

北方人的忠义常常为宋人称道。宋代北部和西北与辽、西夏、金为
邻，居民深受外患侵掠的危害，所以敌我观念、是非观念强，爱憎分明，
常常在国家危亡的时刻，表现在忠义上。这种忠厚质朴的风尚在宋元的
正史所收录的真定和赵州籍士大夫的传记里也有体现。如真定常山人高
怀德："忠厚倜傥，有武勇"⑦；真定灵寿人韩亿"性方重，治家严饬"⑧；
赵州平棘人宋绶"性孝谨清介，言动有常"⑨；真定人葛霸来自太宗潜邸，
"能谨直自持"⑩；真定灵寿人曹诱"性谨密"⑪ 等。元代藁城董氏，董俊
教育儿子说"吾一农夫，遭天下多故，徒以忠义事人，仅立门户，深愿
汝曹力田读书，勿求非望，为吾累也"⑫，自古忠与孝相连，能做潜邸家
臣一定是忠心耿耿的人，忠厚的人的性格严谨不轻佻，这些都从不同侧
面反映了石家庄地区忠厚质朴的社会风尚。

北方历来为边防重地，在北宋立国的160多年中，与辽金的交战除了
开始的时候在山西打过仗和最后金人围攻开封之外，其余战事全部发生
的河北路境内。因而屡经战火洗礼的河北人。"夫耻怯尚勇，好论事，甘
得而忘死，河北之人殆天性然。"⑬ 抗辽战争太宗时雍熙北伐，真定人曹

----

① 《宋史》卷三百四十九《刘昌祚传》，第 11055 页。
② 《宋史》卷四百六十六《秦翰传》，第 13626 页。
③ 《宋史》卷三百二十三《高化传》，第 10456 页。
④ 《元史》卷一百五十一《赵迪传》，第 3569 页。
⑤ 《元史》卷一百五十一《王善传》，第 3572 页。
⑥ 《元史》卷一百五十五《史天泽传》，第 3657 页。
⑦ 《宋史》卷二百五十《高怀德传》，第 8821 页。
⑧ 《宋史》卷三百一十五《韩亿传》，第 10299 页。
⑨ 《宋史》卷二百九十一《宋绶传》，第 9735 页。
⑩ 《宋史》卷二百八十九《葛霸传》，第 9700 页。
⑪ 《宋史》卷四六四《曹佾传附曹诱传》，第 13574 页。
⑫ 《元史》卷一百四十八《董俊传》，第 3492 页。
⑬ 《宋史》卷二百八十四《宋祁传》，第 9597 页。

彬是东路军的元帅。抗金战争中真定人杨粹中任濮州知州，他与全城军民顽强抵御 33 天，以身殉国。①

河北路，自古形成燕赵雄风，至宋代依然。王禹偁更记下真定的情况："近世边郡骑兵之勇者，在上谷曰静塞，在雄州曰骁犍，在常山曰厅子。皆习干戈战斗而不畏懦者也。闻敌至，或父母馈马，妻子取弓矢，至有不俟甲胄而进者。"② 这一特色就是当地百姓崇尚武力，任侠仗义。因此北宋政府多次从河北灾民中招募厢兵。如皇祐时期富弼为赈济河北水灾，"伉健者以为厢兵"。③ 另外宋朝的著名武将都是来自真定府。如：高怀德、赵晁、杨廷璋、曹彬父子、葛霸父子、刘昌祚、贾逵、王守规、秦翰、高化等。

（三）勤劳节俭

勤俭作为一种如何生产、如何消费的道德规范，自古以来受到人们重视。

《左传·宣公十二年》中讲道："民生在勤，勤则不匮。"《颜氏家训·治家篇》中讲道："北土风俗，率能躬俭节用，以赡衣食。"没有勤劳则财物就没有来源，没有节俭则财物又会很快耗尽。没有勤俭，一个人将会一事无成，一个家甚至一个家族也将会逐渐衰落。在自然经济为基础的农耕生产条件下，人们的生活必需品均得来不易。如果不注意节俭，不仅不能守业，甚至连生存都成问题。所以自古以来直到宋元时期，在《乾隆正定府志》中就有着不少这样记载：正定县"士知读农知耕"；井陉县"山多地少民食恒忧不给，士兼稼圃"；栾城县"士力于农男勤纺纴"；灵寿"最称瘠壤民安简陋"；元氏"男女力耕织，俗俭岁入有余"；赞皇"男力耕耘女勤织纺"等。

在古代，克勤克俭首先是劳动人民的优良品质，宋人说"西北之人，勤力谨俭"④，即包括真定府在内。甚至他们在有了结余资产之后更多用

① 《宋史》卷四百五十二《杨粹中传》，第 13306 页。

② （宋）王禹偁：《小畜集》卷一四《唐河店妪传》，影印文渊阁四库全书 1986 年版。

③ 《文献通考》卷一百五十六《兵考八》。

④ 《长编》卷一百六十八，仁宗皇祐二年六月乙酉，第 4048 页。

于生产，也不用于消费。如欧阳修说："河朔之风，不知嬉游。"①　虽说有些夸大，但是反映出这一带人们朴实节俭的消费观念。在真定一带某些世家大族兴起，其中一个重要原因也跟勤俭治家理念分不开的。如：真定曹彬家族。征战中，诸将"多取子女玉帛"，而曹彬每次"囊中唯图书、衣衾而已"。其子曹璨，虽"能自奋厉，以世其家"但是"轻财不逮其父"。②　赵州平棘的宋绶家族，淡泊名利。宋绶幼时，"手不执钱"。③　长大后，居官清廉，蔡襄为其撰写的墓志："唯无丰室累，清白是家传。"④　宋敏求也甘于淡泊，苏颂称他"公久在禁垣，时叹荣滞，而恬然裕处，未尝以世务婴虑。病中手疏治命，止戒子孙勤约清白，以绍世风"⑤。元代的董文用力学不倦，不惜财力买书，"俸禄之余，尽以买书，而家无饘粥之资，卒卖其京城之宅，以偿积贷，逮薨之日，惟有祭器书册而已"⑥。这样，在开源上紧，在用财上指向求学，自然就能约束子孙，不至出现纨绔子弟以败家，自然就发家了。

三　社会经济发展中的生活习俗

民俗即民间风俗，是人们在社会生产和生活中逐渐形成的民间习俗，是一种社会行为和习惯，也是人们社会心态的集中反映，一定习俗的形成有它特定的社会环境和历史渊源。石家庄地区历史悠久，文化昌盛，自古以来就形成了独具特色的地方习俗。此后，随着历史发展，社会进步和社会环境的变化，这些风俗又不断地融进新的时代因素，使旧的社会习俗不断在继承中革新，从而使石家庄民俗在社会发展中呈现出时代特色。下面概要地从以下几个方面加以介绍。

---

① 《欧阳文忠公文集》卷六《从潭游船见岸上看者有感》。
② 《宋史》卷二百五十八《曹彬传》，第8982—8990页。
③ 《宋史》卷二百九十一《宋绶传》，第9735页。
④ 《蔡襄全集》卷六《司徒侍中宋宣献公挽词五首》，四库全书珍本。
⑤ 《苏魏公集》卷五一《龙图阁直学士修国史宋公神道碑》。
⑥ （元）苏天爵：《元朝名臣事略》卷十四《内翰董忠穆公》。

（一）生产习俗

石家庄地区自古以来就是农业经济颇为发达的地区，因此石家庄人民长期以来形成了以农为本、勤于耕作的社会习俗。据《宋史·地理志》记载河北路生产习俗是"茧丝、织纴之所出"①，真定、赵县一代是朝廷上贡的绢、锦产地。加上宋元统治者重视农业、奖励农耕等政策的倡导，使这一时期的石家庄地区的"以农为本"之风历久不衰。即如《乾隆正定府志》记载的，自古以来，正定县"士知读农知耕"；井陉县"山多地少民食恒忧不给，士兼稼圃"；栾城县"士力于农男勤纺纴"；灵寿"最称瘠壤民安简陋"；元氏"男女力耕织，俗俭岁入有余"；赞皇"男力耕耘女勤织纺"等。这些都反映了宋元时期的石家庄人民勤于耕织的生产习俗。正是石家庄人民的这种勤劳，也使得宋元时期石家庄成为一个比较富庶的地区。史称真定"府城周围三十里，居民繁庶，佛宫禅刹掩映于花竹流水之间，世云塞北江南"②。其实在古代落后的生产力条件下，农业生产劳动以人力劳动为主，农业生产活动的经营，是一种艰苦的劳动。在这种情况下，石家庄人也就形成了一种特别能吃苦耐劳，勤俭节约的良好品德。因此在史籍中，我们看到官宦人家克勤克俭：如真定灵寿人韩亿"性方重，治家严饬"③，赵州平棘的宋绶家族，淡泊名利。我们还会看到一般老百姓家庭更是勤耕。如《正定府志》（乾隆）中记载当地民俗，正定县"士知读农知耕"；栾城县"士力于农男勤纺纴"；元氏"男女力耕织，俗俭岁入有余"；赞皇"男力耕耘女勤织纺"等。

随着人们对农业生产的重视，同时也形成了一年四季中关于春种、夏长、秋收、冬藏的一系列民间习俗。北宋时期主要节日都与农事相关，如元旦辞旧迎新标志农家生活的新开始，甚至这一天皇帝要代表万民想上苍祈福，来年丰收。立春，在古代农业社会中意味着新一轮耕作的开始，所以宋代的农家对这一天非常重视，常常借助春耕开始之际，举行祈求来年的丰收的活动。如"立春鞭春牛讫，庶民杂还如堵，顷刻间分

---

① 《宋史》卷八十六《地理二》，第 2130 页。
② （宋）吕颐浩：《燕魏杂记》，丛书集成初编本。
③ 《宋史》卷三百一十五《韩亿传》，第 10299 页。

裂都尽，又相攘夺，以至毁伤身体者，岁岁有之"①。也就是说鞭春牛结束后，人们纷纷争抢，为的是能够分到土牛身上的泥土，以备自家农田丰收。接下来的送春牛活动中，《岁时杂记》记载："天下唯真定府土牛最大。"② 清明节是农家开始耕作的开始。谚语有"清明前后，种瓜点豆"。春社之日作为农家祭祀土神的传统习俗，人们都要举行集会活动，参加与春社祭神有关的劳作活动。宋代这种春季的祈年备耕习俗，更受农家重视。端午节是农家避瘟躲难的节日。七夕乞巧节是农家女性祈求生产技能。中秋节为庆祝农家生产丰收的节日。这些起源先秦的节日，随着农业生产发展，到宋代增添许多内容，成为社会民俗中重要组成部分。

　　在传统生产力条件下，基本上是靠天吃饭。尤其是石家庄地区属旱地农业，所以也就形成了悠久的祈雨习俗。宋代真宗时期曾两次由政府颁行"祈雨法"，即李邕五龙堂祈雨法和画龙祈雨法。宋神宗时期又颁行蜥蜴祈雨法。在各地的祈雨习俗中，求雨的对象有龙王、水神、河神以及山神等。大型的祈雨活动还有地方官员参加。如：神宗时期，令在京差官于本司三日，然后分祷各处，同时"诸路择端诚修洁之士，分祷海镇、岳渎、名山、大川，洁斋行事……诸路神祠、灵迹、寺观，虽不系祀典，祈求有应者，并委州县差官洁斋致祷"③。在鹿泉抱犊山上现存有宋代鹿泉县令范澄题的祈雨刻石，其文"邑令范澄，祈雨是院，因游东门，避暑久之，遂留名焉。元丰六年癸亥六月十一日"。

　　随着社会进步和发展，宋代还出现了介于州县和乡镇之间的市镇，草市镇。根据傅宗文的统计，真定府有获鹿县石邑镇、井陉县旧县镇、行唐县慈谷镇、北寨嘉祐镇、真定县常山镇、唐河店、新城、平山、赵州宁晋县奉城镇。尤其是商业活动的活跃，工商活动的活跃也形成了丰富的贸易习俗。如小商小贩的走街串巷和沿街叫卖，成为宋代的都市一景。宋元时期的集市贸易发达，在河北平原上以陆路交通线为中心排列，1.5公里左右一处，日中为市当天返回，集市的发展当时已经很完备。在

　　① （宋）陈元靓：《岁时广记》卷八《争春牛》，影印文渊阁四库全书1986年版。

　　② 《岁时广记》卷八《送春牛》。

　　③ 《宋史》卷一百二《礼五》，第2501页。

乡镇间的定期交易中，每年一至两次，每次两三天，附近乡镇的人聚集到一处较大的庙宇周围，既拜神又进行交易，形成分布各地的庙会。《唐宋时期的庙会研究》一文，统计宋代乡村庙会的分布①，从时间上看，庙会会期集中在正月至四月，三月最多。这与此时人们处于农闲时间，有精力从事其他活动有关，加之三四月正是农事准备时期，对种子农具等需求促进庙会的繁荣。北宋时期河北平原上的大庙宇都有庙会②，当时真定龙兴寺和赵州柏林禅寺都是非常著名的寺院，推测石家庄一带庙会已经兴起。

宋代城镇中店铺贸易也形成一些独有的习俗。如不论店大小，通常起一个店号，写在门楣上，或制成匾额，挂在店门上，俗称招牌。《容斋续笔》载："今都城与郡县酒务，及凡鬻酒之肆，皆揭大帘于外，以青白布数幅为之。"③ 这个"青白布"便是酒旗，反映了当时商品经济的发达和贸易习俗。当然石家庄地区也概莫能外。

唐宋时期真定府赵州一带已经形成城市与乡镇市场构成的市场网络，金人进入这一地区后重视商业贸易，市场又活跃起来。金章宗明昌年间回鹘商人饶于财，商贩巨万，多次于河北、山东间贸易，"俱言民物繁庶"④。这种局面一直维持到金朝末年。元代扬州人李椿，"国初北渡，客云、朔间，转徙至真定藁城之西管镇，以陶为业，器不苦粗，有约必信，远近化之。中年后，买田力穑，不二十年为里巨族"⑤。

（二）生活习俗

衣食住行是人类生存的基本物质条件，因此在宋元时期石家庄地区人们的社会生活领域，也形成许多社会习俗。在衣食住行中，"食"在传统社会中历来受到人们特殊的重视，日常饮食习俗表现得异常丰富多彩，石家庄地区也是如此。首先从饮食结构来说，自古以来石家庄地区主要农作物即以麦、粟、菽、水稻等为主。如：苏轼曾这样说过：都城以北，

---

① 牛晓丹：《唐宋时期的庙会研究》，河南大学 2012 年硕士学位论文。
② 《宋辽金时期的河北经济》，第 145 页。
③ （宋）洪迈：《容斋续笔》卷十六《酒肆旗望》，四部丛刊本。
④ （宋）孟珙：《蒙鞑备录·征伐》，北平文殿阁书社 1936 年版，第 35 页。
⑤ （元）安熙：《安默庵文集》卷二《寿术翁八十诗三首并序》。

燕蓟之南，"麦将稿而禾未生"①。可以推测出小麦种植遍及"都城以北，燕蓟之南"。在《宋史·五行二下》中载景德年间真定、宁晋、获鹿"禾合穗"，真定"粟生二穗"的瑞兆，表明石家庄地区所种麦粟地点之多。其产量也很可观，如位于邢、洺、赵三州的广平监退牧还农后，立刻辟为粮田，共得地 7500 顷，每年向国家交纳粟 87500 石，小麦 31300 余石。② 也表明粟的产量比麦产量高。石家庄地区的麦是冬小麦。粟和菽是北方杂粮，其主要是和冬小麦杂种，以小麦为中心的，麦、粟、菽轮作制是两年三熟地区主要轮作方式。这种轮作方式使粟菽等杂粮分布区与小麦分布区大致保持一致。③ 宋仁宗时期，沈厚载到河北，教镇、赵州民种稻，从此石家庄开始了水稻种植的历史。由这些粮食加工成的食品也就成为这一时期人们主食。在市镇上出售的买卖的面制食品，有笼饼、炊饼、烧饼、蒸饼、汤饼、馒头、包子等，用豆做成的豆制品有豆腐、豆豉、豆皮等。在肉类食品中，尤其受女真人、蒙古人影响食用牛羊肉的习俗也逐渐流行。虽然这一时期，石家庄地区种植生产的粮食品种比较丰富，饮食品种也种类繁多，但是大米、白面还只能是上层社会的主食，普通民户都是以各种杂粮为主，甚至有时糠菜半年粮。

在宋元时期石家庄的饮食风俗中，随着酿酒业的发展和石家庄名酒的酿制，真定府的"银光"、赵州的"瑶波"、深州的"玉醅"、定州的"中山堂、九酿、瓜曲、错著水"等都很出名，石家庄的饮酒风气是比较盛行的。在州县城镇和交通枢纽之地，往往酒肆林立。史载"今都城与郡县酒务，及凡鬻酒之肆，皆揭大帘于外，以青白布数幅为之"④。因此真定府的真定县、天威军、获鹿县、井陉县、栾城县、藁城县、行唐县、元氏县；定州的无极县；深州的束鹿县；祁州的深泽镇；赵州的平棘县、高邑县、赞皇县、宁晋县都设有酒务，管理酒的生产和税收。除了传统的黄酒、米酒之外，开始酿制白酒。因此形成丰富的饮酒习俗。再加上饮茶习俗的盛行，极大地发展了石家庄地区的宴席文化。在当时的上层

① （宋）苏轼：《东坡后集》卷三《北岳祈雨文》，影印文渊阁四库全书 1986 年版。
② 《包孝肃奏议》卷七《请将邢洺州牧马地给予人户依旧耕佃》。
③ 韩茂莉：《宋代河北的农业生产与主要粮食作物》，载《中国农史》1993 年第 3 期。
④ （宋）洪迈：《容斋续笔》卷十六《酒肆旗望》。

社会，更是如此。如真定籍的宋初宰相李至与李昉写诗唱和中就提及酒。李至的《庭中千叶今春盛发烂然可爱因赋一章寄上仆射相公》："远对襄书幌，傍观置酒杯。朵稀心暗记，根浅手亲培。"写到诗人闲暇生活中饮酒读书和亲近自然的状态。

在人们的衣服穿着方面，在因袭前代基础上也有新的发展。这一时期石家庄人基本式是上衣和下裳，庶民基本服色是白、皂两色。服饰配件有头戴的冠、巾、帻、帽等，脚上穿的有鞋、袜、屐等。在衣料上，当时石家庄多产绢、绫、锦等数种，所以缝制的衣服多以这些面料为主，但是百姓家多穿麻。到了元代棉花种植渐多，人们开始穿棉布衣服。如：井陉柿庄壁画中第六号墓东壁上有捣练图中，所晾晒的衣服为黑、白两色。①

在民居方面，《宋史·舆服志》中记载："私居，执政、亲王曰府，余官曰宅，庶民曰家。"其建筑"六品以上宅舍，许作乌头门，父祖舍宅有者，子孙许仍之。凡民庶家，不得施重栱、藻井及五色文采为饰，仍不得四铺飞檐。庶人舍屋，许五架，门一间两厦而已"②。一般民居的空间加大，窗户上多采用方形木格，糊以白纸。上层人户的居室则发展为园林式宅院建筑。如：真定籍宰相李至，退朝回家，家里庭院中有自己种的牡丹。写道"小槛锁玫瑰，群芳次第催"。那用小的栅栏锁起来的庭院就是他的花园。另外还有真定府衙后面的潭园，吕颐浩在《燕魏杂记》中记蔡京在真定府做知府时，拆掉潭园内"王武俊德政碑楼，于园为广厦，名熙春阁"。③金朝入主中原后，把大批生活在山林间的女真人迁到真定，与汉人杂居。其住宅建筑也在民族融合中相互影响，出现住宅建筑的多元化模式。汉族达官贵人在真定建造豪华住宅，如官至右丞相加仪同三司、爵封卫国公的蔡松年，就在真定潭园边上修建住宅，名"萧闲堂"，自号"萧闲老人"。其诗词中提及此宅"北潭玻璃""乔木千章""明秀高峰""临芳亭秀"等景物④，堪称豪宅。

---

① 曹凌子：《河北井陉柿庄宋金墓葬研究》，郑州大学 2015 年硕士学位论文。

② 《宋史》卷一百五十四《舆服六》，第 3600 页。

③ 《梦溪笔谈》卷二十一《杂志一》。

④ 《中州集》卷一，第 28 页。

在婚丧嫁娶习俗方面，一般的婚嫁习俗，差不多都奉行"父母之命，媒妁之言"，也有"门当户对"的传统习俗观念。从具体的婚姻形式看，一般经过议婚、订婚、迎婚、回门等步骤。我们可举元代至元八年（1271）礼部所议准的品官以下婚姻之礼为例来看：

> 一曰议婚。身及主婚者无期以上丧服，乃可成婚。先使媒氏通言，女氏许之，然后纳采。
>
> 二曰纳采。系今之下定。主人具书，夙兴，奉以告祠堂，人之大伦，于礼为重，必当告庙而后行，示不忘祖也。使子弟为使者，如女氏。主人出见，使者奉书，以告于祠堂，出以复书，授使者，遂礼之。使者复命，婚主告于祠堂，或婚主亲往纳采者听。
>
> 三曰纳币。系今之下财也。具书遣使，如女氏。授书，女氏复书，礼宾，使者复命，如纳采仪。
>
> 四曰亲迎。前期一日，女氏使人，张陈婚室，质明婿家，说位于室中。女家设次于外，主人告于祠堂，遂醮。其女而命之，主人出迎，婿入，纳燕姻家。奉女登车，婿乘马先行。归，车至，导妇以入，婿妇交拜，就饮，食毕，婿出，复入。脱服独出。主人礼赞。
>
> 五曰妇见舅姑。明日夙兴，次见诸尊长者。若妇家则馈于舅姑，舅姑享之。
>
> 六曰庙见。三日主人以妇见于祠堂。
>
> 七曰婿见妇之父母。受婿拜礼，次见妇堂诸妇亲家。礼婿如常仪。①

当然在实际婚姻操作中并非完全按照这个程序进行，但是作为官方的婚礼规定，必定使一般婚姻关系有个基本的谱可以参照，也大体反映当时婚姻的习俗。

这一时期的婚姻关系还受彩礼观念的制约和左右。如：从婚姻酝酿即议婚时，先要交换草帖、正帖。男女双方将自己年龄、生辰、父母官职封号写在帖上，另外男家还要详细标明聘礼数目，女家也要列出随嫁

---

① （民国）柯劭忞：《新元史》卷九十《礼志五十七十》，吉林人民出版社1998年版。

资装田产。据《梦粱录》卷二十记载："最轻的财礼，下等人家也要送绢一、二匹，官会银锭一、二封。"元时期的财礼，国家规定："上户金一两、一银五两、彩缎六表裹、杂用绢四十匹；中户金五钱、银四两、彩缎四表裹、杂用绢四十足；下户银三两，彩缎二表裹、杂用绢一十五匹。"① 在当时，这是一项通行的习俗有着固定的程式。可见宋代财富在人们心中的位置并直接决定着婚姻成败。就婚姻中的论财之风俗，一般来说，上层人户的婚嫁还能承受，下层人户就不堪重负了。井陉婚俗源远流长，特色鲜明，在汉族婚俗中极具代表性，2008 年被列为石家庄市非物质文化遗产保护项目。

再看看宋元时期石家庄地区社会上层的婚姻状况。如：真定获鹿贾昌朝家族，贾昌朝初娶尚书兵部郎中王轸之女，续娶陈尧咨之女。三个女儿，一女适尚书比部员外郎程嗣弼，一女适太子右赞善大夫宋惠国，一女适尚书都官员外郎庞元英。② 儿子贾圭娶卫尉少卿李昭选之女。③ 真定灵寿人韩亿初娶蒲氏，续娶宰相王旦之女，第二代其子韩绛娶宰相范雍之女，韩维初娶江氏，续娶苏夷简孙女，苏耆之女；韩缜初娶李迪侄女，再娶程琳之女④；女，一适李若谷之子李淑，一适大理评事苏舜宾，一适太常寺太祝王整。⑤ 第三代韩宗文娶章得象孙女。韩宗恕，娶陈尧佐孙女陈博古之女。⑥ 真定人李至孙女适宗室、左千牛卫大将军赵宗立。⑦ 真定曹彬家族，曹彬娶高氏，其子曹玘娶秦王赵廷美之女兴平公主，续娶李昉之女⑧；曹玮，初娶忠武军节度使、同中书门下平章事潘美之女，续娶宰相沈伦之女，光禄少卿沈继宗之女。曹玮女适四方馆史、蔡州刺

① 陈高华编：《元典章》卷一八《户部》，天津古籍出版社 2011 年版。

② 《华阳集》卷五十六《贾文元公昌朝墓志铭》，《魏国夫人陈氏墓志铭》。

③ （宋）王安礼：《王魏公集》卷七《贾圭墓志铭》，影印文渊阁四库全书 1986 年版。

④ （宋）刘攽：《彭城集》卷三十九《金华县君范氏墓志铭》，《乐安郡君范氏墓志铭》，《韩刑部妻程氏墓志铭》。

⑤ 《乐全集》卷三十九《赠太子太保韩公墓志铭》，《朝奉郎刑部员外郎知制诰昌黎韩君墓志铭》。

⑥ （宋）晁说之：《景迂文集》卷二十《宋故韩公表墓铭》，《宋太令人陈氏墓志铭》。

⑦ 《景文集》卷六十《南阳郡君李氏墓志铭》。

⑧ 《名臣碑传琬琰集》中集卷四十三李宗谔：《曹武惠王彬行状》。

史王德基。① 第三代曹璨之子曹仪娶李昉孙女，一女适李昉之孙李昭述。②
真定王化基家族。王化基儿子王举元之女适宗室奉议郎赵君章。③ 赵州平
棘宋绶家族。宋绶娶毕士安的孙女，宋绶儿子宋敏求娶毕士安的曾孙女
光禄少卿毕从善的女儿。④ 宋绶侄女适宗室、楚州防御使赵世思。⑤ 真定
王德用家族。王德用娶宋氏武胜军节度使延渥之女⑥，王德用弟弟王德基
娶曹玮的女儿。⑦ 王德用的妹妹嫁给葛霸的儿子葛怀敏。⑧ 王德用的另一
个妹妹嫁给晏殊，"次娶王氏，太师、尚书令超之女，封荣国夫人"⑨。

金代杨伯雄之子，杨瀛凡两娶皆是高官之女。杨瀛首位"夫人马氏，
赠定远大将军仲柔之女，先于□□□年卒，追封弘农县君。后夫人苏氏，
银青荣禄大夫尚书右丞保衡之女，亦封弘农县君"⑩。其中，杨瀛夫人苏
氏之父苏保衡，为海陵、世宗两朝的重臣，其卒时"世宗将放鹰近郊，
闻之乃还，为辍朝，赙赠，命有司致祭"⑪。可见其地位的重要。

元代史天泽的四位夫人中纳合氏、抹捻氏为女真人⑫，史楫的三位夫
人完颜氏、蒲散氏、散竹氏也是女真人。⑬

通过翻检史籍可见，石家庄地区世家大族在缔结婚姻上具有以下几
个特征：一是择偶时重视门第。如：王化基之子王举元在为女儿选婿时，
"慎择名族良士，以为之配"⑭，最后选中奉议郎赵君章。韩综的女儿

---

① 《临川文集》卷九十《彰武军节度使侍中曹穆公行状》；宋庠：《元宪集》卷三十四
《宋故推诚彰武节度使赠侍中曹公墓志铭》。
② 《文恭集》卷三十八《宋翰林侍读学士尚书右丞李公墓志铭》。
③ （宋）杨杰：《无为集》卷一四《故王夫人墓志铭》。
④ 《苏魏公集》卷五一《龙图阁直学士宋公神道碑》。
⑤ （宋）范祖禹：《范太史集》卷五十《楚州防御使楚国公赠奉国军节度使夫人宋氏墓志
铭》。
⑥ 《临川文集》卷九〇《鲁国公赠太尉中书令王公行状》。
⑦ 《名臣碑传琬琰集》中卷四十三王安石：《曹武穆公玮行状》。
⑧ 《宋史》卷二八九《葛霸附葛怀敏传》，第 9701 页。
⑨ 《欧阳修全集》卷二二《观文殿大学士行兵部尚书西京留守赠司空兼侍中晏公神道碑》。
⑩ 《金代石刻辑校》，第 103 页。
⑪ 《金史》卷八十九《苏保衡传》，第 1974 页。
⑫ （元）苏天爵：《元文类》卷五十八《中书右丞相史公神道碑》。
⑬ （元）王恽：《秋涧集》卷五十四《大元故真定路兵马都总管史公神道碑铭》。
⑭ 《无为集》卷一四《故王夫人墓志铭》。

"所从皆名族佳士"①。韩亿之子韩绛和范雍的女儿联姻，在于两家"婚姻敌耦"②，韩家"宗族布列，侍从台阁，冠冕之盛，本朝第一"③，范家"世推以为盛族"④。也就是两家都是本朝望族，政治地位也相当。王德用家族中与之联姻的宋偓家族、曹玮家族、葛霸家族和晏殊家族，都是宋朝著名的文臣和武臣家族。二是和宗室通婚。曹彬家、韩亿、宋绶家都和皇室、宗室通婚，这也使得这些家族成为宋代著名的世家大族。说明自唐末五代以来，随着古代那种门阀政治的崩溃，虽说是"取士不问门第，婚姻不问阀阅"，但是在婚姻关系中传统的门第观念和门当户对的观念，仍然占有重要的支配地位，决定着石家庄地区上层社会的婚姻基本状况。三是随着科举制度的发展，父母在择婿中开始注重男子的才学。如：真定人韩亿年轻时，家境贫寒，等第后拜见宰相王旦，王旦将自己的长女的嫁给他。这一决定令"族间哗然，以谓韩氏世不甚显大，而上有亲老且严，又前夫人蒲氏有子，当教训抚育，于人情间实难"。而王旦看重的是韩亿的才学，最终"以夫人归韩氏"。⑤ 后来韩亿确实在仕途上官至宰相。四是与少数民族通婚。如史氏家族中史天泽四位夫人中有两位是女真人，史楫三位夫人都是女真人。

宋元时期石家庄地区的民间丧葬习俗，随着社会发展与进步也在发生着一些变化。宋朝丧礼分丧和葬两部分。具体丧礼分为初终时，立丧主，易服报丧，沐浴、更衣、饭含，设灵座，小敛、大敛等，葬礼分选墓地和下葬时日，启殡，出殡等，此外宋朝实行薄葬，出殡前焚烧纸钱等习俗。石家庄地区的盛行土葬。如 1960 年发掘的井陉柿庄墓葬，2004年赞皇县发掘的赵堡村古墓群，其中有宋代墓葬，2008 年石家庄市建华大街北延工程，东临高营镇，东北为北高营村，西为体育大街、东古城村，发掘墓群两座，推测为宋金时期。⑥ 这些墓葬共同特征是砖结构或土

---

① 《乐全集》卷三十九《朝奉郎刑部员外郎知制诰昌黎韩君墓志铭》。
② 《彭城集》卷三十九《金华县君范氏墓志铭》。
③ 《南阳集》卷末《行状》。
④ 《范忠宣集》卷一六《范大夫墓表》。
⑤ （宋）苏舜钦：《苏学士集》卷一五《太原郡太原王氏墓志》。
⑥ 石家庄市文物保护研究所：《石家庄市建华北大街北延工程古墓葬清理简报》，载《北方文物》2013 年第 3 期。

结构，随葬品有瓷器和陶器。2008 年井陉丧俗被列为石家庄市非物质文化遗产项目。

（三）岁时节日习俗

岁时节日习俗与传统的农耕风俗联系密切。一年四季的节日中，像元旦（古称元日）、元宵、寒食、清明、社日、端午、七夕、中秋、重阳、冬至、除夕等节日，都是民间的节日。其中元旦、寒食和冬至，这三天祠部规定放假七天[①]，是宋元时期民间重要的三大节日。元旦，即新年，宋人最为重视，因为这是一岁节日之首。王安石的《元日》："爆竹声中一岁除，春风送暖入屠苏，千门万户瞳瞳日，总把新桃换旧符。"写出了宋朝千家万户新年放爆竹，喝屠苏酒，贴春联的风俗。宋人刘克庄的《元日》："元日家童催早起，起搔冷发惜残眠。未将柏叶簪新岁，且与梅花叙隔年。甥侄拜多身老矣，亲朋来少屋萧然。人生智力难求处，惟有称觞阿母前。"又描写了人们初一起来互相拜年的节日风俗。

正月十五元宵节是民间传统节日灯节，以放灯和观灯为主。元宵节放灯（燃灯）一般是三天，宋太祖曾下诏："上元张灯旧止三夜。今朝廷无事，区宇乂安，方当年谷之丰登，宜纵士民之行乐。其令开封府更放十七、十八两夜灯。后遂为例。"[②] 将元宵放灯时间延长至五天。人们在这一天不仅闹花灯，还有各种娱乐活动。如辛弃疾的《青玉案·元夕》："东风夜放花千树。更吹落、星如雨。宝马雕车香满路。凤箫声动，玉壶光转，一夜鱼龙舞。蛾儿雪柳黄金缕。笑语盈盈暗香去。众里寻他千百度。蓦然回首，那人却在，灯火阑珊处。"描写了宋朝人们观灯的盛景。

清明节是当时民间的一个重大传统节日。每逢清明，便有一系列的传统习俗如对祖先的祭祀、扫墓。北方人在寒食节扫祭祖先的坟墓。如《岁时杂记》云"清明前二日为寒食节，民间以一百四日始禁火"，"北人皆以次日扫祭先茔"。[③] 此外人们还要到郊外踏青、放风筝等，与大自然亲密接触，"四野如市，往往就芳树之下，或园圃之间，罗列杯盘，相

---

① （宋）庞元英：《文昌杂录》卷一，中华书局 1958 年版，第 4 页。
② 《燕翼诒谋录》卷三，第 25 页。
③ 《岁时广记》卷十五《百四日》。

互劝酬，都城之歌儿舞女，遍满园亭，抵暮而归"①。

农历八月十五的中秋节，更是民间所重视的一个传统节日。中秋赏月、全家团圆寄托了人们对美好生活的向往。如"中秋夜，贵家结饰台榭，民间争占酒楼玩月，笙歌远闻千里，嬉戏连坐至晓"②。而苏轼的《水调歌头》："明月几时有，不知天上宫阙，今夕是何年？我欲乘风归去，又恐琼楼玉宇，高处不胜寒。起舞弄清影，何似在人间？转朱阁，低绮户，照无眠。不应有恨，何事长向别时圆？人有悲欢离合，月有阴晴圆缺，此事古难全。但愿人长久，千里共婵娟。"表现了宋朝中秋节全民赏月、咏月的世俗娱乐风俗。

还有七夕节，宋代百姓家编乞巧棚，然后焚香列拜，乞巧后，望月穿针。③ 2009 年，石家庄灵寿县织女山"七夕节"被定为河北省非物质文化保护节。织女山位于太行山中段东部，南山脚下有传说中成仙得道的王母娘娘出生地——王母村。山上有纪念王母娘娘得道升天的王母观。山脚下有两个村庄，一个叫牛庄，另一个叫女庄，两村之间有一条河将两村分开，这就是传说中的"天河"。王母娘娘用金簪划河将牛郎和织女分开，由于金簪上面带有头油，现在仍能在河水中见到油花，当地人称为"七油沟"。

（四）信仰习俗

宋元时期的石家庄地区的社会信仰习俗颇为普遍。如张方平所说："多信妖术，凡小村落，辄立神祠，蚩蚩之氓，惑于祸福，往往奔凑，相从聚散，递相蔽匿，官不得知。惟知畏神，不复惮法。寝使滋漫，恐益成俗。"④ 后来史籍中确也记载李教曾在"在真定师仲传妖术"⑤。当时张方平所说的妖术和李教所学的就是民间传播的道教、佛教和祖宗信仰等。当时在石家庄市辖区遍布着各种道观、寺院、祠庙等。下面以中国地方志集成中《乾隆正定府志》所载为例，列举如下：

---

① （宋）梦元老：《东京梦华录》卷八《清明》，中州古籍出版社 2010 年版。

② 《东京梦华录》卷十《中秋》。

③ 《东京梦华录》卷八《七夕》。

④ 《乐全集》卷二十一《论京东西河北百姓传习妖教事》。

⑤ 《长编》卷一百六十三，庆历八年二月丁丑，第 3918 页。

表8—1 石家庄市寺院、道观、祠庙

名称	所在地	所建时间
隆兴寺	正定县	隋初建，宋乾德初建大悲阁
佛新寺	正定南关	宋元祐中建
云村寺	正定城东北	宋元祐中建
弥陀寺	正定城南	宋元祐中建
福寿寺	正定城西南	宋乾符中建
圣寿寺	正定城北	金大定中建
永泰寺	正定城北	金大定中建
龙门院	获鹿城东北	宋元祐中建
庄严寺	获鹿城东北	宋元丰中建
清虚观	栾城城西赵台村	宋元祐中建
封崇寺	行唐城北	北齐始建，宋大中祥符中改名
香严寺	行唐安香存	金大定中建
崇福寺	行唐昆山下	唐初建，宋治平中重修
地藏寺	行唐张吾村	金大定中建
文殊寺	行唐岸下村	宋元祐中建
龙昌寺	行唐翟家庄	金泰和中建
窦界寺	行唐寺头村	金大定中建
吉祥寺	行唐西沟村、李神庄	金大定中建
崇光寺	行唐浪北村	金大定中建
清凉寺	行唐滋沟村	金大定中建
三教寺	行唐南羊观村	金泰和中建
崇教寺	行唐西羊同村	金大定中建
通真寺	行唐岐角村	宋建
佛光寺	行唐封家村	金大定中建
香莲寺	行唐城北门外	宋宣和中建
普照寺	行唐米家庄	宋天会中建
玉泉寺	行唐玉亭村	宋元祐中建
圆通寺	行唐杨家庄	宋大中祥符中建
诸佛寺	行唐独羊岗村	宋元符中建
涌泉寺	行唐高陵村	宋宣和中建
文殊院	行唐余底村	宋嘉祐四年建

续表

名称	所在地	所建时间
兴福寺	行唐城东	宋元祐中建
吉祥院	行唐南翟营村	宋元祐中建
社稷院	行唐西霍口村	金大定中建
朝元观	行唐许由瞳	宋景德金大定年间相继重修
大清观	行唐城东北	宋景祐中建
张仙翁观	行唐许由瞳	金大定中建
兜率寺	灵寿城东北	宋元祐中建
福圣寺	平山县南	宋开宝间建石塔，元重修
崇安寺	平山县西南	宋元丰年七年建
万寿禅寺	平山东林山	宋元祐二年建
天宁万寿寺	平山觉山	宋元丰元年建
洪福寺	平山城西北六十里	宋元丰元年建
瑜伽寺	平山城西八十里	宋嘉祐元年建
上院寺	平山城西八十里	金大定年建
延寿寺	平山城西洪子店	宋元丰年建
黑龙池寺	平山城西五十五里	宋元丰元年建
静修观	平山城北二十里林山	金大定中建
金山寺	元氏城东二十里曹村	金大定间重修
宝峰寺	元氏城西神岩山	金大定二年建
西石堂院	元氏封龙西麓	宋嘉祐中建
法会寺	赞皇县城西门外	宋兴国四年建
感应寺	赞皇城东王俄村	宋元祐年间建
玉泉寺	赞皇城西北张楞村	金大定元年建
三圣寺	赞皇耿庄	金大定中建
兴国寺	赞皇彭召村	宋绍圣中建
观音寺	赞皇张村	宋元祐中建
华严寺	赞皇宿生村	宋绍圣中建
清凉寺	赞皇城北	金大定中建
塔院寺	赞皇祖祥村	宋元祐中建
皇庆寺	赞皇吕家庄	宋政和中建
寿宁寺	无极南牛村	金大定中建

名称	所在地	所建时间
千佛寺	无极城北汪村	宋元祐中建
兴国寺	无极县治东南	金大定中建
龙泉寺	无极徐村	宋建
龙泉寺	新乐东曹村	金大定三年建
福庆寺	新乐南大岳村	宋政和六年建
永安寺	新乐西名村	宋政和元年建
广济寺	新乐韩台村	宋乾德四年建
寿安寺	新乐南苏村	宋重合二年建
圆觉寺	新乐大岳村	金大定元年建
真空庵	新乐南关	宋元祐中建
关帝庙	正定府南阳和楼	元至正十七年建
三皇庙	正定府治东	元时祀伏羲神农黄帝明废
玉皇庙	行唐城内、上房村各一	宋时建
北岳庙	平山城东五十里	金大定三年建
牛王庙	平山城西北孤山桥	宋真宗驻跸于此而封
火祖庙	元氏县西江洞村	金太和二年建
黄石公祠	晋州侯成村	元至正建
关帝庙（又建十处）	县南阳和楼前	元至正十七年
史丞相祠	真定县	元时建
静修祠	获鹿县	元学士高建立
城隍庙	无极县学东	元至正元年建
隆兴寺	真定城	元大德五年重修赵孟𫖯碑
洪济寺	真定城北	元泰定中建
龙岗寺	真定城南	元至正中建
通仙观	获鹿县治北	元至正中建
红漆寺	栾城县城东范台村	元至正中建
开业寺	栾城城西窦妪村	元泰定中建
太极观	栾城县治东	元至正中建
莲花寺	行唐县莲花庄	元至正中建
昆卢寺	行唐县王姑庄	元至正中建
弥陀寺	行唐县宋木村	元至正中建

续表

名称	所在地	所建时间
兴国寺	行唐贾庄村	元至正中建
兴福寺	行唐龙门村	元至正中建
崇兴寺	行唐付儿村	元至正中建
石佛寺	行唐名布村	元至正中建
般若寺	行唐台上村	元大德中建
黄花寺	行唐寺家庄	元至正中建
延庆寺	行唐凹里村	元至正中建
福田寺	行唐北翟营村	元至正中建
崇圣寺	行唐南曲河村	元时建
镇国寺	行唐龙岗村	元至正中建
玩海寺	行唐北曲河村	元大德中建
圣因寺	行唐邰凹村	元泰定中建
阿牟院	行唐西岭口	元泰定中
福禅院	行唐霍口村	元至正中建
长春会真宫	行唐城西曲河村	元大历中建
王母观	行唐王姑村	元大历中建
文山观	灵寿县治北	元至正中建
普利寺	平山县城西北	元泰定年建
永乐寺	平山县城东南十八里	元至正元年建
海云寺	平山县城西北盘龙院	元至正元年建
千佛寺	平山县城西北瓦口川	元至正元年建
净土寺	平山城西一百二十里	元至正元年建
西封寺	平山西南西冶河	元至正元年建
永庆寺	平山西北二十五里	元至正元年建
水宁寺	平山东北水碾村	元泰定四年建
圣寿寺	元氏县城北蒲宏村	元至正年建
兴化寺	元氏县北壇山村	元至正年建
弥陀寺	晋州光璨村	元至正中建
兴国寺	晋州吕村	元至正中建
安庆寺	晋州侯村	元至正中建
兴隆寺	晋州张里村	元至正中建

续表

名称	所在地	所建时间
显通寺	晋州城东	元至正中建
石佛寺	晋州赵庄村	元至正中建
洪济寺	晋州彭头村	元至正中建
清禅寺	晋州哨马营村	元至正中建
胜海寺	晋州贾庄村	元至正中建
无量寺	晋州周头村	元至正中建
天王寺	晋州贾庄村	元至正中建
安福寺	晋州李逢村	元大德中建
报恩寺	晋州位家口村	元至正中建
青云寺	晋州河头村	元大德中建
兴圣寺	晋州平乡村	元至正中建
庄严寺	晋州赵兰庄	元至正中建
重宝寺	无极县南留村	元至正中建
南阳寺	藁城县东南	元至正中建
天台寺	藁城南清流村	元至正中建
兴国寺	新乐县木村	元大德六年建
庆福寺	新乐县曲都村	元至正元年建
崇善寺	新乐大流村	元至正元年建
崇福寺	新乐张家庄	元皇庆元年建
文殊寺	新乐田村	元至元十一年建
万寿寺	新乐齐同村	元至正元年建
广教寺	新乐坳头村	元至正十九年建
安庆寺	新乐赤楼村	元末建
法华寺	新乐安家庄	元至正二年建
崇圣寺	新乐东庄村	元至正元年
万寿庆阳观	陈家庄	元时建
会贡观	长寿村	元时建

从以上这些祠庙寺观的设立看,宋元时期石家庄地区民众的社会宗教信仰习俗,包括对各种神祇的崇拜、对各类人物的崇拜和对自然神的崇拜等。其体系包括天地、宗庙、社稷、山水之神、城隍土地、人物祠、

行业神、淫神等。① 其物质标志，有美轮美奂的大庙，有极其简陋的小祠，甚至有的只是牌位。尤其是对崇拜的人物，多为历史上的名宦、忠烈之行，如对韩信的崇拜，于真定县"井陉口，有淮阴侯庙。韩信尝置背水阵于井陉口"②。以忠义为代表，如对赵云的崇拜，于"真定府南三十里，道旁有赵王庙"③。此外，各村对各种功能不同的神祇有不同的信仰，所以民间信仰呈现多神化特征。总之，石家庄地区民间信仰与宋元时期社会政治、经济和居民日常生活息息相关，是我国传统文化的基础部分。

---

① 程民生：《神人同居的世界——中国人与中国神祠文化》，河南人民出版社1993年版。
② 吕颐浩：《燕魏杂记》。
③ 同上。

参考文献

（南朝宋）范晔：《后汉书》，中华书局 1965 年版。

（后晋）刘昫：《旧唐书》，中华书局 2000 年版。

（宋）薛居正：《旧五代史》，中华书局 1976 年版。

（元）脱脱：《宋史》，中华书局 1985 年版。

（元）脱脱：《金史》，中华书局 1975 年版。

（元）脱脱：《辽史》，中华书局 1974 年版。

（宋）宇文懋昭撰，崔文印校证：《大金国志校证》，中华书局 1986 年版。

（宋）叶隆礼撰，贾敬颜、林荣贵点校：《契丹国志》，上海古籍出版社 1985 年版。

（明）宋濂：《元史》，中华书局 1976 年版。

（民国）柯劭忞：《新元史》，吉林人民出版社 1998 年版。

（宋）乐史：《太平寰宇记》，中华书局 2007 年版。

（宋）王存：《元丰九域志》，中华书局 1984 年版。

（宋）李焘：《续资治通鉴长编》，中华书局 1992 年版。

（宋）曹勋：《松隐文集》，影印文渊阁四库全书 1986 年版。

（宋）朱翌：《猗觉寮杂记》，影印文渊阁四库全书 1986 年版。

（宋）何薳：《春渚纪闻》，中华书局 1983 年版。

（宋）蔡绦：《铁围山丛谈》，中华书局 1983 年版。

（宋）曹勋：《北狩见闻录》，中华书局 1985 年版。

（宋）孟珙：《蒙鞑备录·征伐》，北平文殿阁书社 1936 年版。

（宋）宋祁：《景文集》，影印文渊阁四库全书 1986 年版。

（宋）李心传：《建炎以来朝野杂记》，中华书局 2000 年版。

（宋）司马光：《涑水记闻》，中华书局 1981 年版。

（宋）晁说之：《嵩山文集》，四部丛刊续集。

（宋）杨亿：《武夷新集》，影印文渊阁四库全书1986年版。

（宋）杜大珪：《名臣碑传琬琰集》，台北文海出版社1969年版。

（宋）沈括著，胡道静校：《梦溪笔谈》，上海出版公司1956年版。

（宋）梅尧臣：《宛陵先生文集》，四部丛刊初编。

（宋）苏颂：《苏魏公文集》，影印文渊阁四库全书1986年版。

（宋）欧阳修：《欧阳文忠公文集》，四部丛刊初编。

（宋）欧阳修：《归田录》，中华书局1981年版。

（宋）朱弁著，陈新点校：《风月堂诗话》，中华书局1988年版。

（宋）朱弁著，孔凡礼点校：《曲洧旧闻》，中华书局2002年版。

（宋）程颢、程颐：《二程集》，中华书局1981年版。

（宋）李明复：《春秋集义·诸家姓氏事略》，文渊阁影印四库全书1986年版。

（宋）朱熹：《伊洛渊源录》，影印文渊阁四库全书1986年版。

（宋）祝穆：《古今事文类聚续编》，影印文渊阁四库全书1986年版。

（宋）朱熹：《五朝名臣言行录》，四部丛刊本。

（宋）张方平：《张方平集》，中州古籍出版社1992年版。

（宋）王安石：《临川先生文集》，影印文渊阁四库全书1986年版。

（宋）苏轼：《东坡应诏集》，影印文渊阁四库全书1986年版。

（宋）王辟之：《渑水燕谈录》，中华书局1981年版。

（宋）范成大：《石湖居士诗集》，影印文渊阁四库全书1986年版。

（宋）朱熹：《晦庵集》，影印文渊阁四库全书1986年版。

（宋）王铚：《默记》，中华书局1981年版。

（宋）文莹：《湘山野录》，中华书局1984年版。

（宋）陈鹄：《西塘集耆旧续闻》，中华书局2002年版。

（宋）邵伯温：《邵氏闻见录》，中华书局1983年版。

（宋）韩维：《南阳集》，影印文渊阁四库全书1986年版。

（宋）徐梦莘：《三朝北盟会编》，上海古籍出版社2008年版。

（宋）洪皓：《松漠纪闻》，中华书局1985年版。

（宋）钱若水：《太宗皇帝实录》，四部丛刊本。

（宋）陆游：《老学庵笔记》卷九，中华书局1979年版。

（宋）徐自明：《宋宰辅编年录校补》，中华书局 1986 年版。

（宋）胡宿：《文恭集》，丛书集成初编本。

（宋）王安中：《初寮词》，文渊阁四库全书 1986 年版。

（宋）马纯：《陶朱新录》，影印文渊阁四库全书 1986 年版。

（宋）王栐：《燕翼诒谋录》，中华书局 1981 年版。

（宋）晁补之：《鸡肋集》，文渊阁影印四库全书 1986 年版。

（宋）刘清之：《戒子通录卷》，影印文渊阁四库全书 1986 年版。

（宋）蔡襄：《端明集》，四库全书珍本。

（宋）王珪：《华阳集》，影印文渊阁四库全书 1986 年版。

（宋）晁冲之：《晁具茨先生诗集》，宋集珍本丛刊。

（宋）吕祖谦：《东莱集》，影印文渊阁四库全书 1986 年版。

（宋）李昉编：《太平广记·太平广记表》，中华书局 1961 年版。

（宋）王明清：《挥麈录前录》，上海古籍出版社 2001 年版。

（宋）庄绰：《鸡肋编》，中华书局 1983 年版。

（宋）陆游：《渭南文集》，四部丛刊初编本。

（宋）包拯：《包孝肃奏议》，影印文渊阁四库全书 1986 年版。

（宋）周去非著，杨武泉校：《岭外代答校注》，中华书局 1999 年版。

（宋）陈旉：《农书》，文渊阁四库全书 1986 年版。

（宋）曾巩：《隆平集》，影印文渊阁四库全书 1986 年版。

（宋）范纯仁：《范忠宣集》，影印文渊阁四库全书 1986 年版。

（宋）洪迈：《容斋三笔》，四部丛刊本。

（宋）洪迈：《容斋续笔》，四部丛刊本。

（宋）范镇：《东斋记事》，中华书局 1980 年版。

（宋）宋庠：《元宪集》，影印文渊阁四库全书 1986 年版。

（宋）李觏：《李觏集》，四部丛刊本。

（宋）王禹偁：《小畜集》，影印文渊阁四库全书 1986 年版。

（宋）吕颐浩：《燕魏杂记》，丛书集成初编本。

（宋）陈元靓：《岁时广记》，影印文渊阁四库全书 1986 年版。

（宋）孟珙：《蒙鞑备录》，北平文殿阁书社 1936 年版。

（宋）苏轼：《东坡后集》，影印文渊阁四库全书 1986 年版。

（宋）王安礼：《王魏公集》，影印文渊阁四库全书 1986 年版。

（宋）刘攽：《彭城集》，影印文渊阁四库全书 1986 年版。

（宋）杨杰：《无为集》，影印文渊阁四库全书 1986 年版。

（宋）范祖禹：《范太史集》，影印文渊阁四库全书 1986 年版。

（宋）苏舜钦：《苏学士集》，影印文渊阁四库全书 1986 年版。

（宋）庞元英：《文昌杂录》，中华书局 1958 年版。

（宋）梦元老：《东京梦华录》，中州古籍出版社 2010 年版。

（金）赵秉文：《滏水文集》，影印文渊阁四库全书 1986 年版。

（金）王若虚：《滹南遗老集》，影印文渊阁四库全书 1986 年版。

（金）刘祁：《归潜志》，中华书局 1983 年版。

（元）苏天爵：《元朝名臣事略》，中华书局 1962 年版。

（金）元好问：《遗山文集》，商务印书馆 1936 年版。

（金）元好问：《中州集》，中华书局 1959 年版。

（元）马端临：《文献通考》，中华书局 1986 年版。

（元）司农司编纂：《农桑辑要》，影印文渊阁四库全书 1986 年版。

（元）王祯著，王毓瑚校，《农书》，农业出版社 1981 年版。

（元）王恽：《秋涧先生大全文集》，文渊阁四库全书影印 1986 年版。

（金）元好问：《遗山文集》，商务印书馆 1936 年版。

马可·波罗撰：《马可·波罗行纪》，冯承钧译，上海书店出版社 2006
　　年版。

（元）苏天爵：《元朝名臣事略》，中华书局 1962 年版。

（元）魏初：《青崖集》，文渊阁四库全书 1986 年版。

（元）完颜纳丹编纂，黄时鉴点校：《通制条格》，浙江古籍出版 1986
　　年版。

（元）王恽：《秋涧集》，元人文集珍本丛刊本，新文丰出版公司 1985 年
　　影印。

（元）袁桷：《清容居士集》，影印文渊阁四库全书 1986 年版。

（元）虞集：《道园学古录》，影印文渊阁四库全书 1986 年版。

（元）姚燧：《牧庵集》，影印文渊阁四库全书 1986 年版。

（元）郝经：《郝文忠公陵川文集》，山西古籍出版社 2006 年版。

（元）《元典章》，陈高华等点校，天津古籍出版社 2011 年版。

（元）刘岳申：《申斋集》，影印文渊阁四库全书 1986 年版。

（元）纳新：《河朔访古记》，四部丛刊本，上海书店 1985 年版。

（元）刘因：《静修续集》卷三《叙学》，影印文渊阁四库全书 1986 年版。

（元）苏天爵撰，陈高华、孟繁清点校：《滋溪文稿》，中华书局 1997 年版。

（元）余阙：《青阳先生文集》，影印文渊阁四库全书 1986 年版。

（元）邓文源：《巴西集》，影印文渊阁四库全书 1986 年版。

（元）安熙：《默庵安先生文集》，影印文渊阁四库全书 1986 年版。

（元）宋本：《滋溪书堂记》，《国朝文类》，四部丛刊本，上海书店 1985 年版。

（元）揭傒斯：《揭傒斯全集》，上海古籍出版社 1985 年版。

（元）罗天益：《卫生宝鉴》，人民卫生出版社 1963 年版。

（元）许有任：《至正集》，影印文渊阁四库全书 1986 年版。

（元）苏天爵：《元文类》，商务印书馆 1958 年版。

（明）黄淮、杨奇士等：《历代名臣奏议》，影印文渊阁四库全书 1986 年版。

（明）心泰：《佛法金汤编》，河北佛教协会印行 2006 年版。

（明）杨仲良：《资治通鉴长编纪事本末》，黑龙江人民出版社 2006 年版。

（明）李濂编：《医史》，上海古籍出版社 2002 年版。

（明）黄宗羲：《宋元学案》，影印文渊阁四库全书 1986 年版。

（清）沈涛：《常山贞石志》，续修四库全书，上海古籍出版社 2002 年版。

（清）徐松辑：《宋会要辑稿》，中华书局 1997 年影印版。

（清）毕沅：《续资治通鉴》，影印文渊阁四库全书 1986 年版。

（清）黄以周辑注，顾吉辰校：《续资治通鉴长编拾补》，中华书局 2004 年版。

（清）张金吾编：《金文最》，中华书局 1990 年版。

（清）厉鹗辑：《宋诗纪事》，上海古籍出版社 1983 年版。

（清）王昶：《金石萃编》卷一四六，上海古籍出版社 2002 年版。

（清）顾嗣立编选：《元初诗选集》，中华书局 1987 年版。

佚名撰：《庙学典礼》，影印文渊阁四库全书 1986 年版。

（清）乾隆《真定府志》，《中国地方志集成》河北府县志辑，上海书店出版社 2006 年版。

（清）咸丰《深泽县志》，《中国地方志集成》河北府县志辑，上海书店出版社 2006 年版。

（清）光绪《获鹿县志》，《中国地方志集成》河北府县志辑，上海书店出版社 2006 年版。

（清）光绪《正定县志》，《中国地方志集成》河北府县志辑，上海书店出版社 2006 年版。

（民国）《元氏县志》，《中国地方志集成》河北府县志辑，上海书店出版社 2006 年版。

（清）赵文濂：《正定县志》，河北人民出版 2008 年版。

李林奎、王自尊编：《中国地方志丛书》，台北成文出版社有限公司 1931 年版。

（清）《畿辅通志》，文渊阁四库全书影印 1986 年版。

梁思成：《梁思成文集》，中国建筑工业出版社 1982 年版。

唐圭璋编：《全金元词》，中华书局 1979 年版。

北大古文献研究所编：《全宋诗》，北京大学出版社 1998 年版。

上海古籍出版社编：《中国古代蒙书精粹》，上海古籍出版社 1996 年版。

河北省社科院地方史编：《河北古代历史编年》，河北教育出版社 1988 年版。

赵永春编注：《奉使辽金行程录》，吉林文史出版社 1995 年版。

阎凤梧编：《全辽金文》，山西古籍出版社 2003 年版。

四川大学古籍所：《历代学案》卷三四，四川大学出版社 2005 年版。

王新英：《金代石刻辑校》，吉林人民出版社 2009 年版。

国家图书馆善本金石组编：《历代石刻史料汇编》，北京图书馆出版社 2000 年影印版。

《辽金元石刻文献会编》，北京图书馆出版社 2005 年版。

曾枣庄、刘琳主编：《全宋文》，上海辞书出版社 2006 年版。

李修生：《全元文》，凤凰出版社 2004 年版。

刘章、吴世元、孙国良选注：《古人咏石家庄》，河北人民出版社 1997 年版。

马宗霍辑：《书林藻鉴·书林纪事》，文物出版社 1984 年版。

陈垣：《南宋初河北新道教考》，河北教育出版社 1995 年版。

袁征：《宋代教育》，广东教育出版社 1991 年版。

程民生：《宋代地域文化》，河南人民出版社 1993 年版。

程民生：《神人同居的世界——中国人与中国神祠文化》，河南人民出版社 1993 年版。

梁方仲：《中国历代户口、田地、田赋统计》，中华书局 2008 年版。

陈寅恪：《唐代政治制度述论稿》，生活·读书·新知三联书店 2001 年版。

陈高华编：《元典章》，天津古籍出版社 2011 年版。

邢铁：《宋辽金时期的河北经济》，科学出版社 2011 年版。

邢铁：《中国古代社会经济研究：家庭经济专题》，天津人民出版社 2001 年版。

政协石家庄市委员会编：《石家庄建筑精览》，中国对外翻译出版公司 2001 年版。

赵维江：《金元词论稿》，中国社会科学出版社 2000 年版。

邓洪波：《中国书院史》，上海东方出版中心 2004 年版。

谢志诚：《河北通史》，河北人民出版社 2000 年版。

王慧杰：《宋朝遣辽使臣群体研究》，社会科学文献出版社 2016 年版。

马斗成：《宋代眉山苏氏家族研究》，中国社会科学出版社 2005 年版。

李昌宪：《中国行政区划通史·宋西夏卷》，复旦大学出版社 2007 年版。

李昌宪：《金代行政区划史》，上海古籍出版社 2015 年版。

徐征：《全元曲》，河北教育出版社 1988 年版。

吴梅：《中国戏曲概论》（卷上），江苏文艺出版社 2008 年版。

中国戏曲研究院：《中国古典戏曲论著集成》二，中国戏剧出版社 1959 年版。

谢志诚：《金代河北经济的恢复和发展》，载《河北学刊》1990 年第 3 期。

葛剑雄：《宋代人口新证》，载《历史研究》1993 年第 6 期。

姚瀛艇：《论北宋朝廷对七经疏义的整理》，载《河南大学学报》1989 年第 4 期。

黄觉弘：《刘绚〈春秋传〉佚文考说》，载《南京社会科学》2008 年第

12 期。

何新文：《辑佚视角下的〈春秋〉学研究》，《江汉大学学报》2015 年第
　　3 期。

汤开建：《论曹玮——兼谈宋真宗时期的西北御边政策》，载《北方民族
　　大学学报》2013 年第 5 期。

王传龙：《"九僧"生卒年限及群体形成考》，载《文学遗产》2012 年第
　　4 期。

刘友恒、樊子林：《浅谈隆兴寺大悲阁须弥座石刻》，载《文物春秋》
　　1991 年第 1 期。

高英民、刘元树、王国华：《赵县文物与古迹》，载《文物春秋》1991 年
　　第 4 期。

孟繁峰、杜桃洛：《井陉窑遗址出土金代印花模子》，载《文物春秋》
　　1997 年增刊。

韩茂莉：《宋代河北的农业生产与主要粮食作物》，《中国农史》1993 年
　　第 3 期。

王德毅：《宋敏求的家世与史学》，载《台大历史学报》2003 年第 31 期。

石家庄市文物保护研究所：《石家庄市建华北大街北延工程古墓葬清理简
　　报》，载《北方文物》2013 年第 3 期。

孟繁森：《河北井陉窑复查再获新发现》，《中国文物报》2016 年 8 月 12
　　日第 8 版。

王善军：《宋代世家大族：个案与综合之研究》，四川大学 2003 年博士后
　　出站报告。

张泓波：《北宋书院考》，陕西师范大学 2002 年硕士学位论文。

尉艳芝：《宋代赵州宋氏家族研究》，四川大学 2007 年硕士学位论文。

杜季芳：《群经音辨研究》，山东大学 2007 年博士学位论文。

马运法：《北宋武将王德用家族研究》，西北大学 2010 年硕士学位论文。

宋坤：《俄藏黑水城宋慈觉禅师〈劝化集〉研究》，河北师范大学 2010 年
　　硕士学位论文。

阳珺：《宋僧慈觉宗赜新研》，上海师范大学 2012 年硕士学位论文。

牛晓丹：《唐宋时期的庙会研究》，河南大学 2012 年硕士学位论文。

李彦丽：《宋代正定大佛寺研究》，河北师范大学 2014 年硕士学位论文。

曹凌子：《河北井陉柿庄宋金墓葬研究》，郑州大学 2015 年硕士学位
　　论文。

郝素娟：《金代移民研究》，吉林大学 2016 年博士学位论文。

吴秀华：《"封山三老"与真定元曲作家群》，载《河北师范大学学报》
　　2000 年第 4 期。

符海朝：《蒙元时期汉人世侯文化素质之探讨》，《殷都学刊》2008 年第
　　2 期。

门岿：《真定元曲十家》，载《河北师范大学学报》1986 年第 4 期。

白少双、冯瑞建、刘春燕：《元代真定路浅探》，载《青海师专学报》
　　2008 年第 2 期。

张庚、郭汉城：《中国戏曲史》，中国戏剧出版社 1980 年版。